工学结合新思维高职高专财经类“十二五”规划教材

外贸单证实务与操作

杨金玲　朱　蕾　主编

对外经济贸易大学出版社
中国·北京

图书在版编目（CIP）数据

外贸单证实务与操作 / 杨金玲，朱蕾主编．—北京
：对外经济贸易大学出版社，2011
工学结合新思维高职高专财经类“十二五”规划教材
ISBN 978-7-5663-0085-0

Ⅰ．①外…　Ⅱ．①杨…　②朱…　Ⅲ．①进出口贸易－原始凭证－高等职业教育－教材　Ⅳ．①F740.44

中国版本图书馆 CIP 数据核字（2011）第 148742 号

外贸单证实务与操作

杨金玲　朱　蕾　主编
责任编辑：李晨光

对外经济贸易大学出版社
北京市朝阳区惠新东街 10 号　　邮政编码：100029
邮购电话：010－64492338　　发行部电话：010－64492342
网址：http://www.uibep.com　　E-mail：uibep@126.com

北京市山华苑印刷有限责任公司印装　　新华书店北京发行所发行
成品尺寸：185mm×260mm　　21.25 印张　　490 千字
2011 年 8 月北京第 1 版　　2011 年 8 月第 1 次印刷

ISBN 978-7-5663-0085-0
印数：0 001－5 000 册　　定价：34.00 元

出 版 说 明

工学结合新思维高职高专财经类“十二五”规划教材是对外经济贸易大学出版社贯彻教育部教高［2006］16 号《关于全面提高高等职业教育教学质量的若干意见》精神，联合天津商务职业学院、天津职业大学、河北工业职业技术学院、北京工业职业技术学院、天津国土资源和房屋职业学院、天津海运职业学院等国家、省（直辖市）级示范性高等职业院校推出的一套面向高职高专层次、涵盖不同专业的立体化教材。本系列教材包括国际经贸、财会金融、工商管理、物流管理、电子商务、旅游与酒店管理六个专业。

根据教高［2006］16 号文件关于“高等职业院校要积极与行业企业合作开发课程，根据技术领域和职业岗位（群）的任职要求，参照相关的职业资格标准，改革课程体系和教学内容，建立突出职业能力培养的课程标准，规范课程教学的基本要求，提高课程教学质量”的要求，本套教材以提高学生专业实际操作能力和就业能力为宗旨，采取情景模块、案例启发、任务驱动、项目引领、精讲解、重实训的编写方式，让学生在理论够用的基础上，在专业技能培养环节，特别是“教学做一体化”方面有所突破，“确保优质教材进课堂”。

根据国家职业教育的指导思想，目前我国高职高专教育的培养目标是以能力培养和技术应用为本位，其教材建设突出强调应用性和适用性，既要满足专业教育，又能适应就业导向的“双证书”（毕业证和技术等级证）的人才培养目标需要。根据教育部提出的高等职业教育“与行业企业共同开发紧密结合生产实际的实训教材”的要求，本套教材的作者不仅具有丰富的高等职业教育教学经验，而且具有企业第一线实践经历，主持或参加过多项应用技术研究。这是本套教材编写质量与高等职业特色的重要保证。

此外，本套教材配有教师用 PPT 文稿，方便教师教学参考。

愿本套教材的出版对“十二五”期间我国高等职业教育的创新发展和高职人才培养质量的稳步提升有所助益！

对外经济贸易大学出版社

2010 年 2 月

前 言

2010 年 7 月 29 日备受关注的《国家中长期教育改革和发展规划纲要（2010－2020 年）》正式全文发布，这是我国进入 21 世纪之后的第一个教育规划，是今后一个时期指导全国教育改革和发展的纲领性文件。《规划纲要》进一步明确提出要实施职业教育办学模式改革试点，以服务为宗旨，以就业为导向，推进教育教学改革，实行工学结合、校企合作、顶岗实习的人才培养模式，以切实提高职业教育教学质量为重点，满足经济社会对高素质劳动者和技能型人才的需要。

外贸单证工作是进出口贸易的核心业务环节，贯穿每笔交易的全过程，外贸单证操作技能是外贸从业人员的基本功，具备该能力对担纲进出口贸易中所涉及的对外洽商、生产跟单、租船订舱、报关报检、出口结汇等工作尤为重要，特别是结汇单证直接关系到进出口贸易的成败。因此，外贸单证操作技能是国际贸易专业、国际贸易实务专业、国际商务专业乃至国际货运与代理专业学生动手能力的直接体现，对学生的就业能力的提高，对学生职业能力的培养和职业素质的养成起到重要的支撑作用。

本教材的编写充分体现“工学结合”的职业教育理念，以电汇、托收、信用证等不同支付方式为载体，分别与出口和进口业务相结合，设计六个独立的工作项目，每个项目都是一笔完整的交易过程。鉴于买卖双方交易的商品不同、海关的监管条件不同、采用的运输方式不同、支付方式不同，每笔交易所涉及的单证的种类也不同，每个项目都是分步骤逐步展开，直至出口商交货后办理收汇核销或进口商提货后办理付汇核销整笔交易的终结。每个项目都以“**案例导入**”开始，激发学生的学习情趣，其次以“**知识导航**”铺垫一些外贸单证操作必须掌握的单证知识，以“**技能入门**”为过渡，进而以一个真实的“**任务背景**”为情境，以“**操作范例**”将该笔业务所涉及的不同单证按照真实的业务环节一一展开，以“**相关链接**”的方式重点介绍有关单证的缮制规范，同时还借助“**提示板**”的形式对一些容易混淆的基本概念进行比较归纳，以“**资料库**”的形式扩展了单证的知识面，最后辅以**初级**、**中级**和**高级**等不同等级的任务训练不断提升学生的单证操作技能。整本教材的编写实现了“**三个统一**”，即：

1. 真实与虚拟相统一

各个教学项目所涉及的任务背景均来自企业一线，但考虑的进出口贸易商业秘密的问题，虚拟一个“泰佛贸易有限公司”，单据中所涉及的签章也尽可能做到真实，但涉及到公务单据的印章有意留空。

2. 实用性与新颖性相统一

各个教学项目所涉及单据完全来自企业一线，并且是最新版本的单据，即所见即所用，减少学生毕业上岗后的陌生感，同时引用最新的国际贸易惯例，如《UCP600》和《INCOTERMS 2010》，保证了教材内容的与时俱进。

3. 针对性与广泛性相统一

本教材针对的外经贸企业的单证员岗，掌握了外贸单证的操作技能对外经贸企业的相关岗位如外销岗、跟单岗、货代岗、报检报关岗等都会起到莫大的帮助，同时该教材也可作为外贸从业人员的参考书。

本教材由天津商务职业学院杨金玲教授担任主编，杨教授集15年的进出口贸易实战经验与10年的一线教学经验主持该教材的思路谋划、框架构建、资料采集、内容选定、特色创新与整合把关；天津国土资源和房屋职业学院朱蕾老师具有丰富的教学经验，她连续三年指导学生单证训练并率队参加全国外贸单证技能大赛屡创佳绩，并在第三届大赛中一举获得团体一等奖的殊荣。

杨金玲老师负责编写电汇项下出口单据操作、托收项下出口单据操作和信用证项下出口单据操作；朱蕾老师负责编写电汇项下进口单据操作、托收项下进口单据操作和信用证项下进口单据操作。在编写过程中得到了天服三悦服装进出口公司董事长、总裁马卫民女士、天津光大银行国际结算部刘斌女士及天津商务职业学院实训中心张建华主任的大力帮助，提出了许多好的建议。天津商务职业学院魏秀敏教授在本书的立意构思与编写过程中给予了精心指导和无私的支持与帮助，在此一并深表感谢。

伴随经济全球化的加速，国际贸易方式与操作手段呈持续创新状态，由于编者深入外贸一线实战操作的时间有限，不妥之处在所难免，恳请国际贸易实务专家、职业教育同行与广大学子不吝赐教。

编者

2010年岁末

目录

项目一　电汇项下出口单证操作

任务 1.1　电汇项下出口单证入门

案例导入

电汇方式下的欺诈案

2009 年 10 月，我国某外贸公司与尼日利亚某公司首次签订一笔买卖合同，合同规定我方供应一批货物，买方用即期不可撤消信用证方式付款。合同规定的开证日期为装船前 1 个月，但届时并未收到买方开来的有关信用证。几经催促买方始告知“证已开出”。装船前 10 天，我方收到有关的信用证，但装船期已无法满足。在我方坚持不修改信用证不能装船的情况下，尼日利亚客户提出改用电汇方式。

鉴于以上情况，我方同意，并请其先把汇款凭证传真过来，在收到货款后再发货。第二天，尼日利亚客户便传来了银行的电汇凭证，此时，港口及运输部门又多次催促装船。我方有关人员认为款既已汇出，不必等款到再发货，否则错过装船期影响装运，于是即装船并及时发出装船电，开船后 7 天财务人员查询发现该笔货款仍没有到账。原来尼日利亚客户在我方要求修改好信用证才能装货的情况下，到银行办理电汇后将水单传真过来作为汇款凭证，得知我方已将货物装船后又马上到银行交了少量手续费借故办理了退汇手续。尼日利亚客户这种欺诈行为使我方公司货款两空，损失惨重。

在本案例中，我外贸公司的失误在哪里？应该吸取哪些教训？在今后如何避免此类悲剧的再现，把好安全收汇关呢？让我们一起来学习有关电汇付款方式等方面的知识和单证操作技能。

知识目标

1. 掌握电汇的含义及性质、电汇的种类、电汇的当事人。
2. 了解电汇支付方式的利与弊。
3. 掌握电汇支付方式在国际贸易实务中的应用。

能力目标

1. 能正确解读合同中电汇支付条款。
2. 能正确绘制电汇付款方式下单据流程图。

电汇支付方式是国际贸易中常用的结算方式之一，特别是在老客户之间达成的交易更是首选的付款方式。与信用证支付方式不同，所涉及的结汇单据往往是由出口商直接寄给进口商，它具有费用低廉的优势，在当今的国际贸易实际业务中该付款方式的采用呈上升的趋势。

一、知识导航

（一）电汇的含义及性质

电汇（Telegraphic Transfer，简称 T/T）是指汇出行应汇款人（进口商）的申请，通过拍发加押电报、电传或 SWIFT 给在另一国家的分行或代理行，指示解付一定金额给收款人（出口商）的一种汇款方式。由于电讯方式速度快，费用也较高，银行占用汇款人资金的时间短，所以电汇是最主要的汇付方式。出口商能否按时收回约定的款项，完全取决于进口商的信誉。因此，电汇的性质为商业信用。

（二）电汇的种类

（1）预付货款（T/T in advance）：是指在订货时电汇或交货前电汇货款，然后，在合同规定的时间内，出口商将货物发给进口商的一种结算方法。这种结算方式对出口商十分有利，而对进口商而言，则承担的风险较大，资金占用周期较长。一般情况下，进口商只有在与出口商有良好合作关系且对其充分信任，流动资金充足，预付货款项下货物行情看涨的情况下，才会愿意接受预付货款的条件。

（2）货到付款（T/T after shipment）：是指在签署合同后，出口商在没有收到货款以前先发货，进口商收到货物后，再汇付货款的方法。这是一种有利于进口商，而不利于出口商的付款方式。进口商可以避免收货不着、货物短缺或货物质量不符合标准等交易风险。

（3）凭单付汇（Remittance against documents）：是指由进口商通过汇出行将货款汇给汇入行，并指示汇入行凭出口商提供的单据向出口商付款的做法。凭单付汇方式下，汇出行常在汇款通知书中规定出口商应该提供的单据的种类及其主要内容等，作为出口商凭以要求汇入行付款的凭证和汇入行解付款项的主要依据。在预付货款的情况下，进口商为避免货款两空，通常采用凭单付汇的支付方式。但此种方式下，在汇款尚未被支取之前，进口商有权随时在出口商向汇出行交单取款前通知银行将汇款退回，所以出口商在收到银行的汇款通知后，应尽快发货，尽快交单，尽快收汇。

（4）部分预付，部分凭正本单据（传真）付款（Part by T/T in advance and part by T/T after shipment against documents）：即在合同订立后，出口商装运前，进口商先预付部分定金，电汇 20%～30%的货款给出口商，出口商装运完货物后，将正本提单传真给进口商，待收到余款后再将全部单据寄交进口商。这是国际贸易中的一种通常做法，在实际工作中使用较多。

（三）电汇的当事人

（1）汇款人（Remitter）：即付款人，通常是买卖合同中的进口商或是商务往来中的债务人。

（2）收款人（Payee，Beneficiary）：即收款方，也称受益人。通常是买卖合同中的出口商或是商务往来中的债权人。

（3）汇出行（Remitting Bank）：汇出款项的银行，通常是进口地的银行。

（4）汇入行（Paying Bank）：即受汇出行委托解付汇款的银行。因此，又称解付行，通常是出口地的银行。

（5）中间银行（Intermediate Bank）：当汇出行和汇入行之间没有业务往来关系时，在汇款中起“中转”和“桥梁”的作用。

（四）电汇支付方式的利与弊

1. 电汇支付方式的弊端

（1）商业信用，风险大

银行仅凭汇款人的指示转移相关款项，并不负责单据的传递，更不承担任何付款或担保责任。预付货款或货到付款依据的都是商业信用，对于预付货款的进口商及货到付款的出口商来说，一旦付了款或发了货就失去了制约对方的手段，他们能否收货或收款，完全依赖对方的信用，如果对方信用不好，很可能银货两空。所以在国际贸易实务中要慎用，事先一定要调查交易对方的资信情况，国际商会的专家再三强调：“了解对方比了解怎样做更为重要（Know who is more important than know how.）。”

（2）资金负担不平衡

预付货款下，进口商先付款，出口商得以利用进口商的资金备货、装货；在货到付款时，出口商需要垫付自己的资金以备货、交货，而进口商在收到货物后甚至可在将货物售出后才支付货款，可能得到100%的资金融通。一句话，对于预付货款的进口商及货到付款的出口商来说，资金负担较重，整个交易过程中需要的资金，几乎全部由他们来提供。对于出口商来说，货到付款弄不好还会出现钱货两空的情况。

2. 电汇支付方式有利之处

汇款支付方式的手续是最简单的，就像一笔没有相对给付的非贸易业务，银行的手续费也最少，只有一笔数额很少的汇款手续费。一直以来，电汇付款方式是相互信任的进出口双方或跨国公司内部、母子公司之间交易的最理想的结算方式。此外，在支付小额交易的货款、订金及一些贸易从属费用（包括货款尾数、佣金、运费、保险费、样品费等）时也通常使用汇款方式。

汇付方式如运用得当，对进出口双方都有利。因为，就进口方而言，先取得代表货物的装运单据或货物，然后再付款，有利于资金周转，并可以节省费用；就出口方而言，在进口方商誉可靠或与出口方有特殊密切关系的条件下，采用汇付方式，有利于扩大出口。

在国际市场呈现买方市场特点的情况下，出口商为了扩大出口，使商品占领国外市场，除了利用质量、价格、售后服务等竞争手段外，也越来越多地使用对进口商较为有利的支付方式，如：利用货到付款的方式吸引客户。因此，电汇方式尽管有不足之处，但在国际贸易实务中常常被使用，且有上升趋势。

（五）电汇支付方式在国际贸易实务中的应用

目前，电汇支付方式在我国主要用于下述三方面业务：

（1）在我国对某些地区的供应中，为了方便客户，巩固和扩大市场，作为一种特殊做法，对一些长年供应的鲜活商品，大部分采取电汇方式结算货款。

（2）在空运进出口买卖合同中，采用凭出口方电报或电传发货通知，进口方电汇货款的做法，以适应空运货物到货迅速的特点。

（3）在寄售出口业务中，为适应寄售业务先出货由代销商凭实货向买方进行现货销售的特点，通常采用先出后结的电汇方法。

二、技能入门

（一）电汇的流程图

电汇所使用的电报、电传或 SWIFT 等支付工具的传递方向与资金的流向是相同的，因此电汇属于顺汇，具体流程图见图 1–1。

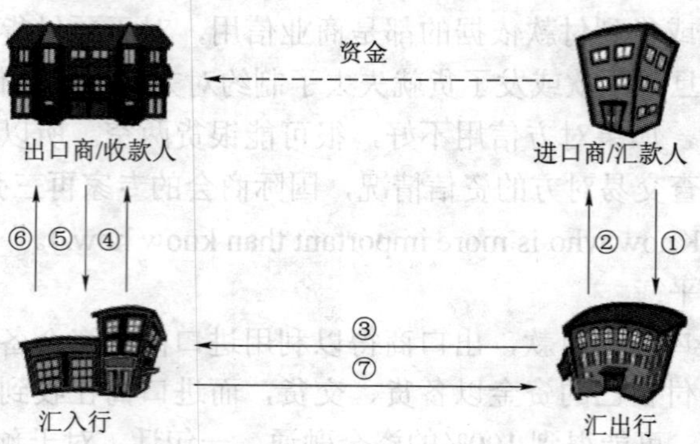

图 1–1　电汇流程图

说明：① 汇款人填写电汇申请、交款并支付电汇费用。

② 汇出行交电汇回执（银行水单）给汇款人。

③ 汇出行通过拍发加押电报或电传（Tested Cable/Telex）或者通过 SWIFT 给国外汇入行，指示其解付一定金额给收款人。

④ 汇入行核对密押后，缮制电汇通知书，通知收款人取款。

⑤ 收款人持电汇通知书一式两联向汇入行取款（兑付）。

⑥ 收款人在收据上签章后，汇入行即凭以解付汇款给收款人。

⑦ 汇入行给汇出行付讫借记通知书（汇出行在汇入行开有账户）。

实务中，如果收款人在汇入行开有账户，汇入行往往不缮制汇款通知书，仅凭电文将款项入收款人账户，然后给收款人一收账通知单，也不需要收款人签具收据。最后，汇入行将付讫借记通知书（Debit Advice）寄给汇出行。

（二）合同中常见的电汇支付条款及释疑

在使用电汇支付方式时，应在合同中明确规定电汇时间和电汇的金额，有可能包括款项解付的条件等内容，具体列举如下：

（1）The buyer will pay 100% of the sales proceeds(total value of the contracted goods) by T/T remittance to the sellers not later than May 10, 2010.

【中文】买方应不迟于 2010 年 5 月 10 日前将 100%货款用即期汇票/电汇支付给卖方。

【释疑】该付款方式等于买方要 100%预付全款，比较适宜合同金额不大的交易。如果合同金额较大，买方占压资金大，难于接受。

（2）Upon conclusion of Sales Contract, the buyer will remit 30% of the total contract value to the seller's account as deposit. When the contracted goods are loaded on board vessel, the seller will fax the buyer the copy of B/L. As soon as the buyer receives the copy of B/L, he will remit the balance to the seller's account. Once the seller receives the total value, he will send the full set of shipping documents to the buyer directly by courier service.

【中文】一俟签订销售合同，买方应电汇合同金额的30%货款到卖方账号作为定金。当合同项下货物装上船后，卖方传真买方提单副本。买方收到提单副本后，即刻电汇余款至卖方账号。卖方收到全款后，将把全套装运单据直接快递给买方。

【释疑】这是目前采用最多的一种电汇付款方式，对于卖方而言是收到定金后再组织生产，相应地减少一些风险；对于买方而言在确信货物已装船后再付清余款，减少买方的资金占压。但无论如何该付款方式仍属于商业信用，也需持谨慎态度。

（3）The buyer will remit 100% of the invoice value to the seller after receipt of the shipment advice from the seller.

【中文】收到卖方的装运通知后买方即刻电汇100%的发票货款给卖方。

【释疑】该付款方式要求卖方将货物装船后发装船通知给买方，买方才电汇货款给卖方。这对卖方来说承担很大的风险，一旦货装船后，买方拒不付款，卖方将承担很大损失。除非对买方的信誉非常有把握，或合同的金额不大且卖方有意开发国际市场，否则不宜采用。

（4）As soon as the buyer receive the notification from the seller that the goods are ready for shipment, the buyer will pay full invoice amount by cheque to the seller.

【中文】一俟收到卖方货物备妥通知后，买方用支票支付卖方100%的发票金额。

【释疑】对卖方而言，该付款方式仍具有一定的风险，一是如果合同金额较大，卖方占压资金较多；二是卖方收款比较慢。如果要采用该付款方式，一定要坚持款到账后再发货。

（5）Payment terms: 30% by T/T in advance, 20% by T/T after shipment and 50% by D/P at sight.

【中文】支付条款为 30%前电汇（装运前）、20%后电汇（装运后）和 50%即期付款交单。

【释疑】这是一个典型的混合付款方式，装船前买方电汇30%具有定金性质，装船后再付 70%，其中 20%采用电汇，50%采用付款交单。采用此付款方式，最好在收妥 20%电汇款后再托收其余 50%货款，并且指示托收行一定要见款后放单以减少风险发生的可能性。

任务 1.2　电汇项下出口单证操作

任务背景

经过友好洽商，TIFERT TRADING CO., LTD（泰佛贸易有限公司）与 SIGAPORE IMP

& EXP CORP 就出口蜡烛达成一出口合同，合同号为 TF100818，金额为 USD7 500.00。鉴于合同金额不大，双方同意蜡烛出运前进口商支付合同金额的 30%作为定金，待蜡烛装船后，出口商将提单传真给进口商，进口商付清 70%的余款后，出口商将全套装运单据直接快递至进口商以便进口商办理进口清关手续。

知识目标

1. 了解发票、箱单和提单的概念。
2. 掌握发票、箱单和提单的种类。

能力目标

1. 能正确缮制商业发票，注意正确填写付款方式（前 T/T 和后 T/T）。
2. 能正确缮制装箱单，注意装箱单上不能显示单价和金额。
3. 能正确缮制海运提单，注意提单抬头人的填写。

一、知识导航

表 1–1 电汇项下出口单据操作的相关知识

单据名称	概　　念	主要种类
商业发票	商业发票（Commercial Invoice）有时简称发票（Invoice），它是在货物装出时卖方开立的载有货物名称、数量、价格等内容的价目清单，作为买卖双方交接货物和结算货款的主要单证之一。	形式发票、领事发票、证实发票、联合发票、厂商发票、样品发票、海关发票等
装箱单	包装单据（Packing Document）是指一切记载或描述商品包装情况的单据，明了信用证或合同中买卖双方约定的有关包装事宜的细节，便于国外买方在货物到达目的港时供海关检查和核对货物。	装箱单、重量单、尺码单、规格单、花色搭配单、包装明细单等
海运提单	海运提单（Marine Bill of Lading），简称“提单”（B/L），是由船长或承运人或其代理人签发的，证明收到特定的货物，或已将特定货物装船，并将约定的货物运至特定的目的港，并交付于收货人或提单持有人的物权凭证，也是承运人和托运人之间运输合同的证明。	已装船提单、备运提单、清洁提单、不清洁提单、直达提单、转船提单、联运提单、班轮提单、租船提单、船东提单、货代提单、记名提单、不记名提单、指示提单、全式提单、略式提单、甲板提单、过期提单、倒签提单、预签提单等

二、操作范例

TIFERT TRADING CO., LTD 与 SINGAPORE IMP & EXP CORP 签订的蜡烛销售合同（见样例 1–1）。

样例 1–1：蜡烛销售合同

销 售 合 同
SALES CONTRACT

合同编号：　　签订日期：　　签订地点：

Contract No.: TF110205　　Date: FEB 5, 2011　　Signed at: TIANJIN

1. 卖方：

The Sellers: TIFERT TRADING CO., LTD

地址：

Address: NO.86, ZHUJIANG ROAD, TIANJIN,CHINA

2. 买方：

The Buyers: SINGAPORE IMP & EXP CORP

地址：

Address: RM 5-7, HILTON BUILDING, SINGAPORE

3. 商品名称及规格 Name of Commodity & Specification	4. 数量 Quantity	5. 单价 Unit Price	6. 总金额 Amount
CANDLES	5 000PCS	USD 1.50/PC CFR SINGAPORE	USD 7 500.00

7. 总值（大写）：

Total Value (in words): U.S. DOLLARS SEVEN THOUSAND FIVE HUNDERD ONLY.

8. 允许数量和金额溢短 10 %。

10 % more or less in quantity and value allowed.

9. 成交价格术语：

Price Terms:

☐ FOB　☒CFR　☐ CIF　☐ DDP

10. 包装：

Packing: IN CARTONS OF 25PCS EACH

11. 运输唛头：

Shipping Mark:

CANDLE

TF110205

SINGAPORE

NO.1-UP

12. 运输起讫：由________（装运港）到________（目的港）。

Shipment from TIANJIN (Port of Shipment) to SINGAPORE (Port of Destination).

13. 转运：⊠允许 □不允许；　　　分批：⊠允许 □不允许

Transshipment: ⊠ allowed □ not allowed

Partial shipment: ⊠ allowed □ not allowed

运输时间：

Shipment Time: TO BE EFFECTED DURING FEB/MAR, 2011

14. 保险：

□由卖方按发票金额的_____%投保_________，加保_____从_____到_____。

□ Insurance: to be covered by the seller for_____ % of the invoice value covering_______________

additional ________________ from____________ to_____________.

⊠由买方投保

⊠ Insurance to be covered by the buyer.

15. 付款条件：

Terms of Payment:

⊠买方应不迟于 2011 年 2 月 10 日前将 30%货款电汇支付给卖方作为定金，卖方收到 30%定金后开始生产，待货物备妥装船后将提单传真给买方，买方收到传真后将 70%余款电汇支付卖方，卖方将全套装运单据直接快递给买方。

⊠ The buyers shall pay 30% of the sales proceeds by T/T as deposit to the sellers not later than February 10, 2011. Upon receipt of the deposit, the seller will begin production. As soon as the goods are shipped on board, the seller fax the B/L to the buyer. Upon receipt of the fax from the seller, the buyer shall immediately remit the balance 70% of the sales proceeds to the seller. As soon as the seller receive the total amount from the buyer, he will send the full set of shipping documents to the buyer by courier service without delay.

□买方应于_____年____月____日前通过___________银行开立以卖方为受益人的____天不可撤销信用证，有效期至装运后____天在中国议付，并注明合同号。

□ The buyers shall issue an irrevocable L/C at_______sight through BANK OF CHINA in favor of the sellers prior to ______indicating L/C shall be valid in ____ though negotiation within _____ days after the shipment effected, the L/C must mention the Contract Number.

□ 付款交单：买方应凭卖方开立给买方的____期跟单汇票付款，付款时交单。

Documents against payment (D/P): the buyers shall dully make the payment against documentary draft made out to the buyers at ____ sight by the sellers.

□ 承兑交单：买方应凭卖方开立给买方的____期跟单汇票付款，承兑时交单。

Documents against acceptance (D/A): the buyers shall dully accept the documentary draft made out to the buyers at ____ days by the sellers.

16. 装运通知：一旦装运完毕，卖方应立即电告买方合同号、品名、已装载数量、发票总金额、毛重、运输工具名称及启运日期等。

Shipping advice: the sellers shall immediately, upon the completion of the loading of the goods advise the buyers of the Contract No. names of commodity, loaded quantity, invoice value, gross weight, names of vessel and shipment date by FAX/MAIL.

17. 检验与索赔：

Inspection and Claims:

① 卖方在发货前由__________检验机构对货物的品质、规格和数量进行检验，并出具检验证明。

The seller shall have the qualities, specifications, quantities of the goods carefully inspected by __________ Inspection Authority, which shall issues Inspection Certificate before shipment.

② 货物到达目的口岸后，买方可委托当地的商品检验机构对货物进行复验。如果发现货物有损坏、残缺或规格、数量与合同规定不符，买方须于货物到达目的口岸的 30 天内凭当地检验机构出具的检验证明书向卖方索赔。

The buyer has the right to have the goods inspected by the local commodity inspection authority after the arrival of the goods at the port of destination. If the goods are found damaged/short/their specifications and quantities not in compliance with that specified in the contract, the buyer shall lodge claims against the seller based on the Inspection Certification issued by the Commodity Inspection Authority within 30 days after the goods arrival at the destination.

③ 如买方提出索赔，凡属品质异议须于货物到达目的口岸之日起 30 天内提出；凡属数量异议须于货物到达目的口岸之日起 15 天内提出。对所装货物所提任何异议应由保险公司、运输公司或邮递机构负责的，卖方不负任何责任。

The claims, if any regarding to the quality of the goods, shall be lodged within 30 days after arrival of the goods at the destination, if any regarding to the quantities of the goods, shall be lodged within 15 days after arrival of the goods at the destination. The sellers shall not take my responsibility if any claims concerning the shipping goods in up to the responsibility of Insurance Company/Transportation Company/Post office.

18. 不可抗力：如因人力不可抗拒的原因造成本合同全部或部分不能履约，卖方概不负责，但卖方应将上述发生的情况及时通知买方。

Force Majeure: the sellers shall not hold any responsibility for partial or total non-performance of this contract due to Force Majeure. But the sellers shall advise the buyers on time of such occurrence.

19. 争议的解决方式：任何因本合同而发生或与本合同有关的争议，应提交中国国际经济贸易仲裁委员会，按该会的规则进行仲裁。仲裁裁决是终局的，对双方均有约束力。

Disputes settlement: All disputes arising out of the contract or in connection with the contract, shall be submitted to the China International Economic and Trade Arbitration Commission for arbitration in accordance with its Rules of Arbitration. The arbitral award is final and binding upon both parties.

20. 法律适用：本合同的签订地、或发生争议时货物所在地在中华人民共和国境内或被诉人为中国法人的，适用于中华人民共和国法律，除此规定外，适用《联合国国际货物销售合同公约》。

Law applications: it will be governed by the law of the People's Republic of China under the circumstances that the contract is signed or the goods while the disputes arising are in the People's Republic of China or the defendant is Chinese legal person, otherwise it is governed by United Nations Convention on Contract for the International Sale of Goods.

21. 术语：本合同使用的贸易术语系根据国际商会《INCOTERMS 2010》。

Price terms: The terms in the contract are based on INCOTERMS 2010 of the International Chamber of Commerce.

22. 文字：本合同中、英文两种文字具有同等法律效力，在文字解释上，若有异议，以中文解释为准。

Versions: This contract is made out in both Chinese and English of which version is equally effective. Conflicts between these two languages arising therefrom, if any, shall be subject to Chinese version.

23. 附加条款：本合同上述条款与本附加条款有抵触时，以本附加条款为准

Additional Clauses: Conflicts between contract clause hereabove and this additional clause, if any, it is subject to this additional clause.

24. 本合同共 二 份，自双方代表签字/盖章之日起生效。

This contract is in TWO copies, effective since being signed/sealed by both parties.

买方代表人：
Representative of the buyers:
签字
Authorized signature:
TIFERT TRADING CO., LTD
王宏

卖方代表人：
Representative of the sellers:
签字
Authorized signature:
SINGAPORE IMP & EXP CORP
杨一成

【第一步】泰佛贸易有限公司与天津工艺蜡厂签订国内采购合同，委托其负责加工生产 200 箱蜡烛，合同签妥后加工厂即开始备料生产，按照合同要求如期将蜡烛备好，及时将货物明细（见表 1–2）提供给泰佛贸易有限公司。

表 1–2　　蜡烛产品明细

产品图片	产品信息			
	产品货号	CD-001	包装方式	1支/纸盒 25盒/纸箱 1PC/BOX 25BOXES/CARTON
	产品名称	蜡烛		
	数量	5 000 支		
	件数	200 箱	包装重量（毛、净）	16KGS/15KGS/CTN
	海关编码	3406000090	包装尺码	35×28×34CM/CTN

【第二步】泰佛贸易有限公司单证员张敏根据出口合同及货物明细缮制商业发票（见样例 1–2）和装箱单（见样例 1–3）。

样例 1–2：商业发票

<table>
<tr><td colspan="2">Issuer （2）
TIFERT TRADING CO., LTD.
NO. 86, ZHUJIANG ROAD, TIANJIN, CHINA</td><td colspan="2" rowspan="2">商业发票（1）

COMMERCIAL INVOICE</td></tr>
<tr><td colspan="2" rowspan="2">To （3）
SINGAPORE IMP & EXP CORP
RM 5-7, HILTON BUILDING, SINGAPORE</td></tr>
<tr><td>No.: （5）
INVOICE NO. ZP456</td><td>Date: （6）
FEB 25, 2011</td></tr>
<tr><td colspan="2" rowspan="2">Transport Details （4）
SHIPMENT FROM TIANJIN TO SINGAPORE BY SEA</td><td>S/C No. （7）
TF110205</td><td>L/C No. （8）</td></tr>
<tr><td colspan="2">Terms of payment （9）
T/T</td></tr>
</table>

Marks and numbers （10）	Number and kind of packages, description of goods （11）	Quantity （12）	Unit price （13）	Amount （14）
			CFR SINGAPORE	
CANDLE TF110205 SINGAPORE CTN 1-200	200 CARTONS 5000PCS CANDLE PACKED IN CARTONS OF 25PCS EACH		USD1.50/PC	USD7 500.00

30% OF TOTAL INVOICE VALUE HAS BEEN MADE BY T/T IN ADVANCE

WE HEREBY CERTIFY THAT THE GOODS ARE OF CHINESE ORIGIN （15）

TIFERT TRADING CO., LTD
泰佛贸易有限公司

（16） 王 宏

样例 1–3：装箱单

<table>
<tr><td colspan="2">Issuer （2）
TIFERT TRADING CO., LTD.
NO. 86, ZHUJIANG ROAD, TIANJIN, CHINA</td><td colspan="3" rowspan="2">装 箱 单（1）
PACKING LIST</td></tr>
<tr><td colspan="2">To （3）
SINGAPORE IMP & EXP CORP
RM 5-7, HILTON BUILDING, SINGAPORE</td></tr>
<tr><td colspan="2"></td><td>Invoice No. （4）
INVOICE NO. ZP456</td><td colspan="2">Date （5）
FEB 25, 2011</td></tr>
<tr><td>Marks and Numbers （6）</td><td>Number and kind of package Description of goods （7）</td><td>G.W （8）</td><td>N.W （8）</td><td>Meas. （8）</td></tr>
<tr><td>CANDLE
TF110205
SINGAPORE
CTN 1-200</td><td>200 CARTONS CANDLE

PACKED IN CARTONS OF 25PCS EACH</td><td>3 200.00KGS</td><td>3 000.00KGS</td><td>6.664CBM</td></tr>
<tr><td colspan="5">（9）WE HEREBY CERTIFY THAT EACH ITEM HAS BEEN STICKED THE LABEL “MADE IN CHINA”.

TIFERT TRADING CO., LTD
泰佛贸易有限公司
（10）</td></tr>
</table>

相关链接

表 1–3 **发票缮制规范**

项目顺序号	填写内容	要点提示
（1）单据名称 Name of Doc	Commercial invoice 或 invoice	与信用证的规定完全一致
（2）出单人 Issuer	签发发票的人	① 信用证项下为受益人 ② 托收和电汇项下为卖方 ③ 有些公司可能已印就，无须填写

续表

项目顺序号	填写内容	要点提示
(3) 受单人 To	抬头人	① 信用证项下为开证申请人 ② 托收和电汇项下为合同买方
(4) 运输详情 Transport details	启运港（地）、目的港（地）和运输方式	启运港（地）应明确具体，目的港（地）如有重名港后面要加国别
(5) 发票号码 Invoice No.	此笔业务的发票号码	由出口商自行编制
(6) 日期 Date	发票的出票日期	一般在信用证开证日期后提单签发日前，且不能迟于信用证的交单期和有效期
(7) 合同号 S/C No.	此笔业务的合同号码	应与信用证上引用的合同号保持一致
(8) 信用证号 L/C No.	此笔业务的信用证号码	应与信用证上列明的证号保持一致，采用其他付款方式可留空
(9) 付款方式 Terms of payment	此笔业务的付款方式	信用证方式填 By L/C，托收填 By D/P，电汇填 By T/T
(10) 唛头 Marks and Numbers	合同或信用证规定的唛头	信用证或合同有指定唛头必须严格按照规定制唛；信用证或合同没有规定唛头出口商可自行设计；没有唛头填 N/M
(11) 货物描述 Number and kind of package, description of goods	包括货物的件数、货物名称、规格、包装情况等	必须与信用证上的货物描述完全一致，但无需照镜子式反射
(12) 数量 Quantity	一般填写货物的实际出运数量	不要遗漏计量单位
(13) 单价 Unit price	包括计价货币、计量单位、单位金额和贸易术语	填写要完整、正确，不能遗漏贸易术语
(14) 总金额 Amount	单价与实际出运数量的乘积即发票总值	① 一般不能超过信用证金额 ② 有折扣或明佣的应在此扣除，计算出净值
(15) 声明文句 Statement	来证要求的发票上加注各种费用金额、原产地、特定号码等声明文句	这些内容加注在发票商品栏以下的空白处
(16) 签字 Signature	一般加盖签发人的英文名称加法人代表签字图章	① 商业发票只能由 L/C 规定的受益人出具 ② 无特殊规定，发票可以无需签署 ③ 若信用证要求手签，出单人要亲笔签署不能以盖章代替

表 1–4　　装箱单缮制规范

项目顺序号	填写内容	要点提示
(1) 单据名称 Name of Doc	按照信用证规定的单据名称填写	与信用证规定的单据名称相一致

续表

项目顺序号	填写内容	要点提示
（2）出单人 Issuer	签发装箱单的人	① 信用证项下为受益人 ② 托收和电汇项下为卖方 ③ 有些公司可能已印就，无须填写
（3）受单人 To	抬头人	① 信用证项下为开证申请人 ② 托收和电汇项下为买方 ③ 信用证要求不显示抬头人时，可不填或填写“To whom it may concern”
（4）发票号 Invoice No.	此笔业务的发票号码	由卖方自行编制
（5）日期 Date	一般为发票日期	可略晚于发票日期，不能迟于信用证的有效期及提单日期
（6）运输标志 Marks and numbers	货物的唛头	① 注意与信用证及合同规定的内容和形式完全一致 ② 如合同和信用证无指定唛头，卖方可自行设计 ③ 如果没有唛头，填写“N/M”
（7）包装种类和件数、货物描述 Number and kind of packages, description of goods	包括货物的件数和货物描述	① 可以用商品的统称 ② 如果仅一种商品，可以无需填写商品的规格
（8）毛重 Gross weight 净重 Net weight 尺码 Measurement	填写货物的毛重、净重和尺码	若信用证要求列出单件毛重、净重和尺码时，应按照货物的实际情况填写，并且要符合信用证的规定。
（9）自由处理区 Additional condition	用于表达格式中其他栏目不能或不便表达的内容	符合信用证要求
（10）签署 Signature	一般加盖出口商的英文名称加法人代表签字图章	① 包装单据只能由 L/C 规定的受益人出具 ② 无特殊规定，装箱单可以无需签署 ③ 若信用证要求手签，出单人要亲笔签署不能以盖章代替

【第三步】泰佛贸易有限公司张敏与承运人九州货代有限公司办理租船订舱手续，双方对运价达成一致意见后，泰佛贸易有限公司缮制货运委托书（见样例 1–4）委托其负责出运该批蜡烛，货代公司签发配舱回单，泰佛贸易有限公司在规定的时间内将 200 箱蜡烛送到货代公司指定仓库。

【第四步】泰佛贸易有限公司张敏同时填写报关委托书（见样例 1–5）、报关单（见样例 1–6）和核销单（见样例 1–7），并随附合同、发票和箱单委托九州货代公司代为报关。

【第五步】海关放行后，货物如期装上“顺风”轮 0287 航次，凭大副收据换取海运提单（见样例 1–8）。

样例 1–4：货运委托书

货运委托书

经营单位（托运人）	泰佛贸易有限公司	编　号	WM38725000

提单B/L项目要求	发货人：泰佛贸易有限公司　天津市珠江道 86 号 Shipper：TIFERT TRADING COMPANY LTD NO.86, ZHUJIANG ROAD, TIANJN, CHINA
	收货人： Consignee：SINGAPORE IMP & EXP CORP RM 5-7, HILTON BUILDING, SINGAPORE
	通知人： Notify Party：THE SAME AS CONSIGNEE

海洋运费（√）Sea freight	预付（√）或（）到付 Prepaid or Collect	提单份数	THREE	提单寄送地址	天津市珠江道 86 号

起运港	天津	目的港	新加坡	可否转船	否	可否分批	否
集装箱预配数				装运期限	3.15	有效期限	

唛头	件数及包装	货物名称	毛重（KG）	体积（CBM）	成交条件（总价）
CANDLE TF110205 SINGAPORE CTN 1-200	200 箱	蜡烛 CANDLE	3 200KGS	6.664	USD7 500.00

集装箱站（CFS）地址	天津新港大道路 21 号	特种货物 □冷藏货 □危险品	重件： 大件 长×宽×高

门到门装箱地址		特种集装箱：（　　　　　　）
		货物备妥日期：
外币结算账号	092809100560	货物进站（√）　自送（√）　或公司派送（　）
		人民币结算单位账号：31800132067496
声明事项：		托运人签章：
		电话：　022-88388
		传真：　022-88388878
		联系人：　张敏
		地址：　天津市珠江道 86 号
		制单日期：2011 年 3 月 10 号

TIFERT TRADING CO., LTD
泰佛贸易有限公司
*

样例 1–5：报关委托书

代理报关委托书

编号：000007652987

我单位现（A 逐票、B 长期）委托贵公司代理　　　等通关事宜。（A. 报关查验 B. 垫缴税款 C. 办理海关证明联 D. 审批手册 E. 核销手册 F. 申办减免税手续 G. 其它）详见《委托报关协议》。

我单位保证遵守《海关法》和国家有关法规，保证所提供的情况真实、完整、单货相符。否则，愿承担相关法律责任。

本委托书有效期自签字之日起至　2011 年 4 月 10 日止。

委托方（盖章）TIFERT TRADING CO., LTD 泰佛贸易有限公司

法定代表人或其授权签署《代理报关委托书》的人（签字）

委托报关协议

为明确委托报关具体事项和各自责任，双方经平等协商签订协议如下：

委托方	泰佛贸易有限公司	被委托方	九州货运代理有限公司	
主要货物名称	蜡烛	*报关单编码	No.	
HS 编码	3406000090	收到单证日期	2011 年 3 月 10 日	
进出口日期	2011 年 3 月 15 日	收到单证情况	合同☑	发票☑
提单号			装箱清单☑	提（运）单☐
贸易方式	一般贸易		加工贸易手册☐	许可证件☐
原产地/货源地	天津		其它	
传真电话		报关收费	人民币：200 元	
其它要求：		承诺说明：		
背面所列通用条款是本协议不可分割的一部分，对本协议的签署构成了对背面通用条款的同意。		背面所列通用条款是本协议不可分割的一部分，对本协议的签署构成了对背面通用条款的同意。		
委托方业务签章：TIFERT TRADING CO., LTD 泰佛贸易有限公司		被委托方业务签章：		
经办人签章：张敏		经办报关员签章：		
联系电话：88388879	2011 年 3 月 10 日	联系电话：	年 月 日	

中国报关协会监制

（白联：海关留存、黄联：被委托方留存、红联：委托方留存）

样例 1–6：出口报关单

中华人民共和国海关出口货物报关单

预录入编号：1028976543　　　　海关编号：2266761987643567

出口口岸　新港		备案号	出口日期 20110315	申报日期 20110310
经营单位 泰佛贸易有限公司		运输方式　江河运输	运输工具名称 SHUNFENG V.0827	提运单号 SINO11081216
发货单位 泰佛贸易有限公司		贸易方式　一般贸易	征免性质 一般征税	结汇方式 电汇
许可证号	运抵国（地区）新加坡		指运港 新加坡	境内货源地 静海
批准文号 789635216	成交方式 CFR	运费　502/500/3	保费	杂费
合同号 TF100818	件数 200	包装种类　纸箱	毛重（公斤） 3 200	净重（公斤） 3 000
集装箱号	随附单据			生产厂家
标志唛码及备注 CANDLE TF110205 SINGAPORE CTN 1-200				

项号	商品编号	商品名称、规格型号	数量及单位	最终目的国（地区）	单价	总价	币制	征免
1	3406000090	蜡烛	5 000 支	新加坡	1.40	7 000	USD	照章征税

税费征收情况		
录入员　　录入单位	兹声明以上申报无讹并承担法律责任	海关审单批注及放行日期（签章）
报关员：胡群		审单　　审价
单位地址　天津市珠江道 86 号	申报单位（签章） TIFERT TRADING CO., LTD 泰佛贸易有限公司	征税　　统计
邮编：　　电话：8838 8879	填制日期：2011-3-11	查验　　放行

样例 1–7：出口收汇核销单

出口收汇核销单
存根
编号 789635216

出口单位	泰佛贸易有限公司
单位代码	67895589-4
出口币种总价	USD7000
收汇方式	电汇
预计收款日期	30 天
报关日期	20110310
备注	
此单报关有效期截止到	

出口收汇核销单
编号 789635216

出口单位　泰佛贸易有限公司

单位代码　67895589-4

银行签注栏	类别	币种金额	日期	盖章

海关签注栏

TIFERT TRADING CO., LTD 泰佛贸易有限公司 *

外汇局签注栏

年　月　日（盖章）

出口收汇核销单
出口退税专用
编号 789635216

出口单位　泰佛贸易有限公司

单位代码　67895589-4

货物名称	数量	币种总价
蜡烛	200 箱	USD7 000

TIFERT TRADING CO., LTD 泰佛贸易有限公司 *

报关单编号　987643567

外汇局签注栏

年　月　日（盖章）

相关链接

表 1–5　提单缮制规范

项目顺序号	填写内容	要点提示
（1）提单号 B/L No	按照装货单编号填写	与装货单中编号一致
（2）托运人 Shipper	一般为信用证受益人或合同卖方	① 信用证项下为受益人 ② 托收和电汇项下为卖方
（3）收货人 Consignee	抬头人，应完全按照信用证要求填写	一般为指示式： ① To Order ② To Order of Shipper ③ To Order of ××× Bank ④ To Order of +开证人的具体名称
（4）被通知人 Notify party	应完全按照信用证要求填写	一般是进口商或其代理人，承运人凭此栏内容通知其办理提货，所以提单的被通知人的名称和地址一定要详细
（5）前程运输 Pre-carriage by	前程运输方式	如货物需转运，此栏填第一程船船名；如不需转运，此栏留空
（6）装运港 Port of loading	装运港名称	按信用证规定填写实际装运货物的港口

续表

项目顺序号	填写内容	要点提示
(7) 船名 Vessel name	应填写货物所装船舶的船名及航次	如货物需转运，填写第二程船船名；如不需转运，填第一程船船名
(8) 转运港 Port of transshipment	转运港名称	如不需转运，此栏留空
(9) 卸货港 Port of discharge	货物实际卸下的港口名称	如有重名，在港口后面一定要加注国别
(10) 最终目的地 Final destination	填最终目的地名称	如最终目的地就是目的港，此栏可留空
(11) 集装箱号、铅封号及唛头 Container seal No. or Marks & Nos.	此笔业务的集装箱号、铅封号及唛头	唛头应与商业发票、箱单上的一致
(12) 包装的种类和数量 Number and kind of package	按实际包装具体情况填写	总件数除小写外，还要用文字大写叙述，且大小写应一致
(13) 货物名称 Description of goods	按信用证规定填写，可用统称	要与其他单据如发票等保持一致
(14) 毛重 Gross Weight	填写总毛重	除非信用证另有规定，一般重量以公斤表示，保留两位小数
(15) 尺码 Measurement	填写总尺码	除非信用证另有规定，一般体积以立方米表示，保留三位小数
(16) 运费条款	按信用证要求加注运费条款	应注意与使用的贸易术语一致
(17) 装船批注的日期 On board notation	货物的装船完毕日期	此栏可与18栏日期相同，也可能略晚于提单的签发日期，但不能晚于信用证规定的最迟装运期
(18) 提单签发地点及日期 Place and date of issue	提单的签发地点和签发日期	不能晚于信用证规定的最迟装运期
(19) 正本提单签发份数 No. of original B/L	应按信用证的规定提供要求的份数	此栏必须用英文大写数字表示
(20) 承运人签章 Signed for the carrier	承运人或其代理人的签字	常见签署方式： ① 承运人或其代理人签署 ② 船长或其代理人签署

样例 1-8：海运提单

Shipper （2） TIFERT TRADING CO., LTD NO.86, ZHUJIANG ROAD, TIANJIN,CHINA	B/L No. SINO11081216 （1）
Consignee or order （3） SINGAPORE IMP & EXP CORP RM 5-7, HILTON BUILDING, SINGAPORE	中国外运天津公司 **SINOTRANS TIANJIN COMPANY** **OCEAN BILL OF LADING**
Notify address （4） SAME AS CONSIGNEE	SHIPPED on board in apparent good order and condition (unless otherwise indicated) the goods or packages specified herein and to be discharged at the mentioned port of discharge or as near thereto as the vessel may safely get and be always afloat.

Pre-carriage by （5）	Port of loading （6） TIANJIN	The weight, measure, marks and numbers, quality, contents and value, being particulars furnished by the Shipper, are not checked by the Carrier on loading.
Vessel （7） SHUNFENG V.0827	Port of transshipment （8）	The Shipper, Consignee and the Holder of this Bill of Lading hereby expressly accept and agree to all printed, written or stamped provisions, exceptions and conditions of this Bill of Lading, including those on the back hereof.
Port of discharge （9） SINGAPORE	Final destination （10）	IN WITNESS whereof the number of original Bills of Lading stated below have been signed, one of which being accomplished the other (s) to be void.

Container. seal No. or marks and Nos. （11）	Number and kind of package （12）	Description of goods （13）	Gross weight (kgs.) （14）	Measurement (m^3) （15）
CANDLE TF110205 SINGAPORE CTN 1-200	200 CARTONS SAY TWO HUNDRED CARTONS ONLY	CANDLE FREIGHT PREPAID （16）	3 200.00KGS	6.664CBM ON BOARD DATE: MAR 15, 2011 （17）

Freight and charges			REGARDING TRANSHIPMENT INFORMATION PLEASE CONTACT
Ex. rate	Prepaid at	Freight payable at	Place and date of issue （18） TIANJIN MAR 15, 2011
	Total prepaid	Number of original Bs/L （19） THREE	Signed for or on behalf of the Carrier （20） SINOTRANS TIANJIN COMPANY 张涛

【第六步】待收到货代公司签发的已装船提单后，张敏于 2011 年 3 月 20 日将全套单据传真给 SIGAPORE IMP & EXP CORP，并要求其即刻电汇 70%的余款，泰佛贸易有限公司收妥全部货款后，填写快递运单（见样例 1-9）将全套正本单据直接快递至 SIGAPORE IMP & EXP CORP。

样例 1–9：快递运单

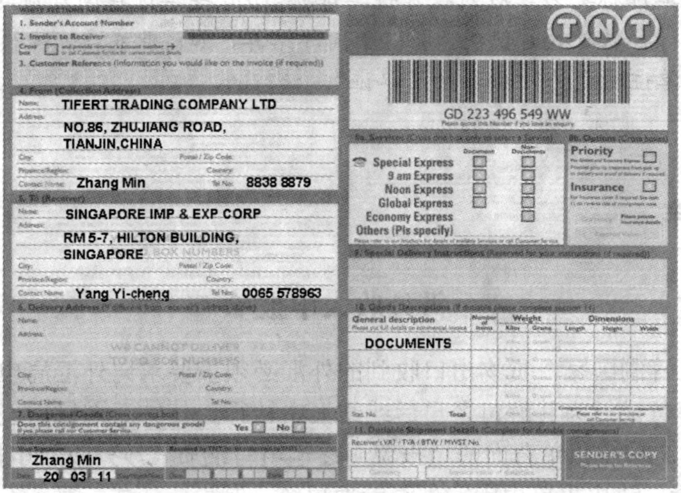
1. Sender's Account Number
2. Invoice to Receiver
3. Customer Reference (information you would like on the invoice (if required))

TNT

GD 223 496 549 WW

4. From (Collection Address)
Name: TIFERT TRADING COMPANY LTD
Address: NO.86, ZHUJIANG ROAD, TIANJIN,CHINA
City: Postal / Zip Code:
Province/Region: Country:
Contact Name: Zhang Min Tel No: 8838 8879

5. To (Receiver)
Name: SINGAPORE IMP & EXP CORP
Address: RM 5-7, HILTON BUILDING, SINGAPORE
City: Postal / Zip Code:
Province/Region: Country:
Contact Name: Yang Yi-cheng Tel No: 0065 578963

6. Delivery Address
Name:
Address:
City: Postal / Zip Code:
Province/Region: Country:
Contact Name: Tel No:

Special Express
9 am Express
Noon Express
Global Express
Economy Express
Others (Pls specify)

Priority

Insurance

General description | Number of items | Weight (Kilos, Grams) | Dimensions (Length, Height, Width)

DOCUMENTS

Total

7. Dangerous Goods
Yes No

Zhang Min

20 03 11

11. Dutiable Shipment Details
Receiver's VAT / TVA / BTW / MWST No.

SENDER'S COPY

注 意

电汇付款方式下，结汇单据缮制和操作应该注意的问题有：

（1）单据缮制依据：电汇项下单据缮制应该严格以合同为基础，出货应做到“货同一致”，即出运的货物品质应该符合合同中的质量要求，不能以次充好；制单应做到“单同一致”，即单据应该如实反映出运的货物，做到实事求是。

（2）商业发票和装箱单的抬头人，若进口商没有特殊要求，一般填写成进口商的名称和地址。

（3）提单缮制要特别注意“收货人”的填写，一般情况下，最好将抬头人填写成“TO ORDER”或“TO ORDER OF SHIPPER”。如果进口商要求填写成记名抬头，应保证货款已经在出运前全部收妥的情况下才可以照办，以控制物权。

（4）在与新客户的业务中，一定要坚持收妥全部货款后才放单给进口商。

提 示 板

对内操作性单证 Vs 对外结汇单证

国际贸易的特点是环节多，风险大，每个环节都有与之对应的单证。从单证的适用范围分，有些单证在国内流转，主要是与国内相关部门办理有关进出口手续时使用，如与保险公司办理投保手续时使用的投保单、与船公司或货代公司办理租船订舱手续时使用的订舱委托书、与检验检疫部门办理商检手续时使用的报检委托书、出口货物装船前需向海关申报的出口报关单、出口收汇后需要向外汇管理局核销外汇使用的核销单等，这些单证称之为“对内操作性单证”。而有些单证在国外流转，主要是向国外进口商或银行收取货款时使用，即用于国际结算，如商业发票、装箱单、海运提单、汇票等，这些单证称之为“对外结汇单证”。

资料库

涉外收入申报单

我国是外汇管制国家，货物出口收到的外汇必须按要求向外汇局申报。采用电汇付款方式，应在解付银行为其解付之日后或结汇中转行为其结汇之日后五个工作日内，出口商（申报主体）按申报单背面的填报说明逐笔填写纸质《涉外收入申报单》，并交解付银行/结汇中转行。该申报单由国家外汇管理局统一制表，一式三联，第一联由外汇局留存，第二联、第三联的背面印有填写规范。出口商（申报主体）也可以通过国际收支网上申报系统（企业版）完成涉外；收入申报，并可以不填写纸质《涉外收入申报单》。

中国银行 BANK OF CHINA

涉 外 收 入 申 报 单
REPORTING FORM FOR RECEIPTS FROM ABROAD

根据《国际收支统计申报办法》(1995 年 8 月 30 日经国务院批准)，特制发本申报单。
This Reporting Form is Distributed According to The Regulations on Reporting of Balance of Payments Statistics (Approved by The State Council on Aug.30,1995)
国家外汇管理局和有关银行将为您的具体申报内容保密。
The State Administration of Foreign Exchange (The SAFE) and The Banks Concerned Would Keep What You Reported Confidential.

请按填报说明（见第三联背面）填写。
Please Report According to The Instructions Overleaf.

制表机关：国家外汇管理局
Authority: The SAFE

申报号码 Bop Reporting No.	□□□□□□ □□□□ □□ □□□□□□ □□□□		
收款人名称 Payee			
□ 对公 Unit	组织机构代码 Unit Code □□□□□□□□□ - □		
□ 对私 Individual	个人身份证件号码 ID Number □ 中国居民个人 Resident Individual □ 中国非居民个人 Non-resident Individual		
结算方式 Payment Method	□ 信用证 L/C □ 托收 Collection □ 保函 L/G □ 电汇 T/T □ 票汇 D/D □ 信汇 M/T □ 其它 Others		
收入款币种及金额 Currency & Amount of Receipts		结汇汇率 Exchange Rate	
其中 of Which: 结汇金额 Amount of Sale		账号/银行卡号 Account No./Credit Card No.	
其中 of Which: 现汇金额 Amount in FX		账号/银行卡号 Account No./Credit Card No.	
其中 of Which: 其它金额 Amount of Others		账号/银行卡号 Account No./Credit Card No.	
国内银行扣费币种及金额 Bank's Charges inside China		国外银行扣费币种及金额 Bank's Charges outside China	
付款人名称 Payer			
付款人常驻国家（地区）名称及代码 Country/Region of Payer & Code	□□□	申报日期 Reporting Date	
如果本笔款为预收货款或退款，请选择 If Advance Receipts/Refund, Please Choose	□ 预收货款 Advance Receipts	□ 退款 Refund	
本笔款项是否为出口核销项下收汇	□ 是	□ 否	
如果本笔款项为外债提款，请填写外债编号			
交易编码 BOP Transac. Code □□□□□□ / □□□□□□	相应币种及金额 Currency & Amount	交易附言 Transac. Remark	
填报人签章 Signature or Stamp of Reporter		填报人电话 Phone No. of Reporter	

收款人章 Stamp of Payee　　银行经办人签章 Signature of Bank Teller　　银行业务编号 Bank Transaction Ref.No.

第一联 外汇局留存联

东港安全印刷股份有限公司承制·电话：(0531)88904590

三、技能训练

（一）初级任务

2011 年 3 月 18 日韩国鲜京贸易公司给其供货商泰佛贸易有限公司下一份黄豆的订货单（见样例 1–10）。

样例 1–10：订货单

PURCHASE ORDER

No. PO20110318

Date: MAR 18, 2011

The Seller: TIFERT TRADING CO., LTD
NO.86, ZHUJIANG ROAD, TIANJIN, CHINA

The Buyer: SK CORP
RM 308, HILTON BUILDING, SEOUL, KOREA

The buyer confirms placing the following purchase order to the seller as follows:

Commodity name & specification	Quantity	Unit price	Amount
Soya beans Oil Content: 18% Min Moisture: 13% Max Admixture: 2% Max	10MT	USD265.00 Per MT FOB Tianjin	USD2 650.00

Packing: In pp woven bags of 50kgs net each.

Time of shipment: Shipment to be made from Tianjin to Seoul by vessel during May/Jun, 2011 with partial shipment and transshipment allowed

Insurance: To be covered by the buyer

Payment terms: The buyer shall pay 100% of sales proceeds to the seller by T/T in advance not later than May10, 2011.

Shipping advice: The seller shall immediately, upon the completion of the loading of the goods, advise the buyer of the Contract No, names of commodity, loaded quantity, invoice value, gross weight, name of vessel and shipment date by mail.

Documents required: The seller shall send the following documents required to the buyer directly after shipment is effected.

☒ Full set of clean on Board Ocean Bills of Lading made out to SK CORP notify the same marked freight to collect..

☒ Signed commercial invoice in 3 copies.

☒ Packing list/weight memo in 3 copies.

SK CORP

朴金哲

黄豆的货物明细如下：

表 1–6　黄豆的货物明细

黄豆产品信息			
数量	10 公吨	包装	50 公斤/编织袋

续表

黄豆产品信息			
件数	200 袋	毛重	51 公斤
尺码	50×35×25cm	净重	50 公斤

作为单证员，请你根据以上订单和货物明细将下列商业发票（见样例 1–11）、装箱单（见样例 1–12）和海运提单（见样例 1–13）没有填写好的栏目补充完整，然后将全套单据快递给买方，方便其办理提货手续。

样例 1–11：商业发票

TIFERT TRADING CO., LTD
NO. 86, ZHUJIANG ROAD, TIANJIN, CHINA

COMMERCIAL INVOICE

致 TO:

发票号码 Invoice No. TF20110516

日期 Date MAY 16, 2011

起运港 port of departure

目的港 port of destination

唛头及号数 Marks&Numbers		品名 Descriptions	数量单位 Quantities	单价 Unit Price	总价 Amount
SK TF20110516 SEOUL NO.1-200	200 BAGS	SOYA BEANS			

TIFERT TRADING CO., LTD
王宏

样例 1–12：装箱单

TIFERT TRA DING CO.,LTD

NO. 86, ZHUJIANG ROAD, TIANJIN, CHINA

PACKING LIST

致 TO:

发票号码

Invoice No. TF20110516

日期

Date MAY 16, 2011

唛头及号数 Marks&Numbers	品名 Descriptions	毛重 Gross Weight	净重 Net Weight	尺码 Measurement
		10 200.00KGS		

PACKED IN PP WOVEN BAGS OF 50KGS NET EACH

TIFERT TRADING CO., LTD

王宏

样例 1–13：提单

Shipper	BILL OF LADING B/L No.: COSCO009876
Consignee	
Notify Party	CHINA OCEAN SHIPPING CO

Pre carriage by	*Place of Receipt	中国远洋运输公司
Ocean Vessel Voy. No. VICTORY VOY.095E	Port of Loading	ORIGINAL

Port of discharge	*Final destination	Freight payable at	Number original Bs/L

Marks and Numbers	Number and kind of packages; Description	Gross weight	Measurement M3
		10 200.00KGS	
	FREIGHT TO COLLECT		

TOTAL PACKAGES (IN WORDS)

Freight and charges

Place and date of issue MAY 30, 2011
Signed for the Carrier CHINA OCEAN SHIPPING CO 李虹

Applicable only when document used as a Through Bill of Loading

（二）中级任务

2011 年 5 月 12 日，TIFERT TRADING CO., LTD（泰佛贸易有限公司）与英国 CARPENTER GIFT COMPANY 签订了一份木制小汽车的出口合同（售货确认书）（见样例 1–14）。鉴于英国客户是泰佛贸易有限公司的老客户，常年有业务往来，且信誉良好，其用户急需用货，双方同意采用空运，付款方式采用 100%预付。

样例 1–14：售货确认书

SALES CONFIRMATION

NO. HM2011-1256
DATE：2011-3-5
PLACE：TIANJIN

THE SELLER：TIFERT TRADING CO., LTD
NO.86, ZHUJIANG ROAD, TIANJIN, CHINA
THE BUYER：CARPENTER GIFT COMPANY.
UNIT 513, CHINACHEM BLDG.,
78 MODY ROAD, LONDON, U.K.

AFTER FRIENDLY NEGOTIATION, THE SELLER AGREES TO SELL AND THE BUYER AGREES TO BUY THE FOLLOWING GOODS ON THE CONDITIONS STIPULATED BELOW:

STYLY NO	COMMODITY	SIZE	QUANTITY	UNIT PRICE	AMOUNT
1484020	WOODEN CAR	10″	2 000PCS	CPT LONDON USD1.40/PC	USD2 800.00
1484020	WOODEN CAR	8″	3 000PCS	USD1.20/PC	USD3 600.00
			5 000PCS		USD6 400.00

PACKING: IN CARTONS OF 10PCS(10″) AND 15PCS(8″) EACH.
SHIPMENT: TO BE EFFECTED DURING APRIL, 2011 FROM TIANJIN TO LONDON WITH PARTIAL SHIPMENT AND TRANSHIPMENT ALLOWED.
INSURANCE:TO BE COVERED BY THE BUYER
PAYMENT: THE BUYER WILL REMIT THE TOTAL CONTACTED VALUE TO THE SELLER BY T/T IN ADVANCE.
DOCUMENTS REQUIRED:
+ SIGNED COMMERCIAL INVOICE IN TRIPLICATE SHOWING THE GOODS ARE OF CHINA ORIGIN AND INDICATING S/C NO.
+ DETAILED PACKING LIST INDICATING THE CONTENTS OF EACH PACKAGE AND BOTH GROSS WEIGHT, NET WEIGHT AND MEASUREMENT OF EACH PACKAGE.
+ AIRWAY BILL IN ONE ORIGINAL CONSIGNED TO CARPENTER GIFT COMPANY AND NOTIFY PERFECT LOGISTIC COMPANY RM 245, GREAT TOWER BUILDING, LONDON, U.K. MARKED FREIGHT PREPAID.
REMARK: 10% MORE OR LESS BOTH IN QUANTITY AND AMOUNT ALLOWED.

THE SELLER　　　　THE BUYER
王宏　　　　**JOHNSON CARPENTER**

木制小汽车的货物明细如下：

表 1–7　　木制小汽车的货物明细

产品图片	产品信息			单据信息	
	商品	木制小汽车		发票号	TF20110418
		10″	8″	发票日期	2011-4-18
	数量	2 100 个	3 150 个	有权签字人	张弛
	件数	210 箱	210 箱	提单号	SINO05678
	包装	10 个/箱	15 个/箱	船名	LUCKYRIVER
	毛重	13KGS	12KGS	航次	VOY. 5698
	净重	11GS	10KGS	海关编码	9503008900
	尺码	45×35×25CM		海关监管	B：出境货物通关单

作为单证员，请你根据以上订单和货物明细利用下列空白单据缮制结汇单据商业发票（见样例 1–15）、装箱单（见样例 1–16）。同时上网自学空运运单的缮制规范，并尝试缮制该笔业务的空运单（见样例 1–17）。待货物出运后将结汇单据快递给买方，方便其办理提货手续。

样例 1–15：商业发票

Issuer	商 业 发 票 **COMMERCIAL INVOICE**	
To	No.:	Date:
Transport Details	S/C No.	L/C No.
	Terms of payment	

Marks and numbers	Number and kind of packages, Description of goods	Quantity	Unit price	Amount

样例 1–16：装箱单

Issuer	装 箱 单 **PACKING LIST**					
To	Invoice No.			Date		
Marks and Numbers	**Number and kind of package Description of goods**	**Quantity**	**Package**	**G.W**	**N.W**	**Meas.**
TOTAL:						
SAY TOTAOL:						

样例 1–17：空运单

999			999— 2178903478
hipper's Name and Address	Shipper's Account Number		The Civil Aviation Administration of China NON-NEGOTIABLE
			Copies 1, 2 and 3 of this Air Waybill are originals and have the same validity.
Consignee's Name and Address	Consignee's Account Number		It is agreed that the goods described herein are accepted for carriage in apparent good order And condition (except as noted) and SUBJECT TO THE CONDITIONS OF CONTRACT ON THE REVERSE HEREOF. ALL GOODS MAY BE CARRIED BY AND OTHER MEANS INCLUDING ROAD OR ANY OTHER CARRIER UNLESS SPECIFIC CONTRARY INSTRUCTIONS ARE GIVEN HEREON BY THE SHIPPER. THE SHIPPER'S ATTENTION IS DRAWN TO THE NOTICE CONCERNING CARRIER'S LIMITATION OF LIABILITY. Shipper may increase such limitation of liability by declaring a higher value for carriage and paying a supplemental charge if required.
Issuing Carrier's Agent Name and City			Accounting Information
Agent's IATA Code	Account No.		
Airport of Departure (Addr. of First Carrier) and Requested Routing			

To	By First Carrier Routing and Destination	to	by	to	by	Currency	CHGS Code	WT/VAL PPD	WT/VAL COLL	Other PPD	Other COLL	Declared Value for Carriage	Declared Value for Customs

Airport of Destination	Flight/Date	For carrier Use Only Flight/Date	Amount of Insurance	INSURANCE—If Carrier offers insurance, and such insurance is requested in accordance with the conditions thereof, indicate amount to be insured in figures in box marked "Amount of Insurance."

Handing Information

(For USA only) These commodities licensed by U.S. for ultimate destination ……………………………….Diversion contrary to U.S. law is prohibited

No of Pieces RCP	Gross Weight	Kg lb	Rate Class Commodity Item No.	Chargeable Weight	Rate Charge	Total	Nature and Quantity of Goods (incl. Dimensions or Volume)

Prepaid	Weight Charge	**Collect**	Other Charges
	Valuation Charge		
	Tax		
	Total other Charges Due Agent		Shipper certifies that the particulars on the face hereof are correct and that insofar as any part of the consignment contains dangerous goods, such part is properly described by name and is in proper condition for carriage by air according to the applicable Dangerous Goods Regulations.
	Total other Charges Due Carrier		
			…………………………………………………… Signature of Shipper or his Agent
Total Prepaid		Total Collect	
Currency Conversion Rates		CC Charges in Dest Currency	…………………………………………………… Executed on (date) at(place) Signature of Issuing Carrier or its Agent
For Carrier's Use only at Destination		Charges at Destination	Total Collect Charges 999—

（三）高级任务

2011 年 6 月 8 日，泰佛贸易有限公司向摩洛哥 MORONH TEXTILE TRADING CO., LTD 供应全棉茶巾 12 000 打，进口商要求泰佛贸易公司签发一份形式发票（见样例 1–18）用于申请外汇。鉴于该客户是常年的老客户，泰佛贸易有限公司同意客户采用电汇付款的请求，即交易达成后，进口商电汇 30%的货款作为定金，待货物出运后传真正本提单，进口商收到提单后即刻电汇余款。

样例 1–18：形式发票

TIFERT TRADING CO.,LTD.

NO.86, ZHUJIANG ROAD, TIANJIN,CHINA

PROFORMA INVOICE

TO: MORONH TEXTILE TRADING CO., LTD
P.O.BOX 5896, CASABLANCA, MOROCCO

INVOICE NO.: PROINV20110318

INVOICE DATE: JUNE 8, 2011

TERM OF PAYMENT: 30% BY T/T IN ADVANCE, BALANCE WILL BE PAID UPON RECEIPT OF COPY OF B/L

PORT TO LOADING: TIANJIN, CHINA

PORT OF DESTINATION: CASABLANCA, MOROCCO

TIME OF DELIVERY: SHIPMENT TO BE EFFECTED NOT LATER THAN APR 30, 2011

INSURANCE: TO BE COVERD BY THE BUYER

Marks and Numbers	Number and kind of package Description of goods	Quantity	Unit Price	Amount
				CFR CASABLANCA
MORONH PROINV20110318 CASABLANCA CTN NO.1-1200	1200 CARTONS OF TOWEL 100% COTTON 50×70CM PACKED IN CARTONS OF 10DOZ EACH	12 000DOZ	USD1.36/DOZ	USD16 320.00

Total Amount: 12 000DOZ USD16 320.00

SAY TOTAL: SIXTEEN THOUSAND THREE HUNDRED AND TWENTY ONLY.

REMITTING BANK: BANK OF MOROCCO
NO.68, 11TH ROAD, CASABLANCA, MOROCCO

PAYING BANK: BANK OF CHINA TIANJIN BRANCH
80, JIEFANG BEILU, TIANJIN, CHINA
SWIFT CODE: BKCHCNBJ200

茶巾的货物明细如下：

表 1-8　　茶巾的货物明细

产品图片	产品信息		单据信息	
	商品	茶巾	发票号	TF20110415
	数量	12 000 打	发票日期	2011-4-15
	件数	1 200 箱	有权签字人	张弛
	包装	10 打/箱	提单号	PIL09753
	毛重	16KGS	船名	HANJIN
	净重	15KGS	航次	VOY. 456W
	尺码	35×35×25CM	海关编码	6302910010

作为单证员，请你根据以上形式发票和货物明细审核助手所缮制的商业发票（见样例 1-19），如果有问题请做相应修改，并缮制装箱单（见样例 1-20）和海运提单（见样例 1-21），其他条件自拟。然后快递给买方，方便其办理提货手续。

样例 1-19：商业发票

TIFERT TRADING CO., LTD

NO.86, ZHUJIANG ROAD, TIANJIN, CHINA

COMMERCIAL INVOICE

TO：MORONH TEXTILE TRADING CO., LTD　　　　INVOICE NO：TF20110415

P.O.BOX 5869, CASABLANCA, MOROCCO　　　　DATE：APR 15, 2011

FROM：TIANJIN, CHINA　　　　TO：CASABLANCA, MOROCCO

MARKS & NOS	DESCRIPTIONS OF GOODS	QUANTITIES	UNIT PRICE	AMOUNT
N/M	120 CARTONS OF TOWEL 50% COTTON, 50% POLYESTER 50X60CM PACKED IN CARTONS OF 12DOZ EACH DETAILS AS PER PROFORMA INVOICE NO. PROINV20110318 DATED MAR 18, 2011	1 200DOZ	USD1.36/DOZ	USD1 632.00

TIFERT TRADING CO., LTD

王宏

样例 1–20：装箱单

TIFERT TRADING CO., LTD

NO.86, ZHUJIANG ROAD, TIANJIN, CHINA

PACKING LIST

TO:

INVOICE NO:

DATE:

FROM:　　　　TO:

MARKS & NOS	DESCRIPTIONS OF GOODS	G.W	N.W	MEAS

TIFERT TRADING CO., LTD

王宏

样例 1–21：海运提单

<table>
<tr><td>Shipper</td><td rowspan="3">B/L NO.

PACIFIC INTERNATION LINES (PTE) LTD
(Incorporated in Singapore)
COMBINED TRANSPORT BILL OF LADING
Received in apparent good order and condition except as otherwise noted the total number of container or other packages or units enumerated below for transportation from the place of receipt to the place of delivery subject to the terms hereof. One of the signed Bills of Lading must be surrendered duly endorsed in exchange for the Goods or delivery order. On presentation of this document (duly) Endorsed to the Carrier by or on behalf of the Holder, the rights and liabilities arising in accordance with the terms hereof shall (without prejudice to any rule of common law or statute rendering them binding on the Merchant) become binding in all respects between the Carrier and the Holder as though the contract evidenced hereby had been made between them.
SEE TERMS ON ORIGINAL B/L</td></tr>
<tr><td>Congsinee</td></tr>
<tr><td>Notify Party</td></tr>
</table>

Vessel and Voyage Number	Port of Loading	Port of Discharge
Place of Receipt	Place of Delivery	Number of Original Bs/L

PARTICULARS AS DECLARED BY SHIPPER – CARRIER NOT RESPONSIBLE

Container Nos/Seal Nos. Marks and/Numbers	No. of Container / Packages / Description of Goods	Gross Weight (Kilos)	Measurement (cu-metres)

<table>
<tr><td rowspan="4">FREIGHT & CHARGES</td><td>Number of Containers/Packages (in words)</td></tr>
<tr><td>Shipped on Board Date:</td></tr>
<tr><td>Place and Date of Issue:</td></tr>
<tr><td>In Witness Whereof this number of Original Bills of Lading stated above all of the tenor and date one of which being accomplished the others to stand void.

for PACIFIC INTERNATIONAL LINES (PTE) LTD
as Carrier</td></tr>
</table>

项目二　托收项下出口单证操作

任务 2.1　托收项下出口单证入门

案例导入

D/P 遭拒付货物受损案

2009 年 8 月某食品进出口公司与普里瓦特有限公司就出口一批冻鲜对虾达成合同，合同中的支付条款规定："payment by draft drawn on buyer payable at sight, documents against payment."。食品进出口公司根据合同规定的装运期于 9 月 15 日备妥货物即进行装运。

买方普里瓦特有限公司于 9 月初曾经向食品进出口公司发函通知该公司迁移地址，但食品进出口公司经管该商品的业务员因公出差，工作未交接清楚，未将买方普里瓦特有限公司迁移地址的情况通知单证员，单证员制单时仅依据合同上规定的买方旧地址缮制提单"被通知人"栏和托收委托书。食品进出口公司为了安全收汇，货权能掌握在银行手里，故把提单收货人做成凭商业银行（代收行）指示的抬头，即 To order of the Commercial Bank。9 月 18 日托收行办理托收后即向国外寄单，商业银行于 9 月 28 日收到单据后，根据托收指示所规定的付款人向其发出通知。但通知却无法投递，于 10 月 10 日被邮局退回，因该地址查无此人。货物到港后因提单被通知人地址有误，无法按其地址通知提货，船方又通知提单的收货人商业银行，而商业银行不予置理。船方将货临时卸入仓库暂时保存。

商业银行于 10 月 11 日将无法查找付款人的情况通知托收行，食品进出口公司即于 10 月 13 日又将买方的新地址通知托收行，托收行即发出更正托收指示，要求商业银行速向付款人提示付款。

如此周折直至 10 月 20 日，商业银行才向付款人普里瓦特有限公司提示汇票和单据，但买方拒付票款不接受单据。理由是货早已到港，因未及时提取货物，货已卸船入库，又因库内温度不适合，货已部分软化。最终食品进出口公司委托目的港其他客户在当地挑选加工，将部分可销售的货物削价处理，损失惨重。

在本案例中，食品进出口公司这次事故损失的主要原因是什么？将提单收货人做成凭代收行指示是否有助于控制物权？在今后如何避免此类悲剧的再现，把好安全收汇关呢？让我们一起来学习有关托收付款方式等方面的知识和单证操作技能。

知识目标

1. 掌握托收的含义及性质、托收的种类、托收的当事人。
2. 了解托收支付方式的利与弊，特别注意托收付款方式应该防范的风险。

能力目标

1. 能正确解读合同中托收支付条款。
2. 能正确绘制托收付款方式下单据流程图。

托收是国际贸易中常用的付款方式之一，在发达国家或地区间贸易中，约有 80%以上的货款都是采用托收方式支付的。托收方式对买方比较有利，费用低，风险小，资金负担小，甚至可以取得卖方的资金融通。在当今竞争非常激烈的情况下，采用托收方式支付货款的比例也呈逐渐增加的趋势，也往往被卖方作为一种促销的手段。为此，我们必须熟悉托收支付方式方面的有关知识和单证操作技能，以适应国际货款结算与国际贸易发展的趋势。

一、知识导航

（一）托收的含义及性质

托收（Collection）即委托银行代收货款，是由债权人（出口商）签发汇票，委托当地银行通过其在债务人（进口商）所在地的联行或代理行向债务人收取款项的一种支付方式。托收虽然是通过银行办理，但是银行只是按照出口商的指示办事，不承担付款的责任，不过问单据的真伪，如无特殊约定，对已运到目的地的货物不负提货和看管责任。因此，出口商交货后，能否收回货款，完全取决于进口商的信誉。所以，托收的支付方式是建立在商业信用基础上的。

（二）托收的种类

按托收项下的汇票是否附有货运单据的标准，一般将托收分为光票托收和跟单托收。

1. 光票托收

指汇票不附带货运单据的托收。由于不涉及货权的转移或货物的处理，光票托收的业务处理非常简单。它主要适用于向进口商收取货款差额、贸易从属费用等。

2. 跟单托收

指汇票附带有货运单据的托收。国际贸易结算中使用的托收一般都是跟单托收。在跟单托收业务中，银行代收货款时通常握有包括运输单据在内的商业单据，银行按何种条件向进口商交付商业单据，对国际货物买卖双方的权益关系重大。因此，依银行向付款人交单条件的不同，跟单托收有付款交单和承兑交单之分。

（1）付款交单（Documents against Payment，简称 D/P）是指代收行必须在进口商付款后方能将单据交予进口商的方式。按付款时间的不同，付款交单又可分为即期付款交单和远期付款交单。

① 即期付款交单（D/P at sight）：代收行在收到托收行的单据和托收委托书后立即直接或通过提示行向进口商提示有关单据，如单据合格，进口商必须马上付款。代收行收款后交单。

② 远期付款交单(D/P after sight)：代收行收到单据后立即向进口商提示汇票和单据，如果单据合格，进口商应即承兑汇票，并在付款到期日向代收行付款。代收行在收妥票款后向进口商交单。

注意

采用远期付款交单，如果日后进口商到期拒付，则与银行无关，应由出口商自己承担风险。其性质与承兑交单差不多，因此，使用这种支付方法一般应谨慎，从严掌握。国际商会《托收统一惯例》（简称 URC522）明确规定不鼓励使用远期付款交单，有些国家或地区视远期付款交单为承兑交单，因此采用时一定要对进口国的贸易政策了解清楚，以防蒙受经济损失。

（2）承兑交单（Documents against Acceptance，简称 D/A）是指在使用远期汇票收款时，当代收行或提示行向进口商提示汇票和单据，若单据合格进口商对汇票加以承兑时，银行即凭进口商的承兑向进口商交付单据。俟汇票到期，进口商再向代收行付款。

需要说明的是：在跟单托收方式中，进口商付款、承兑的前提条件是出口商交付与合同规定相符的单据。所以，进口商在付款、承兑前有审单的权利。如果单据合格，进口商必须付款或承兑并付款。

远期付款交单和承兑交单虽然都适用于远期汇票的托收，但对进口商而言，承兑交单更有利。因为进口方只需承兑就能获得单据，提取货物，可以尽早投入生产或销售。而对于出口商而言，承兑交单要冒相当大的风险。因为承兑毕竟不等于付款，一旦交了单就失去了物权，丧失了约束进口商付款的手段。

（三）托收的当事人

托收方式涉及四个主要当事人，即委托人、付款人、托收行和代收行。还可能出现“提示行”和“需要时代理”两个其他当事人。

（1）委托人（Principal，Consignor）：即收款人，是托收业务中委托银行办理托收的一方。由于委托人常需开具汇票委托银行向国外债务人收款，所以他也往往被称为出票人。委托银行收款的债权人通常就是买卖合同中的出口商。

（2）托收行（Remitting Bank）：又称寄单行，是指受委托人委托办理托收的银行，通常就是出口商所在地银行。

（3）代收行（Collecting Bank）：是指接受托收行委托，向付款人收款的银行，包括除托收行以外的参与办理托收业务的任何银行。代收行通常是托收行在付款人所在地的联行或代理行。

（4）付款人（Payer, Drawee）：是银行根据托收指示书的指示向其提示单据的人。托收业务中的付款人，通常是买卖合同中的进口商或是商务往来中的债务人。

（5）提示行（Presenting Bank）：又称交单银行，是指向付款人提示单据的银行。一般情况下，由代收行兼任。但如果代收行与付款人素无往来关系，而与付款人的往来银行却有账户往来时，为便于其往来银行向付款人融通资金，也为能如期收款，代收行可以主动或者应付款人的请求，委托与代收行有账户关系的付款人的往来银行充当提示行。

（6）需要时代理（Principal's Representative in case of Need）：是委托人为了防止因付款人拒付发生货物无人照料的情形，因而在付款地事先指定的代理人，委托其在付款人拒付时代为照料货物存仓、转售、运回等事宜。按照惯例，如果委托人在托收指示书中有指定“需要时代理”，他应同时明确且完整地注明该代理人的权限；如无注明，银行将不接受该代理人的任何指示。如果该代理发出超越其规定权限的指示，银行也将不予接受。

（四）托收支付方式的利与弊

1. 托收支付方式的利处

就出口商而言，托收有利于调动进口商采购货物的积极性，从而有利于促进成交和扩大出口，故许多出口商都把采用托收支付方式作为推销库存和作为一种非价格性的竞争手段。各国银行为助本国出口商一臂之力，也纷纷采取了相应的措施和办法，如出口保理、出口押汇等，以融通资金和提高出口商品在国际市场的竞争能力。

就进口商而言，一方面可以降低费用，如进口商可免交开立信用证的手续费，免交信用证押金；另一方面可以减少资金占压，甚至可以做无本生意。在即期付款交单的方式下，进口商则只需付款就可以获得合格的单据并凭以提货；在远期付款交单和承兑交单方式下，进口商更可借出口商的资金做交易，在承兑后取得单据并凭以提货，之后用售货所得款项向银行付款，等于出口商给予了进口商全额的资金融通。

2. 托收支付方式的弊端

（1）商业信用

托收业务中，虽然通过银行办理，但银行仅提供服务，不提供任何信用和担保。银行在传递单据、收取款项的过程中，既不保证付款人一定付款，也不负责审查单据是否齐全、是否符合买卖合同的规定。出口商能否安全及时收回货款完全取决于进口商的信誉。

（2）风险大

不论 D/P 还是 D/A 方式，出口商都是先发货后收款。一旦进口商拒付，出口商就要遭受各种损失。采用 D/P 时，一旦进口商拒不付款赎单，由于货已运往国外，出口商就需承担额外费用，如关税、仓储费、保险费等，以及委托银行或代理人办理提货等各种手续，甚至降价在当地销售货物。如因当地外汇管制无法收取外汇或不能进口，还可能要将货物运回，负担双重运费和其他费用及风险。采用 D/A 时，风险更大，因为在承兑交单条件下，进口商承兑汇票后，即可取得货运单据，凭以提货。提货后，如进口商破产倒闭或拒不付款，出口商就会蒙受“货款两空”的重大损失。

（3）进出口双方的资金负担不平衡

跟单托收业务中，出口商在订立合同后，需要垫付自己的资金进行备货、装运，然后通过银行收款，等进口商付款后才能收回货款，而进口商则只需付款就可以获得合格的单据并凭以提货。承兑交单方式下，进口商更可借出口商的资金做交易，在承兑后取得单据并凭以提货，之后用售货所得款项向银行付款，等于出口商给予了进口商全额的资金融通。

（五）采用托收付款方式应该防范的风险

（1）认真考察进口商的资信情况和经营作风，并根据进口商的具体情况妥善掌握成交金额，不宜超过其信用程度。资信不良的进口商一旦发生资金周转不灵，或进口地市场行情发生变化，就会长时间拖欠出口商的货款，甚至拒付货款。

（2）对于贸易管理和外汇管制较严的进口国家和地区不宜使用托收方式，以免货到目的地后，由于不准进口或收不到外汇而造成损失。

（3）要了解进口国家的商业惯例，以免由于当地习惯做法，影响安全迅速收汇。例如，有些拉美国家的银行，对远期付款交单的托收按当地的法律和习惯，在进口商承兑远期汇票后立即把商业单据交给进口商，即把远期付款交单（D/P 远期）改为按承兑交单（D/A）处理。因而会使出口商增加收汇的风险，并可能引起争议和纠纷。

（4）避免进口商指定代收行所引起的风险。托收支付方式中，代收行一般由托收行指定。但有时出口商急于成交，从而答应由进口商指定代收行，结果代收行与进口商相互勾结，在没收到货款的情况下，直接将单据交给进口商，进口商立即凭正本提单将货物提出，导致出口商货款两空。

（5）采用托收成交时，尽量不采用 FOB 贸易术语成交。若采用 FOB 成交，出口商应对进口商指定的运输公司和运输代理进行必要的资信调查，对其签发的运输单据的真伪性进行必要的鉴别，避免不法商人以假运输单据骗取出口商的货物。

（6）出口合同应争取按 CIF 或 CIP 条件成交，由出口商办理货运保险，或投保出口信用保险。在采用 CFR、CPT、FOB、FCA 等贸易术语成交时，应投保“卖方利益险”，该险对于因客户拒不赎单、无力赎单或因进口国政局变动等情况造成损失承担责任，负责赔偿。

（7）应在进口商签回销货合同或销货确认书后，再办理货物出运手续，以明确进出口双方各自的责任。还应注意单据与合同规定一致，以及与进口国报关规定一致，以免对方作为迟付或拒付货款的口实。

（8）采用托收方式收款时，应结合经营意图，主要在需要推销的滞销商品、新商品以及竞争激烈的商品中使用。要建立健全管理制度，定期检查，及时催收清理，发现问题应迅速采取措施，以避免或减少可能发生的损失。

二、技能入门

（一）托收流程图

托收是由债权人开出汇票，要求债务人付款，结算工具汇票的传送方向与资金的流动方向相反，因此，托收属于逆汇法，具体流程见图 2–1。

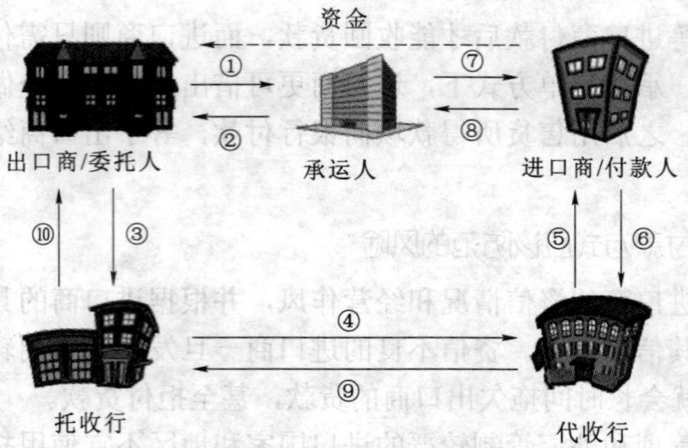

图 2–1　托收流程图

说明：① 委托人（出口商）将货物装上承运人指定船上，完成交货义务。

② 承运人（船公司或货代公司）签发清洁已装船提单给委托人。

③ 委托人填写托收申请书，开立汇票，连同货运单据交一家出口地银行（托收行），委托其向进口商收款。

④ 托收行审查托收申请书及所附单据，包括申请书的内容是否明确、项目是否齐全，单据的种类和份数是否与申请书所列的相符等。审核无误后，托收行出具回单（acknowledgement）给委托人，作为托收行接受出口人委托的凭证，又可作为托收行收到托收汇票和有关单据的收据。同时根据托收申请书缮制托收委托书，之后连同全套货运单据、汇票一次或分次寄交一家进口地银行（代收行）请其代为收款。

⑤ 代收行核对单据无误、审查托收委托书并愿意接受后，发回单给托收行，作为代收行接受委托的凭证。代收行填制代收通知书，以通知进口商验单付款或承兑。

⑥ 如果是 D/P 即期，付款人付款后交单；如果是 D/P 远期，付款人承兑后到期付款交单；如果是 D/A，付款人承兑后交单。进口人接到通知后到银行审核单据，付款、承兑和领取单据。

⑦ 付款人持提单向承运人索要提单项下货物。

⑧ 承运人收回提单，放货给进口商。

⑨ 代收行收款后，按托收委托书的指示将相关款项划拨托收行账户，并发出收讫贷记通知书给托收行。

⑩ 托收行收款后，按托收申请书的指示向出口商交款或贷记出口商账户并通知出口商。

（二）合同中常见的托收支付条款及释疑

在使用托收支付方式时，应在合同中明确规定交单条件和付款、承兑责任及付款期限等问题，具体列举如下：

（1）Upon first presentation the Buyers shall pay against documentary draft drawn by the Sellers at sight. The shipping documents are to be delivered against payment only.

【中文】买方应凭卖方开具的即期跟单汇票，于见票时立即付款，付款后交单。

【释疑】该种支付方式要求买方必须付清全部货款后，银行才放单给买方，也就是说买方不付款，银行就必须代卖方持有单据。与远期付款交单相比，该付款方式对卖方相对安全些，但无论如何都属于商业信用，卖方在采用时宜持谨慎态度。

（2）The Buyers shall duly accept the documentary draft drawn by the Sellers at ×× days sight upon first presentation and make payment on its maturity. The shipping documents are to be delivered against payment only.

【中文】买方对卖方开具的见票后××天付款的跟单汇票，于第一次提示时应即予承兑，并应于汇票到期日银行再次提示时即予付款，付款后交单。

【释疑】该种支付方式要求买方必须付清全部货款后，银行才放单给买方。与即期付款交单不同的是，买方见票后无须马上付款，买卖双方约定的付款期限到期后再付款，这个期限一般与货物运抵目的港所需时间大体相同，这样就可以减少买方资金占压。卖方不仅要承担利息损失，而且也要承担不能如期收汇的风险。有些国家将 D/P 远期视同 D/A，因此采用时要小心谨慎。

（3）The buyers shall pay against documentary draft drawn by Sellers at ××days after date of B/L. The shipping documents are to be delivered against payment only.

【中文】买方应凭卖方开具的跟单汇票，于提单日后××天付款，付款后交单。

【释疑】该种付款方式也是银行放单以买方付清货款为前提，付款期限从装运后开始起算，较之见票后起算对卖方有利些，卖方可早一些收回货款。

（4）50% of total contract amount will be paid by D/P at sight, 50% will be paid by D/P at 45days after sight.

【中文】合同金额的 50%见票后付款，另 50%见票后 45 天付款。

【释疑】该种付款方式是将即期付款交单和远期付款交单结合起来，这样较全部是远期付款交单可以相应地减少卖方承担的风险，便于买卖双方在付款方式上达成一致，以利于交易达成，在当今买方市场下，采用比例有所增加。

（5）The Buyers shall duly accept the documentary draft drawn by the Sellers at ×× days sight upon first presentation and make payment on its maturity. The shipping documents are to be delivered against acceptance.

【中文】买方对卖方开具的见票后××天付款的跟单汇票，于第一次提示时即予以承兑，并应于汇票到期日即付款，承兑后交单。

【释疑】该种支付方式，买方承兑汇票后，银行即放单给买方，买方便可向船公司办理提货手续，事后能否收回货款完全取决买方的信誉，因此对卖方来讲风险巨大，除非是对买方的信誉非常有把握，一般不要采用，否则很有可能遭遇货款两空的境地。

任务 2.2 托收项下出口单证操作

任务背景

为了不断拓宽产品经营范围、提升企业竞争力，泰佛贸易有限公司把工作重点放在开发新产品上，最近成功开发出系列毛绒玩具产品。通过一段时间的邮件往来，与加拿大的 JONES GIFT COMPANY LTD 就出口毛绒熊玩具达成一出口合同，合同号为 TF100616，金额为 CAD15 458.00。考虑到是新产品，为了便于客户推销，泰佛贸易有限公司同意客户的付款要求——即期付款交单。货物装船后，出口商将汇票及全套装运单据交给中国银行天津分行委托其代为收款，并强调必须是付款后才放单。

知识目标

1. 了解一般原产地证书、保险单据、汇票的概念。
2. 掌握一般原产地证书、保险单据、汇票的种类。

能力目标

1. 能正确缮制一般原产地证书，注意收货人不能填写成中间商。
2. 能正确缮制保险单据，注意投保金额和保险险别的填写规范。
3. 能正确缮制汇票，正确填写汇票付款期限和付款人。

一、知识导航

表 2–1 托收项下出口单据操作的相关知识

单据名称	概念	主要种类
原产地证书	原产地证书（Certificate of Origin）是一种证明货物原产地或制造地的证件，是出口商品在进口国通关和进口国海关核定进口货物应征税率的依据，是享受减免关税优惠待遇的凭证。	一般原产地证书、普惠制原产地证书、区域性经济集团互惠原产地证书、专用原产地证书
保险单据	保险单据（Insurance Document），是指保险人（即保险公司）与被保险人（即投保人）之间订立的正式保险合同的证明，其效力随着货物安全抵达目的地即告终止。保险合同反映了保险人与被保险人之间的权利和义务关系。	保险单、保险凭证、联合保险凭证、预约保险单、批单
汇票	汇票（Bill of Exchange 简称 Bill 或 Draft）是由一个人向另一个人签发的无条件的书面支付命令，要求对方立即或在将来的固定时间或可以确定的时间支付一定金额给特定的人或其指定的人或持票人。	即期汇票、远期汇票、跟单汇票、光票、银行汇票、商业汇票、银行承兑汇票、商业承兑汇票

备注：商业发票、装箱单、海运提单与电汇项下出口单据操作的相关知识大致相同，不再赘述。

二、操作范例

TIFERT TRADING CO., LTD 泰佛贸易有限公司与加拿大的 JONES GIFT COMPANY LTD 签订的毛绒熊玩具销售合同见样例 2–1。

【第一步】泰佛贸易有限公司与天津圣捷玩具制品有限公司签订国内采购合同，天津圣捷玩具制品有限公司（加工厂）根据国内采购合同的要求将泰佛贸易有限公司订购的 302 箱毛绒熊玩具于交货期前全部备妥，工厂发送货物明细（见图表 2–1）给泰佛贸易有限公司。

【第二步】泰佛贸易有限公司单证员张敏根据出口合同及货物明细缮制商业发票（见样例 2–2）和装箱单（见样例 2–3）。

【第三步】泰佛贸易有限公司张敏填写一般原产地证书申请书（见样例 2–4），登陆中国国际贸易促进委员会（简称贸促会）商务认证中心（http://www.co.ccpit.org/index.aspx）网站在线申请一般原产地证书，待收到确认回执后，将填写好的原产地证书（见样例 2–5）打印出来，并随附申请书和商业发票送贸促会盖章领取原产地证书。

样例 2–1：销售合同

售货合同
SALES CONTRACT

THE SELLSES: TIFERT TRADING CO., LTD S/C NO. TF100616
ADDRESS: NO.86, ZHUJIANG ROAD DATE: FEB 16, 2011
TIANJIN, CHINA
TEL: 022 3478526 FAX: 022 3478525 E-MAIL: tifert@163.com

THE BUYERS: JONES GIFT COMPANY LTD
ADDRESS: BERSTOFSGADE 48, TORONTO, CANADA
TEL: +001 74 12 37 08 FAX：+001 74 12 37 09 E-MIAL: jones@gift.ca

AFTER FRIENDLY NEGOTIATION, THE SELLERS AGREE TO SELL AND THE BUYERS AGREE TO BUY THE UNDERMENTIONED GOODS ACCORDING TO THE TERMS AND CONDITIONS STIPULATED BELOW:

商品名称及规格 NAME OF COMMODITY & SPECIFICATION	数量 QUANTITY	单价 UNIT PRICE	总值 TOTAL VALUE
PLUSH BEAR TOYS ART.NO. KB7900 ART.NO. KP6300 ART.NO.KY5200	 1 840PCS 1 600PCS 2 600PCS	CIFC3% TORONTO CAD2.20 CAD2.50 CAD2.85	 CAD4 048.00 CAD4 000.00 CAD7 410.00
TOTAL:	6 040PCS		CAD15 458.00

PACKING: PACKED IN CARTONS OF 20PCS EACH
SHIPPING MARKS: JONES/TF100616/TORONTO/NO.1-UP
PORT OF SHIPMENT: XINGANG, CHINA
PORT OF DESTIMATION: TORONTO, CANADA
TIME OF SHIPMENT: NOT LATER THAN MAR 3l, 2011
INSURANCE: TO BE EFFECTED BY THE SELLER FOR 110% OF INVOICE VALUE COVERING WPA AND WAR RISK AS PER OCEAN MARINE CARGO CLAUSES OF PICC DATED 1/1/1981.
TERMS OF PAYMENT: BY D/P AT SIGHT
DOCUMENTS REQUIRED:
THE SELLER SHALL PRESENT THE FOLLOWING DOCUMENTS REQUIRED TO THE BANK FOR COLLECTION.

1. SIGNED COMMERCIAL INVOICE IN 3COPIES INDICATING CONTRACT NO.AND SHIPPING MARKS CERTIFYING THE GOODS ARE TOTALLY MADE IN CHINA
2. PACKING LIST/WEIGHT MEMO IN 2 COPIES CERTIFYING EACH CARTON TO BE MARKED ART NO., G.W. AND N.W. SEPARATELY ON THE SIDE OF CARTON.
3. FULL SET OF CLEAN ON BOARD OCEAN BILLS OF LADING MADE OUT TO ORDER AND BLANK ENDORSED MARKED FREIGHT PREPAID NOTIFY THE BUYER.
4. INSURANCE POLICY/CERTIFICATE IN 2 COPIES FOR 110% OF INVOICE VALUE COVERING ALL RISKS AND WAR RISK AS PER OCEAN MARINE CARGO CLAUSES OF CHINA DATED 1/1/1981
5. CERTIFICATE OF ORIGIN IN 2 COPIES ISSUED BY CCPIT

THE SELLERS: THE BUYERS:
TIFERT TRADING CO., LTD JONES GIFT COMPANY LTD
王宏 **STIVEN**

表 2–2 毛绒玩具熊产品明细

产品图片	产品货号	数量（个）	箱号（箱）	毛重（公斤）	净重（公斤）	尺码（公分）
	KB7900	1 840	1-92	15	14	25×35×45
	KP6300	1 600	93-172	17	16	28×38×46
	KY5200	2 600	173-302	19	18	30×40×50

样例 2–2：商业发票

Issuer
TIFERT TRADING CO., LTD.
NO. 86, ZHUJIANG ROAD, TIANJIN, CHINA

商 业 发 票

COMMERCIAL INVOICE

To
JONES GIFT COMPANY LTD
BERSTOFSGADE 48, TORONTO, CANADA

No.:
INVOICE NO. MR456

Date:
MAR 25, 2011

Transport Details
SHIPMENT FROM XINGANG, CHINA TO TORONTO, CANADA BY SEA

S/C No.
TF100616

L/C No.

Terms of payment
D/P AT SIGHT

Marks and numbers | Number and kind of packages, Description of goods | Quantity | Unit price | Amount

JONES
TF100616
TORONTO
NO.1-302

PLUSH BEAR TOYS — CIFC3% TORONTO

CTN NO.	ART.NO.	NO. OF PKG	QTY (PCS)	UNIT PRICE (CAD/PC)	AMOUNT (CAD)
1-92	KB7900	92	1 840	2.20	4 048.00
93-172	KP6300	80	1 600	2.50	4 000.00
173-302	KY5200	130	2 600	2.85	7 410.00
		302CTN	6 040PCS		CAD15 458.00

PACKED IN CARTONS OF 20PCS EACH

WE HEREBY CERTIFY THAT THE GOODS ARE TOTALLY MADE IN CHINA

TIFERT TRADING CO., LTD
泰佛贸易有限公司
王宏

样例 2–3：装箱单

Issuer
TIFERT TRADING CO., LTD.
NO. 86, ZHUJIANG ROAD, TIANJIN, CHINA

装 箱 单
PACKING LIST

To
JONES GIFT COMPANY LTD
BERSTOFSGADE 48, TORONTO, CANADA

Invoice No. （4）
INVOICE NO. MR456

Date （5）
MAR 25, 2011

Marks and Numbers	Number and kind of package	Description of goods
JONES TF100616 CANADA NO. 1-302		PLUSH BEAR TOYS

CTN NO.	ART.NO.	NO. OF PKG (CTN)	G.W. (KGS)	N.W. (KGS)	MEAS (M3)
1-92	KB7 900	92	1 380.00	1 288.00	3.623
93-172	KP6 300	80	1 360.00	1 280.00	3.916
173-302	KY5 200	130	2 470.00	2 340.00	7.800
		302	5 210.00	4 908.00	15.339

PACKED IN CARTONS OF 20PCS EACH

WE HEREBY CERTIFY THAT EACH CARTON HAS BEEN MARKED ART NO., G.W. AND N.W. SEPARATELY ON THE SIDE OF CARTON.

TIFERT TRADING CO., LTD
泰佛贸易有限公司

王宏

样例 2-4：一般原产地证书申请书

一般原产地证明书/加工装配证明书申请书

发票日期：MAR 25, 2011　　　　　　　　　　　　　　　　　　　　　　发票号：MR456

郑重申明：本人被正式授权代表本企业办理和签署本申请书。本申请书及《中华人民共和国出口货物原产地证明书/加工装配证明书》所列内容正确无误，如发现弄虚作假，冒充证书所列货物，擅改证书，本人愿按《中华人民共和国进出口货物原产地条例》的有关规定接受处罚并承担法律责任，现将有关情况申报如下：

商品名称（中英文）	PLUSH BEAR TOYS 毛绒熊玩具	H.S 编码（不少于六位数）	9503002100
该批货物实际生产企业	天津圣捷玩具制品有限公司		
含进口成份主要制造加工工序			
商品 FOB 总值（以美元计）	CAD14 500.00	最终目的国/地区	加拿大
拟出运日期	2011 年 3 月 30 日	转口国（地区）	
包装数量或重量	302 箱		
贸易方式（请选择 □ 打钩）	A. 一般贸易 ☑	B. 灵活贸易 □	C. 其它贸易 □
证书种类（请选择 □ 打钩）	A. 一般原产地证 ☑	B. 加工装配证明书 □	
同时申请认证单证名称与份数			
现提交中国出口货物商业发票副本一份，《中华人民共和国出口货物原产地证明书/加工装配证明书》一正三副及其它附件　　份，请予审核签证。			
申请单位签章： TIFERT TRADING CO., LTD 泰佛贸易有限公司 *	申领员签名：张敏 电话或手机：13298766555 日　　期：　2011 年 3 月 15 日		
备注			

说明：1. 灵活贸易包括来料加工、补偿贸易、进料加工贸易。

2. 其它贸易指一般贸易和灵活贸易以外的贸易、如展卖、易货、租赁等贸易方式。

3. 本表适用于原产地证网上签证。遇特殊情况，办理手工制单申请或申办加工装配证明书时填写，同期办理相配套的单证认证只须一并填写，不须另填《涉外商业单证认证申请书》。

4. 申请单位注册号指本单位在天津贸促会的注册号。

5. 本表须填报 1 式 1 份。

相关链接

表 2–3 一般原产地证书缮制规范

项目顺序号	填写内容	要点提示
证书号码 Certificate No	证书号码	符合签证机构证书号码的编排规则
（1）出口方 Exporter	此栏填写出口商的详细地址，包括街道名、门牌号码等	中国地名的英文译音应采用汉语拼音
（2）收货方 Consignee	最终收货人名称、地址和国家（地区）名。通常是出口合同中的买方或信用证上规定的提单通知人。	如信用证规定所有单证收货人一栏留空，在这种情况下，此栏应加注“To Whom It May Concern”或“To Order”，但此栏不得留空
（3）所知航运方式和航线 Means of transport and route	具体的装货港、卸货港名称及运输方式，若经转运，还应注明转运地	对输往内陆给惠国的商品，如瑞士、奥地利，由于这些国家没有港口，因此如系海运，都须经第三国，再转运至该国，在填写时应注明
（4）目的地国家（地区） Country/region of destination	目的地国家（地区）的名称	一般应与最终收货人的国别相一致，不能填写中间商国家名称
（5）签证机构用栏 For certifying authority use only	正常情况下证书申领单位应将此栏留空	由签证机构在签发后发证、补发证书或加注其他声明时使用
（6）运输标志 Marks and numbers	与发票相同	不可简单填写“按照发票”（As Per Invoice No ×××）或者“按照提单”（As Per B/L No ×××）。货物如无唛头，应填写“NO MARK”字样，此栏不得空留
（7）包装数量及种类、商品描述 Number and kind of packages; description of goods	按发票填写，包括商品的件数和货物描述，并应加结束符	① 包装件数必须用大小写同时表示 ② 商品名称要填写具体，可以用统称，但不能过于笼统 ③ 如货物为散装，在商品名称后加注“In Bulk”字样 ④ 信用证有关产地证的特殊要求可以在此加列 ⑤ 不要遗落结束符（* * *），以防加添内容
（8）商品编码 H.S. Code	此笔业务的商品的海关编码，应与报关单一致	一般填写前 4 位，此栏不得空留
（9）数量 Quantity	出口商品的数量及计量单位	如果只有毛重时，则需填“G.W.”
（10）发票号码及日期 Number and date of invoice	此笔业务的商业发票号码及日期	此栏不得留空，发票的日期和号码与申请签证时随附的发票的发票号一致，为避免对月份、日期的误解，月份一律用英文表示（可用缩写）表示

续表

项目顺序号	填写内容	要点提示
（11）出口方声明 Declaration by the exporter	出口商所在地点及申报日期，由已在签证机构注册的人员签名并加盖有中英文的印章	此栏日期不得早于发票日期（第 10 栏）（最早是同日），盖章时应避免覆盖进口国名称和手签人姓名
（12）由签证机构签字、盖章 Certification	签证地点、日期，签证机构签证人经审核后在此栏（正本）签名，并盖签证印章	本栏日期不得早于发票日期（第 10 栏）和申报日期（第 11 栏）

样例 2–5：一般原产地证书

ORIGINAL

(1) Exporter TIFERT TRADING CO., LTD. NO. 86, ZHUJIANG ROAD, TIANJIN, CHINA	Certificate No. 081210 CERTIFICATE OF ORIGIN OF THE PEOPLE'S REPUBLIC OF CHINA
(2) Consignee JONES GIFT COMPANY LTD BERSTOFSGADE 48, TORONTO, CANADA	
(3) Means of transport and route SHIPMENT FROM XINGANG TO TORONTO BY SEA	(5) For certifying authority use only
(4) Country / region of destination CANADA	

(6) Marks and numbers	(7) Number and kind of packages; description of goods	(8) H.S. Code	(9) Quantity	(10) Number and date of invoices
JONES TF100616 TORONTO NO.1-302	THREE HUNDRED AND TWO（302） CARTONS OF PLUSH BEAR TOYS NAME AND ADDRESS OF MANUFACTURER: SHENGJIE TOYS CO LTD 88, HONG XING ROAD, TIANJIN, CHINA * * * * *	9503	6 040PCS	INVOICE NO.MR456 MAR. 25, 2011

(11) Declaration by the exporter The undersigned hereby declares that the above details and statements are correct, that all the goods were produced in China and that they comply with the Rules of Origin of the People's Republic of China. TIFERT TRADING CO., LTD 泰佛贸易有限公司 * TIANJIN MAR. 25, 2011 张敏 -- Place and date, signature and stamp of authorized signatory	(12) Certification It is hereby certified that the declaration by the exporter is correct. 中国国际贸易促进委员会 天津分会 TIANJIN MAR25, 2011 陈凯 -- Place and date, signature and stamp of certifying authority

【第四步】泰佛贸易有限公司与承运人友通国际货运有限公司办理租船订舱手续，双方对运价达成一致意见后，泰佛贸易有限公司缮制订舱委托书（见样例 2–6）委托其负责出运该批毛绒熊玩具，货代公司签发配舱回单给泰佛贸易有限公司，泰佛贸易有限公司在规定的时间内将 302 箱毛绒熊玩具送到货代公司指定仓库。

样例 2–6：出口订舱委托书

1. Shipper
   TIFERT TRADING CO., LTD.
   NO. 86, ZHUJIANG ROAD, TIANJIN, CHINA

出口订舱委托书

2. Consignee
   TO ORDER

3. Notify Party (Carrier not to be responsible for failure to notify)
   JONES GIFT COMPANY LTD
   BERSTOFSGADE 48, TORONTO, CANADA

<table>
<tr><td colspan="2">4. Pre-carriage by</td><td colspan="3">5. Place of Receipt</td></tr>
<tr><td colspan="2">6. Ocean Vessel Voy. No.</td><td colspan="3">7. Port of Loading
XINGANG, CHINA</td></tr>
<tr><td colspan="2">8. Port of Discharge
TORONTO, CANADA</td><td colspan="2">9. Place of Delivery</td><td>10. Final Destination (of the goods—not the ship)</td></tr>
<tr><td>11. Marks & Nos. container seal No.</td><td>12. No. of containers or P'kgs</td><td>13. Kind of Packages:
Description of Goods</td><td>14. Gross Weight</td><td>15. Measurement</td></tr>
<tr><td>JONES
TF100616
TORONTO
NO.1-302</td><td>1X20FT CONTAINER</td><td>302CARTONS
PLUSH BEAR TOYS

16. Description of Contents for Shipper's Use Only (CARRIER NOT RESPONSIBLE)</td><td>5 210.00KGS</td><td>15.339M3</td></tr>
<tr><td colspan="5">17. TOTAL NO.CONTAINERS OR PACKAGES (IN WORDS)
THREE HUNDRED AND TWO CARTONS ONLY</td></tr>
<tr><td colspan="2">18. ORIGINAL B/ L ☑
TLX--RELEASE ☐
WAYBILL ☐</td><td colspan="2">19. Ocean Freight: Pre-paid ☑ Collect ☐
______
DTHC: ______
Others: ______</td><td>20. Stamp/ Sign of Booking Agent

DATE</td></tr>
</table>

【第五步】为了转嫁运输途中的风险，泰佛贸易有限公司办妥订舱手续并获悉下货纸号为 COSCO009876，船名和航次为“VICTORY V.568”后，填写投保单（见样例 2–7），并缴纳保险费向中国人民财产保险股份有限公司办理投保手续，保险公司同意承保并签发保险单（见样例 2–8）给泰佛贸易有限公司。

样例 2–7：投保单

中国人民财产保险股份有限公司
PICC Property and Casualty Company, Ltd

货物运输保险投保单
APPLICATION FORM FOR CARGO TRANSPORTATION INSURANCE

被保险人
INSURED: TIFERT TRADING CO., LTD.
发票号(INVOICE NO.) MR456
合同号(CONTRACT NO.) TF100616
信用证号(L/C NO.)
发票金额(INVOICE AMOUNT) CAD15 458.00 投保加成(PLUS) 10%
兹有下列货物向 投保。(INSURANCE IS REQUIRED ON THE FOLLOWING COMMODITIES:)

标志 MARKS & NOS.	数量及包装 QUANTITY	保险货物项目 DESCRIPTION OF GOODS	保险金额 AMOUNT INSURED
JONES TF100616 TORONTO NO.1-302	302CARTONS	PLUSH BEAR TOYS	CAD17 004.00

启运日期:
DATE OF COMMENCEMENT PER CONVEYANCE: VICTORY V.568
自 经 至
FROM XINGANG, CHINA VIA TO TORONTO, CANADA
提单号: 赔款偿付地点
B/L NO.: COSCO009876 CLAIM PAYABLE AT TORONTO
投保险别:(PLEASE INDICATE THE CONDITIONS & /OR SPECIAL COVERAGES:)
请如实告知下列情况:(如“是”在[ ]中打“√”,“不是”打“×”)IF ANY，PLEASE MARK “√” OR “×”
1. 货物种类: 袋装[√] 散装[ ] 冷藏[ ] 液体[ ] 活动物[ ] 机器/汽车[ ] 危险品等级[ ]
GOODS: BAG /JUMBO BULK REEFER LIQUID LIVE ANIMAL MACHINE/AUTO DANGEROUS CLASS
2. 集装箱种类: 普通[√] 开顶[ ] 框架[ ] 平板[ ] 冷藏[ ]
CONTAINER: ORDINARY OPEN FRAME FLAT REFRIGERATOR
3.装运工具: 海轮[√] 飞机[ ] 驳船[ ] 火车[ ] 汽车[ ]
BY TRANSIT: SHIP PLANE BARGE TRAIN TRUCK
4.船舶资料: 船籍[中国] 船龄[14]
PARTICULAR OF SHIP: REGISTRY AGE
5. 投保条款
CONDITIONS: ALL RISKS AND WAR RISK
备注：被保险人确认本保险合同条款和内容已经完全了解。 投保人（签名盖章） APPLICANT'S SIGNATURE
THE ASSURED CONFIRMS HEREWITH THE
TERMS AND CONDITIONS OF THESE INSURANCE
CONTRACT FULLY UNDERSTOOD

TIFERT TRADING CO., LTD 泰佛贸易有限公司

电话:(TEL) 8838 8879
投保日期: DATE MAR 25, 2011 地址(ADD) NO. 86, ZHUJIANG ROAD, TIANJIN,CHINA

相关链接

表 2–4 **保险单缮制规范**

项目顺序号	填写内容	要点提示
(1)保险公司名称(Name of insurance company)	保险公司名称	一般在保险单顶端已印好
(2)发票号(Invoice No.)	本批投保货物所对应的发票号码	必须与所随附发票的发票号码一致
(3)保险单号(Policy No.)	保险公司编制的保单号码	由保险公司统一编号
(4)保险单据名称(Insurance policy)	由保险公司印好单据名称	应与信用证要求单据名称一致
(5)被保险人(Insured)	投保人名称或称抬头人	一般填写信用证的受益人，即出口商的名称
(6)唛头(Marks & Nos.)	具体唛头或填写 As per Invoice No…	按发票、提单上的唛头填写，如无唛头，可填写“N/M”
(7)保险货物项目(Description of goods)	参照发票、提单填写，可用商品统称	应与提单、产地证的货物描述相一致
(8)数量(Quantity)	参照发票、提单，填写最大外包装的总件数	散装货要注明“In Bulk”，再填写重量
(9)保险金额(Amount insured)	发票毛值加上投保加成后的金额	此栏为小写金额，一般小数点后尾数一律进为整数，即保险金额不设辅币
(10)总保险金额(Total amount insured)	保险金额的大写	计价货币也应填写全称，大写、小写金额必须保持一致
(11)承保险别(Conditions)	本批投保货物投保的险别、依据的保险条款及版本年份	险别内容必须与信用证(合同)规定的保险条款保持一致
(12)保费(Premium)	as arranged	保险公司已在此栏印好
(13)装载运输工具(Per conveyance S.S)	运输工具名称及航次	应与提单上的运输工具的名称及航次相一致。若需转船，则应分别填写一程船名和二程船名，中间用“/”分开
(14)开航日期(Slg. on or about)	As per B/L	不用填写实际开航日期
(15)运输起讫地(From … to…)	提单的装运港和目的港	如需转运，则应加注转运港名称
(16)保险勘查代理人(Insurance survey agent)	目的港保险代理人的名称、详细地址及联系方式	保险勘查代理人一般由保险公司自己选定，以便收货人在出险后通知其代理人联系有关查勘和索赔事宜
(17)赔付地点(Claim payable at…)	应严格按信用证规定，若没有具体规定，目的港为赔付地点	一般信用证规定在赔款偿付地点后要注明偿付所使用的货币名称

续表

项目顺序号	填写内容	要点提示
（18）保险单签发日期和地点（Date and place of issue）	此笔保单签发日期和签发地点	保险单的签发日期应早于运输单据日期，以证明是在货物出运前办理的投保，签发地点一般为出口商所在地
（19）保险公司签章（Authorized signature）	保险公司名称及签章	保险单只有经保险公司或其代理签章后才生效

样例 2–8：保险单

中国人民财产保险股份有限公司（1）
PICC Property and Casualty Company, Ltd

发票号码 Invoice No. MR456 （2）　　保险单号次 Policy No. PICC108526 （3）

海洋货物运输保险单 （4）
MARINE CARGO TRANSPORTATION INSURANCE POLICY

被保险人：Insured: TIFERT TRADING CO., LTD （5）

中保财产保险有限公司（以下简称本公司）根据被保险人的要求，及其所缴付约定的保险费，按照本保险单承担险别和背面所载条款与下列特别条款承保下列货物运输保险，特签发本保险单。

This policy of Insurance witnesses that the People's Insurance (Property) Company of China, Ltd. (hereinafter called "The Company"), at the request of the Insured and in consideration of the agreed premium paid by the Insured, undertakes to insure the under mentioned goods in transportation subject to conditions of the Policy as per the Clauses printed overleaf and other special clauses attached hereon.

唛头 （6） Shipping Marks	保险货物项目 （7） Descriptions of Goods	数量 （8） Quantity	保险金额 （9） Amount Insured
AS PER INV. NO. MR456	PLUSH BEAR TOYS	302 CARTONS	CAD175 004.00

总保险金额：（10）
Total Amount Insured: CANADIAN DOLLARS ONE HUNDRED AND SEVENTY-FIVE THOUSAND AND FOUR ONLY

承保险别 （11）
Conditions
COVERING WPA AND WAR RISK AS PER OCEAN MARINE CARGO TRANSPORTATION CLAUSES OF C.I.C. DATEED 1/1/1981.

保费 Premium as arranged （12）　载运输工具 Per conveyance S.S VICTORY V.568 （13）　开航日期 Slg. on or abt AS PER B/L （14）

起运港 Form XINGANG, CHINA （15）　目的港 To TORONTO, CANADA

所保货物，如发生本保险单项下可能引起索赔的损失或损坏，应立即通知本公司下述代理人查勘。如有索赔，应向本公司提交保险单正本（本保险单共有 2 份正本）及有关文件。如一份正本已用于索赔，其余正本则自动失效。 （16）

In the event of loss or damage which may result in a claim under this Policy, immediate notice must be given to the Company's Agent as mentioned hereunder. Claims, if any, one of the Original Policy which has been issued in 2 original (s) together with the relevant documents shall be surrendered to the Company. If one of the Original Policy has been accomplished, the others to be void.

PICC TORONTO BRANCH
RM101, 10TH FLOOR SUPER BUILDING, TORONTO, CANADA
TEL: 001-1-2458 7531

赔款偿付地点 Claim payable at TORONTO IN CAD （17）

日期 Date MAR. 28, 2011 （18）　在 At TIANJIN

PICC Property and Casualty Company, Ltd
陈彩石

地址：Address: NO 61,11 JING ROAD, TIANJIN, CHINA　（19）

【第六步】泰佛贸易有限公司同时填写报关委托书（见样例 2–9）、报关单（见样例 2–10）和核销单（见样例 2–11），并随附合同、发票和箱单委托友通货运代理有限公司代为报关。

样例 2–9：报关委托书

代 理 报 关 委 托 书

编号：000007654789

我单位现（**A**逐票、B 长期）委托贵公司代理　　　等通关事宜。（**A.** 报关查验 B. 垫缴税款 **C.** 办理海关证明联 D. 审批手册 E. 核销手册 F. 申办减免税手续 G. 其它）详见《委托报关协议》。

我单位保证遵守《海关法》和国家有关法规，保证所提供的情况真实、完整、单货相符。否则，愿承担相关法律责任。

本委托书有效期自签字之日起至　2011 年　4　月 10 日止。

委托方　（盖章）

[印章：TIPERT TRADING CO., LTD 泰佛贸易有限公司]

法定代表人或其授权签署《代理报关委托书》的人（签字）

委托报关协议

为明确委托报关具体事项和各自责任，双方经平等协商签定协议如下：

委托方	泰佛贸易有限公司	被委托方	友通货运代理有限公司	
主要货物名称	毛绒熊玩具	*报关单编码	No.	
HS 编码	9503002100	收到单证日期	2011 年 3 月 25 日	
进出口日期	2011 年 3 月 31 日	收到单证情况	合同☑	发票☑
提单号			装箱清单☑	提（运）单☐
贸易方式	一般贸易		加工贸易手册☐	许可证件☐
原产地/货源地	天津		其它	
传真电话		报关收费	人民币：200 元	
其它要求：		承诺说明：已与委托方确认没有侵犯他人知识产权行为		
背面所列通用条款是本协议不可分割的一部分，对本协议的签署构成了对背面通用条款的同意。		背面所列通用条款是本协议不可分割的一部分，对本协议的签署构成了对背面通用条款的同意。		
委托方业务签章：[印章：TIPERT TRADING CO., LTD 泰佛贸易有限公司] 经办人签章：胡群 联系电话：　2011 年 3 月 25 日		被委托方业务签章： 经办报关员签章： 联系电话：　年　月　日		

中国报关协会监制

（白联：海关留存、黄联：被委托方留存、红联：委托方留存）

样例 2–10：出口报关单

中华人民共和国海关出口货物报关单

预录入编号： 1028976557　　　　　　　　　　海关编号：2266761987643588

出口口岸　天津		备案号	出口日期 20110330	申报日期 20110328
经营单位 泰佛贸易有限公司		运输方式 江河运输	运输工具名称 VICTORY V.568	提运单号 COSCO009876
发货单位 泰佛贸易有限公司		贸易方式 一般贸易	征免性质 一般征税	结汇方式 托收
许可证号	运抵国（地区）加拿大		指运港 多伦多	境内货源地 天津
批准文号 789635218	成交方式 CIF	运费 502/1 500/3	保费 502/158/3	杂费
合同号 TF100616	件数 302	包装种类 纸箱	毛重（公斤） 5 210	净重（公斤） 4 908
集装箱号	随附单据			生产厂家

标志唛码及备注
JONES
TF100616
TORONTO
NO.1-302

项号	商品编号	商品名称、规格型号	数量及单位	最终目的国（地区）	单价	总价	币制	征免
1	9503002100	毛绒熊玩具	302 箱	加拿大		13 800.00	CAD	照章征税

税费征收情况

录入员　　录入单位　兹声明以上申报无讹并承担法律责任	海关审单批注及放行日期（签章）
报关员　胡群	审单　　审价
单位地址　天津市珠江道 86 号　　申报单位（签章） TIFERT TRADING CO., LTD 泰佛贸易有限公司	征税　　统计
邮编：　　电话：88388879　　填制日期：2011 年 5 月 28	查验　　放行

样例 2–11：出口收汇核销单

<table>
<tr><td>出口收汇核销单
存根
编号 789635218</td><td colspan="5">出口收汇核销单
编号 789635218</td><td colspan="3">出口收汇核销单
出口退税专用
编号 789635218</td></tr>
<tr><td>出口单位 泰佛贸易有限公司</td><td colspan="5">出口单位 泰佛贸易有限公司</td><td colspan="3">出口单位 泰佛贸易有限公司</td></tr>
<tr><td>单位代码 67895589-4</td><td colspan="5">单位代码 67895589-4</td><td colspan="3">单位代码 67895589-4</td></tr>
<tr><td>出口币种总价 CAD14 500.00</td><td rowspan="4">银行签注栏</td><td>类别</td><td>币种金额</td><td>日期</td><td>盖章</td><td>货物名称</td><td>数量</td><td>币种总价</td></tr>
<tr><td>收汇方式 托收</td><td rowspan="3"></td><td rowspan="3"></td><td rowspan="3"></td><td rowspan="3"></td><td rowspan="3">毛绒熊玩具</td><td rowspan="3">302 箱</td><td rowspan="3">CAD13 800.00</td></tr>
<tr><td>预计收款日期 45 天</td></tr>
<tr><td>报关日期</td></tr>
<tr><td>备注
TIFERT TRADING CO., LTD
泰佛贸易有限公司</td><td colspan="5">海关签注栏</td><td colspan="3">TIFERT TRADING CO., LTD
泰佛贸易有限公司
报关单编号
987643588</td></tr>
<tr><td>此单报关有效期截止到</td><td colspan="5">外汇局签注栏
年 月 日（盖章）</td><td colspan="3">外汇局签注栏
年 月 日（盖章）</td></tr>
</table>

【第七步】海关放行后，货物如期装上“VICTORY V.568”，凭借大副收据换取海运提单（见样例 2–12）。

【第八步】待收到货代公司签发的已装船提单后，泰佛贸易有限公司缮制跟单汇票（见样例 2–13），填写托收申请书连同全套单据送中国银行天津分行，委托其代为向进口商办理托收货款手续。

相关链接

表 2–5　托收项下汇票缮制规范

项目顺序号	填写内容	要点提示
（1）单据名称 Name of Doc	Bill of Exchange, Exchange 或 Draft	一般已印妥
（2）汇票编号 No.	此笔业务的发票号	
（3）日期和地点 Date and place	汇票的出票日期和出票地点	① 出票日期应在提单日后，一般由银行代为填写 ② 出票地点一般为议付行和出票人所在地点
（4）小写金额 Amount in figure	支付货币名称缩写和阿拉伯数字构成	一般与发票金额相同
（5）付款期限 Tenor	即期付款 远期付款	在 At 前加注 D/P 字样，在 At 和 Sight 之间表示付款期限，如：即期填写* * * 或---，远期填写具体期限
（6）收款人 Payee	托收行名称	指示性抬头便于流通转让

续表

项目顺序号	填写内容	要点提示
（7）大写金额 Amount in words	用文字叙述支付货币名称和支付的金额	① 习惯上，在货币名称前加“say”，在大写金额后加“only”字样 ② 大小写金额保持一致
（8）出票依据 Drawn under	货物名称、包装件数和合同号	也可以简单写成 For Collection
（9）付款人 Drawee	受票人	填写进口商的名称和地址
（10）出票人 Drawer	托收的委托人	① 加盖出口商签章 ② 如果要求手签，则必须亲笔签名

样例 2–12：海运提单

BILL OF LADING

B/L No.: COSCO009876

CHINA OCEAN SHIPPING CO

中 国 远 洋 运 输 公 司

ORIGINAL

Shipper
TIFERT TRADING COMPANY LTD
NO.86,ZHUJIANG ROAD, TIANJIN,CHINA

Consignee
TO ORDER

Notify Party
JONES GIFT COMPANY LTD
BERSTOFSGADE 48, TORONTO, CANADA

Pre carriage by	*Place of Receipt
Ocean Vessel Voy. No. VICTORY VOY.095E	Port of Loading XINGANG, CHINA

Port of discharge	*Final destination	Freight payable at	Number original Bs/L
TORONTO, CANADA			THREE

Marks and Numbers	Number and kind of packages; Description	Gross weight	Measurement M3
	302 CARTONS PLUSH BEAR TOYS	5 210.00KGS	19.339M3
JONES TF100616 TORONTO NO.1-302	FREIGHT PREPAID		

TOTAL PACKAGES(IN WORDS) THREE HUNDRED AND TWO CARTONS ONLY

Freight and charges

Place and date of issue
TIANJIN MAR 30, 2011

Signed for the Carrier
CHINA OCEAN SHIPPING CO
李虹

Applicable only when document used as a Through Bill of Loading

样例 2–13：跟单汇票

BILL OF EXCHANGE　(1)

No._MR456　(2)_　　　　Tianjin, China._MAR 31, 2011 (3)_

Exchange for　CAD15 458.00　(4)

D/P At_***　(5)_sight of this FIRST of Exchange (Second of exchange being unpaid) ,pay to the order of_BANK OF CHINA TIANJIN (6)_the sum of

CANADIAN DOLLARS FIFTEEN THOUSAND FOUR HUNDRED AND FIFTY-EIGHT ONLY.　(7)

Drawn under_FOR COLLECTION　(8)_

To:_JONES GIFT COMPANY LTD　(9)_　　　　(10)

BERSTOFSGADE 48,

TORONTO, CANADA

TIFERT TRADING CO., LTD
泰佛贸易有限公司
*

注 意

托收付款方式下，结汇单据缮制和操作应该注意的问题：

（1）买方签回销售确认书或合同后再办理装运，严格按合同规定装运货物和制单，以防买方找借口拒付货款。

（2）海运提单的托运人栏必须填写卖方的名称，收货人栏一般应做成“空白指示抬头”，如需以代收行为抬头人时，应先与银行联系并经认可后办理。未经银行事先同意，不能把货物直接发给代收行或以代收行为收货人。被通知方一栏，必须详列买方名称和地址，以便承运人到货时及时通知。

（3）全套的正本提单必须通过国内银行（托收行）邮寄给国外代收行不能将正本提单迳寄买方，以免货款两空。

（4）当采用国际铁路、空运、邮包等运输方式及海运下使用海运单时不宜采用托收，因为这些运输单据都不具有物权凭证的作用，卖方无法控制物权。出口鲜活的货物时，也不宜采用托收付款方式。

（5）采用托收付款方式，争取采用 CFR、CIF 和 CPT、CIP 贸易术语。如果不得已采用 FOB 和 FCA 贸易术语时，所配载的国外船公司应在中国登记注册，并且有正规的办事处，国内的货代必须为商务部批准登记的公司,随时跟踪货物的运输情况。

提示板

《加工装配证明书》Vs《转口证明书》

加工装配证明书（Certificate of Processing）是指对全部或部分使用了进口原料或零部件在中国进行了加工、装配的出口货物，当其不符合中国出口货物原产地标准、未能取得原产地证书时，由签证机构根据申请单位的申请所签发的证明中国为出口货物加工、装配地的一种证明文件。

转口证明书（Certificate of Re-export）是指经中国转口的外国货物，由于不能取得中国的原产地证，而由中国签证机构出具的证明货物系他国原产、经中国转口的一种证明文件。

资料库

托收委托书

托收委托书（Collection Order）又称托收面函，是托收行根据托收申请书缮制的、授权代收行处理单据的完全和准确的条款，所有托收单据必须附带托收委托书。托收行在缮制托收指示书时，应将交款指示明确、清楚地表达出来。除非托收指示另有授权，代收行将不理会除向其发出托收的一方银行以外的其他银行的任何指示。

中国银行 BANK OF CHINA

托 收 委 托 书

COLLECTION ORDER

致：中国银行　　　　　　　　　　　　　　　日期：

托收行（**Remitting Bank**）：	代收行（**Collecting Bank**）： 名称： 地址：
委托人（**Principal**）：	付款人（**Drawee**）： 名称： 地址： 电话：

付款交单 D/P （　　）承兑交单 D/A （　　） 无偿交单 FREE OF PAYMENT（　　）	期限/到期日：
发票号码/票据编号：	国外费用承担人：□ 付款人　□ 委托人
金额：	国内费用承担人：□ 付款人　□ 委托人

单据种类	汇票	发票	提单	空运单	保险单	装箱单	重量单	产地证	FORM A	检验证	受益人证明	船公司证明		
份数														

特别指示：

1. 邮寄方式：☐ 快邮 ☐ 普邮
2. 托收如遇拒付，是否须代收行作成拒绝证书（PROTEST）：☐ 是 ☐ 否
3. 货物抵港时是否代办存仓保险：☐ 是 ☐ 否
4. 如付款人拒付费用及/或利息，是否可以放弃：☐ 是 ☐ 否
5. ____________________
6. ____________________

付款指示： **核销单编号：** __________

请将收汇款原币（ ）人民币（ ）划入我司下列帐上：

开户行：__________ 账号：__________

联系人姓名： __________

电话： __________ **传真：** __________ **公 司 签 章**

注：本委托书一式3份，一份于交单时银行签收后退公司，一份于结汇时作回单退公司，一份交由银行留底。

三、技能训练

（一）初级任务

2011年3月8日泰佛贸易有限公司与香港成发行签订一份绿豆淀粉的成交确认书（见样例2–14）。

样例2–14：成交确认书

成 交 确 认 书

第 2011TF0308 号

日期：2011年3月8日

签约地点：天津

卖方：泰佛贸易有限公司

地址：天津市珠江道86号

买方：成发行

地址：香港干诺西道80号德丰大厦203室

兹经买卖双方同意成交下列商品，订立条款如下：

1. 商品	2. 品质规格	3. 数量	4.单价	5. 合计
绿豆淀粉	食用级	10公吨	HKD9 900.00/公吨 CIP 香港	HKD99 000.00

6. 总值：（大写）港币玖万玖仟元整
7. 包装：白布袋内衬塑料袋，每袋 25 公斤
8. 装运期：2011 年 4 月底前
9. 启运港和目的港：天津——香港
10. 保险：由卖方按发票金额 110%投保____险及战争险。如陆运，投保陆上运输险。
11. 付款条件：
☐ 买方须于________前开到不可撤销的即期信用证，信用证议付有效期延至上列装运期后 15 天在装运港到期。
☐ 买方须于________前汇到全部货款，款到付运。
☒ D/P____即期____付款，如买方不如期履行付款责任，应负责赔偿卖方因此而发生的一切费用和损失。
12. 装船标记：綠豆澱粉（用红色字体）
备注：需要的单据如下
☒ 即期跟单汇票一式二份，100%发票金额
☒ 商业发票一式三份，注明合同号
☒ 装箱单一式二份，注明毛净重和尺码
☒ 保险单一式二份，按发票金额 110%投保陆上一切运输险
☒ 承运货物收据一份正本，接洽提货地点为香港中国旅行社

卖方 王宏　　　　买方 翟嘉

绿豆淀粉的货物明细如下：

表 2–6　绿豆淀粉的货物明细

绿豆淀粉产品信息			
数量	10 公吨	包装	25 公斤/白布袋内衬塑料袋
件数	400 袋	毛重	26 公斤
尺码	45×25×15cm	净重	25 公斤

作为单证员，请你根据以上成交确认书和绿豆淀粉的货物明细将下列商业发票（见样例 2–15）、装箱单（见样例 2–16）、保险单（见样例 2–17）和汇票（见样例 2–18）没有填写好的栏目补充完整，同时借助互联网自学有关货物承运收据的缮制规范，然后将承运货物收据（见样例 2–19）补充完整，最后把全套结汇单据交中国银行天津分行委托其代为向买方收款。

样例 2–15：商业发票

泰佛贸易有限公司
TIFERT TRADING CO., LTD.
NO. 86, ZHUJIANG ROAD, TIANJIN, CHINA

INVOICE 发票

致 TO:

发票号码
Invoice No. CFH20110316
日期
Date MAR 16, 2011
合同号
Contract No.
起运港
port of departure
目的港
port of destination

唛头及号数 Marks&Numbers	品名 Descriptions	数量，单位 Quantities	单价 Unit Price	总价 Amount
綠豆澱粉				
	Total:			

样例 2–16：装箱单

泰佛贸易有限公司
TIFERT TRADING CO., LTD.
NO. 86, ZHUJIANG ROAD, TIANJIN, CHINA

PACKING LIST 装箱单

致 To:

发票号码
Invoice No. CFH20110316
日期
Date MAR 16, 2011
合同号
Contract No.

唛头及编码 Marks	品名 Description	数量（CTN）	毛重（KGS）	净重（KGS）	体积（CBM）
綠豆澱粉					

样例 2–17：保险单

中国人民财产保险股份有限公司
PICC Property and Casualty Company, Ltd

发票号码
Invoice No. CFH20110316

保险单号次
Policy No. PICC108585

海洋货物运输保险单
MARINE CARGO TRANSPORTATION INSURANCE POLICY

被保险人：
Insured： TIFERT TRADING CO., LTD

中保财产保险有限公司（以下简称本公司）根据被保险人的要求，及其所缴付约定的保险费，按照本保险单承担险别和背面所载条款与下列特别条款承保下列货物运输保险，特签发本保险单。

This policy of Insurance witnesses that the People's Insurance (Property) Company of China, Ltd. (hereinafter called "The Company"), at the request of the Insured and in consideration of the agreed premium paid by the Insured, undertakes to insure the under mentioned goods in transportation subject to conditions of the Policy as per the Clauses printed overleaf and other special clauses attached hereon.

唛头 Shipping Marks	保险货物项目 Descriptions of Goods	数量 Quantity	保险金额 Amount Insured

总保险金额：
Total Amount Insured:

承保险别
Conditions
COVERING OVERLAND TRANSPORTATION ALL RISKS AS PER OVERLAND TRANSPORTATION CLAUSES OF C.I.C. DATEED 1/1/1981.

保费
Premium as arranged

载运输工具
Per conveyance S.S

开航日期
Slg. on or abt

起运港
Form

目的港
To

所保货物，如发生本保险单项下可能引起索赔的损失或损坏，应立即通知本公司下述代理人查勘。如有索赔，应向本公司提交保险单正本（本保险单共有 2 份正本）及有关文件。如一份正本已用于索赔，其余正本则自动失效。

In the event of loss or damage which may result in a claim under this Policy, immediate notice must be given to the Company's Agent as mentioned hereunder. Claims, if any, one of the Original Policy which has been issued in 2 original (s) together with the relevant documents shall be surrendered to the Company. If one of the Original Policy has been accomplished, the others to be void.

PICC HONGKONG BRANCH
RM101, 10TH FLOOR VICTORIA STREET, HONGKONG
TEL: 00852-4588 7538

赔款偿付地点
Claim payable at

PICC Property and Casualty Company, Ltd
陈彩石

日期
Date APR 28, 2011

在
At TIANJIN

地址：
Address： NO 61,11 JING ROAD, TIANJIN, CHINA

样例 2–18：汇票

BILL OF EXCHANGE

NO. CFH20110316 Date: APR 30, 2011

FOR

At ______ Sight of THIS SECOND BILL of EXCHANGE

(First of the tenor and date being unpaid) Pay to ______ or order the sum of

Drawn under FOR COLLECTION

L/C NO. ______ Dated ______

TO.

样例 2–19：承运货物收据

中国外运天津有限公司

承运货物收据

CARGO RECEIPT

第一联（凭提货物）

运编 No. WY0089

发票 No. CFH20110316

合约 No.

委托人： Shipper： TIFERT TRADING CO., LTD NO. 86, ZHUJIANG ROAD, TIANJIN, CHINA	收货人： Consignee：

自 from TIANJIN 经由 via SHENZHEN 至 to HONGKONG

发据

日期 APR 30,2011 车号： WAGON 3789012

装车

标记 Marks & Nos	件数 Packages	货物名称 Description of Goods	附记 Remarks

运费交付地点 TIANJIN 全程运费在天津付讫	请向下列地点接洽提取货件 For delivery apply to 香港中国旅行社有限公司 China Travel Service(H.K.) Ltd 37, Queen's Road Central 1ST, Floor Hongkong

中国外运天津有限公司

押汇银行签收 收货人签收

Bank's endorsement Consignee's signature: 李丽

（二）中级任务

2011 年 5 月 12 日，TIFERTTRADING CO., LTD（泰佛贸易有限公司）与法国 COPCI S.A.签订了一份玻璃器皿的出口合同。鉴于法国 COPCIS.A.是泰佛贸易有限公司的多年老客户，信誉良好，双方同意采用付款交单方式，并签订了销售确认书（见样例 2–20）。

样例 2–20：销售确认书

SALES CONFIRMATION

卖方 Seller: TIFERT TRADING CO., LTD
NO. 86, ZHUJIANG ROAD, TIANJIN, CHINA

NO.: 2011TF0512
DATE: MAY 12, 2011
SIGNED IN: TIANJIN

买方 Buyer: COPCI S.A.
44, RUE LA BOETIE 75008 PARIS, FRANCE

经买卖双方同意成交下列商品，订立条款如下：
This contract is made by and agreed between the BUYER and SELLER, in accordance with the terms and conditions stipulated below.

唛头 Marks and Numbers	名称及规格 Description of goods	数量 Quantity	单价 Unit Price	金额 Amount
	GLASS WARE			CIF MARSEILLES
COPCI 2011TF0512 MARSEILLES CTN NO. 1-UP	ART NO. DG113 DRINKING GLASS ART NO. TP070 TEAPOT ART NO. GJ118 GLASS JAR	7 200PCS 3 600PCS 2 400PCS	USD1.05/PC USD4.95/PC USD2.15/PC	USD7 560.00 USD17 820.00 USD5 160.00 USD30 540.00

总值 TOTAL: U.S. DOLLARS THIRTY THOUSAND FIVE HUNDRED AND FORTY ONLY

Packing: ART NO. DG113 8PCS/COLOR BOX, 72PCS/ POLYFOAM BROWN CARTON
ART NO.TP 070 1PC/COLOR BOX, 8PCS/ POLYFOAM BROWN CARTON
ART NO.GJ118 1PC/BOX, 8PCS/ POLYFOAM BROWN CARTON

Transshipment (转运):
☐ Allowed (允许) ☒ not allowed (不允许)

Partial shipments (分批装运):
☒ Allowed (允许) ☐ not allowed (不允许)

Shipment date (装运期): TO BE EFFECTED NOT LATER THAN JUNE 30, 2011

Insurance (保险):
由 ____ 按发票金额 110%投保 ____ 险，另加保 ____ 险至 ____ 为止。
To be covered by the SELLER FOR 110% of the invoice value covering WPA additional BREAKAGE RISK from TIANJIN to MARSEILLES .

Terms of payment (付款条件):

☐ 买方不迟于 ____ 年 ____ 月 ____ 日前将 100%的货款用即期汇票/电汇送抵卖方
The buyers shall pay 100% of the sales proceeds through sight(demand) draft/by T/T remittance to the sellers not later than .

☐ 买方须于 ____ 年 ____ 月 ____ 日前通过 ____ 银行开出以卖方为受益人的不可撤消 ____ 天期信用证，并注明在上述装运日期后 ____ 天内在中国议付有效，信用证须注明合同编号。
The buyers shall issue an irrevocable L/C at sight through in favor of the sellers prior to indicating L/C shall be valid in China through negotiation within day after the shipment effected, the L/C must mention the Contract Number.

☒ 付款交单：买方应对卖方开具的以买方为付款人的见票后 *** 天付款跟单汇票，付款时交单。
Documents against payment: (D/P)

The buyers shall duly make the payment against documentary draft made out to the buyers at *** sight by the sellers.

□ 承兑交单：买方应对卖方开具的以买方为付款人的见票后 ___ 天承兑跟单汇票，承兑交单。

Documents against acceptance:(D/A)

The buyers shall duly accept the documentary draft made out to the buyers at ___ days by the sellers.

Documents required (单据):

卖方应将下列单据提交银行议付/托收。

The sellers shall present the following documents required for negotiation/collection to the banks.

☒ 整套正本清洁提单。

Full set of clean on Board Ocean Bills of Lading.

☒ 商业发票一式 三 份。

Signed commercial invoice in 3 copies.

☒ 装箱单或重量单一式 二 份。

Packing list/weight memo in 2 copies.

☒ 保险单一式 二 份。

Insurance policy in 2 copies.

☒ 由 贸促会 签发的产地证一式 二 份。

Certificate of Origin in 2 copies issued by CCPIT.

Shipping advice (装运通知):

一旦装运完毕，卖方应即电告买方合同号、商品名称、已装载数量、发票总金额、毛重、运输工具名称及启运日期等。

The sellers shall immediately, upon the completion of the loading of the goods, advise the buyers of the Contract No, names of commodity, loaded quantity, invoice values, gross weight, names of vessel and shipment date by TLX/FAX.

Inspection and Claims (检验与索赔):

如买方提出索赔，凡属品质异议须于货到目的口岸之起 20 天内提出；凡属数量异议须于货到目的口岸之日起 15 天内提出。对所装货物所提任何异议应由保险公司、运输公司或邮递机构负责的，卖方不负任何责任。

The claims, if any regarding to the quality of the goods, shall be lodged within 20 days after arrival of the goods at the destination, if any regarding to the quantities of the goods, shall be lodged within 15 days after arrival of the goods at the destination. The sellers shall not take any responsibility if any claims concerning the shipping goods is up to the responsibility of Insurance Company/Transportation Company/Post Office.

Force Majeure (人力不可抗拒):

如因人力不可抗拒的原因造成本合同全部或部分不能履约，卖方概不负责但卖方应将上述发生的情况及时通知买方。

The sellers shall not hold any responsibility for partial or total non-performance of this contract due to Force Majeure. But the sellers advise the buyers on time of such occurrence.

Disputes settlement (争议之解决方式):

凡因执行本合约或有关本合约所发生的一切争执，双方应协商解决。如果协商不能得到解决，应提交仲裁。仲裁地点在被告方所在国内，或者在双方同意的第三国。仲裁裁决是终局的，对双方都有约束力，仲裁费用由败诉方承担。

All disputes in connection with this contract of the execution thereof shall be amicably settled through negotiation. In case no amicable settlement can be reached between the two parties, the case under dispute shall be submitted to arbitration, which shall be held in the country where the defendant resides, or in third country agreed by both parties. The decision of the arbitration shall be accepted as final and binding upon both parties. The Arbitration Fees shall be borne by the losing party.

Law application (法律适用):

本合同之签订地，或发生争议时货物所在地在中华人民共和国境内或被诉人为中国法人的，适用中华人民共和国法律，除此规定外，适用《联合国国际货物销售公约》。

It will be governed by the law of the People's Republic of China under the circumstances that the contract is signed or the goods while the disputes arising are in the People's Republic of China or the defendant is Chinese legal person, otherwise it is governed by Untied Nations Convention on Contract for the International Sale of Goods.

本合同使用的价格术语系根据国际商会《INCOTERMS 2010》。

The terms in the contract based on INCOTERMS 2010 of the International Chamber of Commerce.

Versions (文字):

本合同中、英两种文字具有同等法律效力，在文字解释上，若有异议，以中文解释为准。

This contract is made out in both Chinese and English of which version is equally effective. Conflicts between these two languages arising therefrom, if any, shall be subject to Chinese version.

本合同共 二 份，自双方代表签字（盖章）之日起生效。

This contract is in 2 copies, effective since being singed/sealed by both parties.

The Seller	**The Buyer**
王宏	**MEILING**

玻璃器皿的货物明细如下：

表 2–7　　　　玻璃器皿的货物明细

产品图片	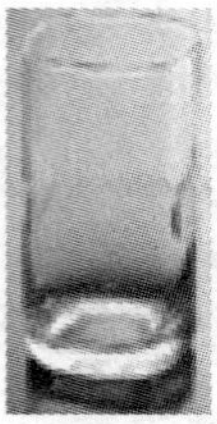 ART NO. DG113	 ART NO. TP070	 ART NO. GJ118	发票号：QM20876 发票日期：JUN25,2011 保险单号：PL2011008 产地证号：CO201198
包装	8 个/彩盒、 72 个/纸箱	1 个/彩盒、 8 个/纸箱	1 个/纸盒、 8 个/纸箱	勘察人：PICC MARSEILLES BRACH NO.1-4-6, MARSEILLE BUILDING, FRANCE
毛重	10KGS	9KGS	12KGS	提单号：BL201158
净重	9KGS	8KGS	11KGS	船名：TIANHE V28E
尺码	40×20×25.5CM	30×24×18.5CM	48×24×23.5CM	航次：VOY. 28W

作为单证员，请你根据以上合同和货物明细将下列商业发票（见样例 2–21）、装箱单（见样例 2–22）和海运提单（见样例 2–23）、保险单（见样例 2–24）、原产地证（见样例 2–25）和汇票（见样例 2–26）填写好，然后将全套单据快递给买方，方便其办理提货手续。

样例 2–21：商业发票

泰 佛 贸 易 有 限 公 司

TIFERT TRADING CO., LTD

NO. 86, ZHUJIANG ROAD, TIANJIN, CHINA

COMMERCIAL INVOICE

To:

Invoice No.: ____________

Invoice Date: ____________

S/C No.: ____________

S/C Date: ____________

From: ____________ To: ____________

Letter of Credit No.: ____________ Issued By: ____________

Marks and Numbers	Number and kind of package Description of goods	Quantity	Unit Price	Amount

TOTAL:

样例 2–22：装箱单

泰 佛 贸 易 有 限 公 司

TIFERT TRADING CO., LTD

NO. 86, ZHUJIANG ROAD, TIANJIN, CHINA

PACKING LIST

To:

Invoice No.: ______

Invoice Date: ______

S/C No.: ______

S/C Date: ______

From: ______ **To:** ______

Letter of Credit No.: ______ **Date of Shipment:** ______

Marks and Numbers	Number and kind of package Description of goods	Quantity	Package	G.W	N.W	Meas.

TOTAL:

样例 2–23：海运提单

Shipper	BILL OF LADING
Consignee	B/L No.: COSCO009876
Notify Party	CHINA OCEAN SHIPPING CO

Pre carriage by	*Place of Receipt	ORIGINAL 中 国 远 洋 运 输 公 司
Ocean Vessel Voy. No.	Port of Loading	

Port of discharge	*Final destination	Freight payable at	Number original Bs/L

Marks and Numbers	Number and kind of packages; Description	Gross weight	Measurement M3

TOTAL PACKAGES(IN WORDS)

Freight and charges

Place and date of issue
Signed for the Carrier CHINA OCEAN SHIPPING CO 李虹

样例 2–24：保险单

中国平安保险公司

货物运输保险单

CARGO TRANSPORTATION INSURANCE

被保险人
Insured

中国平安保险公司根据被保险人的要求及所交付约定保险费，根据本保险单背面所载条款与下列特款，承保下述货物的运输保险，特立本保险单。

This policy of insurance witnesses that PING AN INSURANCE COMPANY OF CHINA at the request of insured and in consideration of agreed premium paid by the insured, undertake to insure undermentioned goods in transportation subject to the conditions of policy as per the clauses printed overleaf and other special clauses attached hereon.

保险单号
Policy No.

赔款偿付地点
Claim payable at

发票号或提单号
Invoice No or B/L No.

运输工具
Per conveyance per S S

查勘代理人
Survey by

起运日期　　自 from
Slg on or abt　　至 to

保险金额
Amount insured

包装货物项目、标记、数量及包装
Description, Marks, Numbers and quantity of goods:

承保条件
Conditions:

中国平安保险公司
PING AN INSURANCE COMPANY OF CHINA
For and on behalf of

签单日期
Date:

Authorized signature

样例 2–25：原产地证

ORIGINAL

<table>
<tr><td colspan="2">1. Exporter</td><td colspan="3" rowspan="2">Certificate No.

CERTIFICATE OF ORIGIN
OF
THE PEOPLE''S REPUBLIC OF CHINA</td></tr>
<tr><td colspan="2">2. Consignee</td></tr>
<tr><td colspan="2">3. Means of transport and route</td><td colspan="3" rowspan="2">5. For certifying authority use only</td></tr>
<tr><td colspan="2">4. Country / region of destination</td></tr>
<tr><td>6. Marks and numbers</td><td>7. Number and kind of packages; description of goods</td><td>8. H.S.Code</td><td>9. Quantity</td><td>10. Number and date of invoices</td></tr>
<tr><td colspan="2">11. Declaration by the exporter
The undersigned hereby declares that the above details and statements are correct, that all the goods were produced in China and that they comply with the Rules of Origin of the People's Republic of China.

Place and date, signature and stamp of authorized signatory</td><td colspan="3">12. Certification
It is hereby certified that the declaration by the exporter is correct.

Place and date, signature and stamp of certifying authority</td></tr>
</table>

样例 2–26：汇票

凭
Drawn Under　　　　　　　　　　　　不可撤销信用证
Irrevocable　L/C　No.

日期
Date　　　　支取 Payable With interest @　%　按　息　付款

号码　　　　　汇票金额 ________________ 天津
No.　　　　　Exchange for ________________ Tianjin

见票　　　　　日后（本汇票之副本未付）付交
at　　　　sight of this FIRST of Exchange (Second of Exchange Being unpaid)

Pay to the order of

金额
the sum of ________________

此致
To

（三）高级任务

2011 年 5 月 12 日，泰佛贸易有限公司与阿拉伯联合酋长国恩斯艾迪克（ASIATIC）贸易公司签订了一份睡袋的出口合同。双方同意采用 50%货款即期付款交单，50%提单日后 30 天付款交单，睡袋于 8 月 25 日装出，售货确认书见样例 2–27。

样例 2–27：售货确认书

泰佛贸易有限公司

TIFERT TRADING CO., LTD

NO. 86, ZHUJIANG ROAD, TIANJIN, P.R.CHINA

售货确认书

Post code：300121　　　　　　　　NO.:　2011TF0615
FAX: 0086 22 8838 1188　　　　　DATE:　JUNE 15, 2011
TEL: 0086 22 8838 1199

TO MESSRS: ASIATIC TRADING COMPANY
11, QIBAL CAMMERS, FEROZE STREET, DUBAI
U. A.E

谨启者：兹确认售予你方下列货品，其成交条款如下：
Dear Sirs:
We hereby confirm having sold to you the following goods on terms and conditions as specified below:

唛头 SHIPPING MARK	名称及规格及包装 NAME OF COMMODITY AND SPECIFICATIONS, PACKING	数量 QUANTITY	单价 UNIT PRICE	金额 TOTAL AMOUNET
ASIATIC 2011TF0615 DUBAI CTN NO.1-UP	SLEEPING BAG WITH 2 PILLOWS TOP SHELL MATERIAL: 190T POLYESTER CIRE W/R UNDER SHELL MATERIAL: COTTON FLANNEL FILLING: 100% POLYESTER PADDING SIZE: 140X210CM WEIGHT: 2KG/PC	3 120PCS 1x40FT HQ	USD8.15/PC CFR DUBAI	USD25 428.00

总值:
TOTAL: U.S.DOLLARS TWENTY-FIVE THOUSAND FOUR HUNDRED AND TWENTY-EIGHT ONLY.
包装:
PACKING: 1PC/170T CARRYING BAG, 4PCS PER CARTON
装运港/目的港:
LOADING PORT & DESTINATION: FROM TIANJIN TO DUBAI
装运期限:
TIME OF SHIPMENT: SHIPMENT TO BE MADE JUL/AUG, 2011 WITH TRANSHIPMENT AND PARTIAL SHIPMENTS ALLOWED
保险:
INSURANCE: TO BE COVERED BY THE BUYER
付款条件:
TERMS OF PAYMENT: 50% BY D/P AT SIGHT AND 50% BY D/P 30DAYS AFTER B/L DATE
品质/数量异议:
QUALITY/QUANTITY DISCREPANCE: In case of quality discrepancy, claim should be filed by the Buyer within 30 days after the arrival of the goods at port of destination; while for quantity discrepancy, claim should be filed by the Buyer within 15 days after the arrival of the goods at port of destination. It is under stood that the seller shall not be liable for any discrepancy of the goods shipped due to causes for which the Insurance Company, Shipped Company other transportation organization/ or Post Office are liable.
人力不可抗拒:
The Seller shall not be held liable for failure of delay in delivery of the entire lot or a portion of the goods under this Sales Confirmation in consequence of any Force Major incidents.

买方受到本售货确认书后请立即签回一份，如买方对本确认书有异议，应于收到后五天内提出，否则认为买方已同意接受本确认书所规定的各项条款。
The buyer is requested to sign and return one copy of the Sales Confirmation immediately after the receipt of same. Objection, if any, should be raised by the Buyer within five days after the receipt of this Sales Confirmation, in the absence of which it is understood that the Buyer has accepted the terms and condition of the sales confirmation.

The Seller　　　　**The Buyer**

王宏　　　　MUKHTAR ALI

睡袋产品信息：

表 2–8　　睡袋产品信息

产品图片	产品信息		单据信息	
	商品	睡袋	发票号	TF20110815
	数量	3 120 个	发票日期	2011-8-15
	件数	780 箱	有权签字人	王宏
	包装	4 个/箱	提单号	RM09056
	毛重	16.5KGS	船名	RICKMER VOY. 898E
	净重	15.5KGS	原产地证号	CO2011986
	尺码	45×42×45CM	海关编码	9404309000

作为单证员，请你根据以上合同和货物明细将下列商业发票（见样例 2–28）、装箱单（见样例 2–29）和海运提单（见样例 2–30）、原产地证（见样例 2–31）和汇票（见样例 2–32）填写好，然后将全套单据快递给买方，方便其办理提货手续。

样例 2–28：商业发票

TIFERT TRADING CO., LTD

NO. 86, ZHUJIANG ROAD, TIANJIN, CHINA

COMMERCIAL INVOICE

To

Date

Invoice No.

Contract No.

L/C No.

Shipped per ______________ Sailing about ______________

From ______________ To ______________

SHIPPING MARK	QUANTITIES AND DESCRIPTIONS	UNIT PRICE	AMOUNT

样例 2–29：装箱单

TIFERT TRADING CO., LTD
NO. 86, ZHUJIANG ROAD, TIANJIN, CHINA

PACKING　LIST

Invoice No. ______________　　　　**Date:** ______________

Marks & Nos	Goods Description	Qty	Pkg	GW	NW	Meas
TOTAL						

样例 2–30：海运提单

1. Shipper Insert Name, Address and Phone	B/L No. 中远集装箱运输有限公司 **COSCO CONTAINER LINES** TLX: 33057 COSCO CN FAX: +86(021) 6545 8984 **ORIGINAL**
2. Consignee Insert Name, Address and Phone	Port-to-Port or Combined Transport BILL OF LADING
3. Notify Party Insert Name, Address and Phone (It is agreed that no responsibility shall attsch to the Carrier or his agents for failure to notify)	RECEIVED in external apparent good order and condition except as other-Wise noted. The total number of packages or unites stuffed in the container, the description of the goods and the weights shown in this Bill of Lading are furnished by the Merchants, and which the carrier has no reasonable means of checking and is not a part of this Bill of Lading contract. The carrier has Issued the number of Bills of Lading stated below, all of this tenor and date, One of the original Bills of Lading must be surrendered and endorsed or signed against the delivery of the shipment and whereupon any other original Bills of Lading shall be void. The Merchants agree to be bound by the terms and conditions of this Bill of Lading as if each had personally signed this Bill of Lading. SEE clause 4 on the back of this Bill of Lading (Terms continued on the back hereof, please read carefully). *Applicable Only When Document Used as a Combined Transport Bill of Lading.

4. Combined Transport * Pre-carriage by	5. Combined Transport* Place of Receipt
6. Ocean Vessel Voy. No.	7. Port of Loading
8. Port of Discharge	9. Combined Transport * Place of Delivery

Marks & Nos. Container / Seal No.	No. of Containers or Packages	Description of Goods (If Dangerous Goods, See Clause 20)	Gross Weight Kgs	Measurement
		Description of Contents for Shipper's Use Only (Not part of This B/L Contract)		

10. Total Number of containers and/or packages (in words)
Subject to Clause 7 Limitation

11. Freight & Charges	Revenue Tons	Rate	Per	Prepaid	Collect

Ex. Rate:	Prepaid at	Payable at	Place and date of issue
	Total Prepaid	No. of Original B(s)/L	Signed for the Carrier, COSCO CONTAINER LINES

LADEN ON BOARD THE VESSEL

DATE BY

样例 2–31：原产地证

ORIGINAL

<table>
<tr><td colspan="3">1. Exporter</td><td colspan="2" rowspan="2">Certificate No.

CERTIFICATE OF ORIGIN
OF
THE PEOPLE'S REPUBLIC OF CHINA</td></tr>
<tr><td colspan="3">2. Consignee</td></tr>
<tr><td colspan="3">3. Means of transport and route</td><td colspan="2" rowspan="2">5. For certifying authority use only</td></tr>
<tr><td colspan="3">4. Country / region of destination</td></tr>
<tr><td>6. Marks and numbers</td><td colspan="2">7. Number and kind of packages; description of goods</td><td>8. H.S.Code</td><td>9. Quantity</td><td>10. Number and date of invoices</td></tr>
<tr><td colspan="3">11. Declaration by the exporter
The undersigned hereby declares that the above details and statements are correct, that all the goods were produced in China and that they comply with the Rules of Origin of the People's Republic of China.

Place and date, signature and stamp of authorized signatory</td><td colspan="3">12. Certification
It is hereby certified that the declaration by the exporter is correct.

Place and date, signature and stamp of certifying authority</td></tr>
</table>

样例 2–32：汇票

BILL OF EXCHANGE

No.________________________ Tianjin, China.__________________

Exchange for

At______________sight of this FIRST of Exchange(Second of exchange being unpaid), pay to the order of

____the sum of

Drawn under____

L/C No.____

Date__________________________________

To:____________________________

____________________________ ____________________________

BILL OF EXCHANGE

No.________________________ Tianjin, China.__________________

Exchange for

At______________sight of this SECOND of Exchange(First of exchange being unpaid), pay to the order of

____the sum of

Drawn under__________________________________

L/C No.__________________________________

Date__________________________________

To:________________________________

____________________________ ____________________________

项目三　信用证项下出口单证操作

任务 3.1　信用证项下出口单证入门

案例导入

信用证客检证书诈骗案

我国内某银行曾收到香港 BD 金融公司开出的以某信息公司为受益人的信用证，金额为 USD992 000.00，出口货物是 20 万台照相机。信用证要求发货前由申请人指定代表出具货物检验证书，其签字必须由开证行证实，且规定 1/3 的正本提单在装运后交予申请人代表。在装运时，申请人代表如约来到出货地，对照相机进行了检验并签发了检验证书，并以数张大额支票为抵押，从受益人手中拿走了其中一份正本提单。后来，受益人将数张支票委托当地银行收款，但结果被告知："托收支票为空头支票"。单据寄到香港开证行后被拒付，其理由是申请人代表出具的检验证书签名与银行留底不符，纯属伪造。这时受益人感觉不对马上通过船公司跟踪 20 万台照相机，更不幸的是被告知货物已被全部提走，下落不明。受益人蒙受重大损失，有苦难言。

在本案例中，信息公司蒙受重大损失的主要原因是什么？在没有收到货款前正本提单能否直接交给他人？在实际业务中能否接受客检证？在今后如何避免此类悲剧的再现，把好安全收汇关呢？让我们一起来学习有关信用证付款方式等方面的知识和单证操作技能。

知识目标

1. 掌握信用证的含义、信用证的种类、信用证的当事人。
2. 了解信用证支付方式对进出口商的利与弊，特别注意信用证的风险防范。

能力目标

1. 能正确解读合同中信用证支付条款。
2. 能正确绘制信用证付款方式下单据流程图。

信用证（Letter of Gredit，简写为 L/C）是国际贸易中常用的结算方式之一，与电汇和托收不同，信用证属于银行信用，对买卖双方都能起到保护作用。特别是在新客户之间达成的交易中，更是被作为首选的付款方式。但信用证支付方式较之电汇和托收，产生的银行费用较多，因此常被客户称为“最昂贵”的付款方式，在当今的国际贸易实际中使用此付款方式有下降的趋势。

一、知识导航

（一）信用证的含义及性质

国际商会在《跟单信用证统一惯例》600号出版物（以下简称UCP600）对信用证定义为：信用证指一项不可撤销的安排，无论其名称或描述如何，该项安排构成开证行对相符交单予以承付的确定承诺。（Credit means any arrangement, however named or described, that is irrevocable and thereby constitutes a definite undertaking of the issuing bank to honour a complying presentation.）。信用证是银行开立的，开证行负第一性的付款责任，属于银行信用。

（二）信用证的特点

1. 信用证是一种银行信用

信用证是开证行应开证申请人请求开立的，开证行负第一性的付款责任，开证行的付款依据是“相符交单”（Complying Presentation）。只要受益人提交的单据做到相符一致，便能得到付款。在信用证付款方式下，开证行取代进口商负第一性的付款责任。

2. 信用证是独立于买卖合同之外的自足文件

信用证的开立虽然以买卖合同为基础，但信用证一经开立就成为独立于合同之外的另一种契约。就其性质而言，信用证与可能作为其开立基础的合同是相互独立的，即使信用证中含有对此类合同的任何援引，银行也与该合同无关，且不受其约束。信用证所约束的是开证行与受益人之间的契约关系，而买卖合同所约束的是买卖双方的契约关系。

3. 信用证是典型的单据买卖

信用证的独立性意味着信用证业务实质上是有单据买卖，即开证行买入单据，受益人因出售单据而获得信用证项下的款项。《UCP600》第五条规定银行处理的是单据，而不是单据所涉及的货物、服务或其他行为。（Banks deal with documents and not with goods, services or performance to which the documents may relate.）

概括起来，L/C结算方式的主要特点就是“两个只凭、一个原则”。“两个只凭”即只凭L/C条款办事，不受有关合同的约束；只凭单据办事，不问有关货物的真实情况；“一个原则”即相符交单原则，具体来说就是不仅要求单证一致而且要单单一致，单内一致。

（三）信用证的当事人

依据信用证种类不同，所涉及的当事人也会略有不同，《UCP600》对信用证基本的当事人定义如下：

（1）开证人（Applicant）：又称开证申请人，是指向银行申请开立L/C的人，一般是进口商。要在规定的时间内开证，交开证押金并及时付款赎单。

（2）受益人（Beneficiary）：指L/C上所指定的有权使用该证的人，即出口商或实际供货人。它有按时交货、提交符合 L/C 要求的单据、索取货款的权利和义务，又有对其后的持票人保证汇票被承兑和付款的责任。

（3）开证行（Opening Bank or Issuing Bank）：指接受开证申请人的委托开立 L/C 的银行，一般是进口地银行。有权收取开证手续费，正确及时开证，承担第一性付款责任，一般无追索权。

（4）通知行（Advising Bank or Notifying Bank）：指接受开证行的委托，将 L/C 转交或将 L/C 内容通知受益人的银行。一般是出口人所在地的银行。它无须承担责任，但应合理审慎地核对 L/C 上的印鉴或电开 L/C 的密押，以证明所通知 L/C 的表面真实性。它通常是开证行的代理行（Correspondent Bank）。

（5）议付行（Negotiating Bank）：指愿意买入或贴现受益人跟单汇票的银行。它可以是指定的，也可以是非指定的，议付行不论开证行因何种原因不付款，都可以向受益人追索垫款。

（6）付款行（Paying Bank or Drawee Bank）：指 L/C 上指定的付款银行。付款行一般是开证行，也可以是开证行所指定的另一家银行。它代开证行验收单据，一旦验单付款，付款行无权向受益人追索。

（7）偿付行（Reimbursing Bank）：是 L/C 中所指定的代开证行偿付议付票款的银行。它通常是开证行的存款银行或开证行的分行、支行。它与付款行的区别是：付款行是 L/C 上所指定的受票银行，因此在它付汇之前必须审单；而偿付行是代开证行对议付行或付款行进行账务清算的银行，因此它在进行偿付前不进行审单。另外，在一笔跟单 L/C 业务中并非都有偿付行，但任何一笔 L/C 业务都必须有付款行。

（8）保兑行（Confirming Bank）：指对另一家银行开出的 L/C 加以保证兑付的银行。业务中保兑行通常是通知行。L/C 保兑后，就有两家银行对受益人负责。

（四）信用证的种类

信用证从不同的角度可以分为多种，一份信用证同时可具备有多种属性，具体如下：

1. 跟单信用证与光票信用证

（1）跟单信用证（Documentary L/C）：是指开证行凭跟单汇票或仅凭单据付款的信用证。实际业务中使用的信用证绝大部分是跟单信用证。

（2）光票信用证（Clean L/C）：是指开证行仅凭不附单据的汇票（光票）付款的信用证。

2. 即期信用证与远期信用证

（1）即期信用证（Sight L/C）：是指开证行或付款行收到符合信用证条款的跟单汇票或装运单据后，立即付款的信用证。

（2）远期信用证（Usance L/C）：是指开证行或付款行收到符合信用证规定的单据后，不立即付款，而是待信用证规定的到期日再付款的信用证。

远期信用证按利息由谁来承担又分为真远期信用证（Usance L/C payable after ××× day sight）和假远期信用证（Usance L/C payable at sight），前者利息的损失由受益人自己承担，后者利息的损失由开证申请人承担，受益人能够即期收到十足货款，它是开证行给予进口商的资金融通方式。

3. 保兑信用证与非保兑信用证

（1）保兑信用证（Confirmed L/C）：是指开证行开出的信用证，由另一家银行保证对符合信用证条款规定的单据履行付款义务。保兑是指开证行以外的银行对信用证承担付款责任。保兑信用证不仅有开证行的付款保证，而且又有保兑行的兑付保证，保兑行与开证行一样负第一性付款责任，这种有双重保证的信用证对出口商最为有利。

（2）非保兑信用证（Unconfirmed L/C）：是指开证行开出的信用证没有经另一家银行保兑。

4. 可转让信用证与不可转让信用证

（1）可转让信用证（Transferable L/C）：是指信用证规定受益人（第一受益人）可将使用信用证的权利转让给其他人（第二受益人）的信用证。

信用证只有注有"可转让"的字样时才允许转让并且只能转让一次，但第二受益人重新将信用证再转让给第一受益人不在此限制内。

（2）不可转让信用证（Non-transferable L/C）：是指受益人不能将信用证的权利转让给他人，未注明"可转让"者，即为不可转让信用证。

5. 议付信用证、承兑信用证与付款信用证

（1）议付信用证（Negotiation L/C）：是指允许受益人向某一指定银行或任何银行交单议付的信用证。一般在单据相符的条件下，议付银行扣除利息和手续费后买入汇票和/或单据，若以后不能向开证行收回款项时，议付行可向受益人追索款项。议付信用证又分为限制议付信用证（规定了议付行）和公开议付信用证（可在任何银行进行议付）两种。

① 限制议付 L/C（指定议付 L/C），即凡限定由某一银行议付的，称限制议付 L/C，限制的是议付 L/C 到期地点，也就是限定议付行所在地。

② 公开议付 L/C（自由议付 L/C），对愿意办理议付的任何银行作公开邀请议付的，称为公开议付 L/C。

注意：议付行如因开证行无力偿还等原因而未能收回款项时，可向受益人追索，而付款行（包括开证行、保兑行）一经付款，就无权向受益人及其前手进行追索。

（2）承兑信用证（Acceptance L/C）：是指银行将受益人提交的汇票和/或单据审核无误后，承兑汇票并发承兑电，到期后再付款，经银行承兑的汇票可以到金融市场进行贴现提前收回资金。

（3）付款信用证（Payment L/C）：是指信用证指定的付款行凭受益人提交的符合信用证条款的单据付款的信用证。它又分即期付款和迟期付款信用证，前者是指付款行收到受益人提交的符合信用证条款的单据后立即履行付款责任；而后者是指付款行在信用证规定的到期日再履行付款责任。无论是即期付款信用证还是迟期付款信用证，受益人无需开立汇票，开证行或指定的付款行凭相符单据付款，故无法在金融市场进行融资。

6. 对背信用证（Back to back L/C）

指受益人要求原证的通知行或其他银行以原证为基础，另开一张内容相似的新证。对背信用证的受益人可以是国外的，也可以是国内的。

对背信用证的内容除开证申请人、受益人、金额、单价、装运期限、有效期限等可有变动外，其他条款一般与原证相同。若对对背信用证的条款修改，新证的开证人需得

到原证开证人的同意，所以修改比较困难，且需较长时间。

对背信用证主要用于以下几种情况：中间商转售他人货物，从中图利；两国不能直接办理进出口贸易而需要通过第三国沟通贸易；原证是不可转让的；原证的受益人不能提供全部规定的货物等。

7. 对开信用证（Reciprocal L/C）

指两张信用证的开证申请人互以对方为受益人而开立的信用证。第一张信用证的受益人和开证人是第二张回头信用证的开证人和受益人，第一张信用证的开证行和通知行分别是第二张信用证的通知行和开证行。两张信用证的金额可以相等，也可以不等。两张证可以同时互开、同时生效，也可以先后开立，先后生效。

对开信用证是易货贸易、进料加工或补偿贸易业务中常采用的一种结算方式，因交易的双方都担心对方凭第一张信用证出口或进口后，另一方不履行进口或出口的义务，于是就采用这种互为联系、互为条件的开证办法，彼此约束。

8. 循环信用证（Revolving L/C）

指在一定时间内信用证被全部或部分使用后，能够重新恢复信用证原金额并再度使用，周而复始，直至达到该证规定的次数或累计总金额用完为止。循环信用证又可分为按时间循环信用证和按金额循环信用证，按金额循环信用证又可进一步分为自动循环、非自动循环和半自动循环等。

（1）自动循环：即无须等开证行通知而自动恢复至原金额；

（2）非自动循环：即必须等开证行通知才能使 L/C 恢复至原金额；

（3）半自动循环：即信用证金额被使用后，除非开证行提出停止 L/C，该 L/C 将自动恢复至原金额。

循环信用证适用于分批等装的长期供货合同，其优点是进口方可以不必多次开证从而节省开证费用，同时也可简化出口方审证、改证等手续，有利于合同的履行。

9. 预支信用证（Anticipatory L/C）

指开证行授权通知行，允许受益人在装运交单前预支全部或部分货款的信用证，由开证行保证偿付并负担利息的信用证，是进口商通过银行开立给出口商的一种以出口贸易融资为目的的信用证。

预支信用证与远期信用证相反，开证人付款在先，受益人交单在后，当货运单据交到后，代付行在付给剩余货款时，将扣除预支货款的利息。为引人注目，这种预支货款的条款，常用红字打出，故习惯称“红条款信用证”（Red clause L/C），但现今信用证的预支条款并非都用红色表示。

适用预支信用证的情况通常有两种：一是该货供不应求，买方急于得手而想提前付款；另一个是卖方是买方在出口国的采购代理，或跨国公司内部交易；再一个是买方向卖方预先提供装船资金，帮助其克服资金不足的困难，从而使出口商降低价格。

10. 备用信用证（Standby L/C）

指开证行根据开证申请人的请求向受益人开立的承担某项义务的凭证。即当开证申请人未能按时偿还借款、预收款或支付货款，或未能履约时，开证行保证付款。因此，如果开证申请人按期履行合同义务，受益人就无需要求开证行在备用信用证项下支付任何货款或赔偿，这是之所以称为“备用”的由来。

备用信用证是开证行对受益人的一项保证，保证在开证申请人不偿付款项或未能履行其应履行的义务时，受益人只要凭备用信用证的规定，向开证行提交开证申请人未履行义务的声明或证明文件，即可取得开证行的偿付。它是光票信用证的一种特殊形式。

备用信用证与一般跟单信用证都适用于国际商会《跟单信用证统一惯例》，但这两种信用证又有不同，其主要区别有：

（1）备用信用证往往是备而不用的文件，受益人只有在开证申请人未履行其义务时，才能行使信用证所规定权利。如果开证申请人履行了约定的义务，则备用信用证就成为备而不用的文件；跟单信用证则不同，它的受益人只要履行了信用证所规定的义务，即可向银行要求付款。

（2）备用信用证适用于货物以外的多方面的交易，例如，保证投标人履约等，而一般跟单信用证只适用于货物的买卖。

（3）备用信用证一般仅凭受益人所出具的说明开证申请人已经违约的证明书付款，而跟单信用证一般以符合信用证要求的货运单据作为付款的依据。

备用信用证原流行于美国和日本，是在美、日禁止银行开立保证函的情况下，为适应对外经贸的需要而产生的。它的用途几乎与银行保证函相同。它可以作为投标担保、履约担保、预先付款保证和融通资金保证，虽然它与银行保证函都具有担保作用，但又与银行保证函有所不同，主要表现在：

① 采用备用信用证时，银行要负担第一性付款责任，而采用银行保证函时，银行往往承担第二性付款责任。

② 备用信用证的付款依据是按规定提供某项凭证，同被保证人与受益人的契约无关；而银行保函的付款依据则是某项契约或诺言是否已经履行，往往涉及到契约的履行争议等。

11. SWIFT L/C

SWIFT 是环球银行金融电讯协会（Society for Worldwide Interbank Financial Telecommunication）的简称。目前已有 3 000 多家分设在包括我国在内的不同国家和地区的银行参加了该协会，并采用该协会电讯业务的信息系统，使用时必须依照 SWIFT 使用手册规定的标准，否则会被自动拒绝。

凡通过 SWIFT 系统传递的信用证信息，即通过 SWIFT 开立或通知的信用证称为 SWIFT L/C。有时称为“环银电协信用证”。

过去开证时，各国银行标准不一，条款和格式也各不相同，而且文字繁琐，采用 SWIFT 开证后，使信用证具有标准化、固定化和统一格式的特性，且传递速度快捷，成本也较低。现在已被世界多数国家和地区的银行所采用。目前开立 SWIFT L/C 的格式代号为 MT700 和 MT701。

（五）信用证支付方式的利与弊

1. 信用证支付的有利之处

（1）信用证结算解决了贸易双方互不信任的矛盾

采用信用证结算，由银行出面担保，只要卖方按信用证条款规定交货并交付单据就可拿到货款，而买方又无须在卖方履行合同规定的交货义务前支付货款。这种支付方式使不在交货现场的买卖双方在履行合同时处于同等地位，在一定程度上使他们重新找回了“一手交钱，一手交货”的现场交易所具有的安全感，解决了双方互不信任的矛盾。

（2）保证出口商安全收汇,保证进口商安全提货

对出口商来说，信用证可以保证出口商在履约交货后，按信用证条款的规定向银行交单取款，只要做到“相符交单”，就可保证凭单收到货款。对进口商来说，信用证可以保证进口商在支付货款时即可取得代表货物的单据，并可通过信用证条款来控制出口商按质、按量、按时交货。

（3）进出口双方均可在信用证项下获得资金融通

对进口商来说，开证时只需缴纳部分押金，单据到达后才向银行赎单付清差额。如为远期信用证，进口商还可以凭信托收据向开证行借单先行提货出售，到期向开证行付款。对出口商来说，在货物出运前，可以向银行办理打包贷款，也可以在货物装运后即凭信用证所需单据向出口地银行叙作押汇，取得全部货款。

2. 信用证支付的不利之处

（1）风险并没有完全排除

在信用证方式下，出口商仍有可能遭到进口商不开证或不按期开证的风险。出口方银行有可能遭到开证行倒闭或无理拒付的风险。

（2）信用证不能确保实际所运货物就是所订购的货物

银行处理的是单据而不是货物，银行不关心货物是否和单据一致，它只关心单据是否和信用证中的文字规定相符。如果交单相符，而进口商付款赎单后发现实际收到的货物不符合合同要求（例如品质、包装有缺陷等），进口方不能要求开证行退回货款或要求开证行向出口商追索。货物有问题，买卖双方自行解决。对开证行来说，只要交单相符，就必须承付。银行的付款责任不受申请人索赔或抗辩的影响。如交单相符，申请人不能由于受益人以前一笔出口货款的索赔尚未解决而要求开证行拒付，用这笔货款来抵偿索赔款。

（3）结算手续复杂、费用较高，增加了贸易结算成本

首先，除了必需的发货、交单、收款、付款外,还增加了申请开证、通知、议付、审单等环节，手续复杂；其次，在信用证业务中，银行每做一项服务均可取得各种收益，如开证费、通知费、议付费、保兑费、修改费等各种费用，加大了结算成本。

（六）信用证支付方式面临的风险

1. 开证行资信不良的风险

信用证支付方式是一种银行信用，由开证行以自己的信用向受益人做出付款承诺。因此，如果开证行本身资信不良，出口商的安全收汇就会面临极大的风险。

2.“相符交单”原则所引起的拒付风险

在信用证支付方式下，开证行和指定银行只对相符交单予以承付。按《UCP600》的规定，所谓“相符交单”，是指与信用证条款、本惯例的相关适用条款及国际标准银行实务一致的交单。对出口商而言，要做到与信用证条款、《UCP600》相符，有时还并不太难，

因为毕竟有章可循。但何谓“国际标准银行实务”，则并没有统一的认识，不同的银行有不同的做法，对此，国际商会也有些无能为力。据不完全统计，在国际贸易中，首次交单被拒付的比例高达70%。

3. 信用证中的“软条款”所引起的风险

对于何谓“软条款”，并没有一个统一的定义，一般而言，凡是使开证行的付款必须受开证申请人或其代表履行某种行为的，或使受益人获得银行付款取决于进口人的履约意思的条款，均可称为信用证软条款。如要求受益人将一份正本提单直寄开证申请人、检验证书由开证申请人签字等条款，都是典型的软条款。信用证软条款削弱了信用证的银行信用程度，实际上将信用证变成了商业信用。但在实际业务中，此类软条款的出现也有其一定的合理性，出口人难以做到全部拒绝，从而增大了自己的风险。

4. 进口人资信不佳的风险

虽然从理论上来说，信用证支付方式是银行信用，不论进口人资信状况如何，只要受益人做到了相符交单，就能得到开证行的承付。但在实际业务中，一些资信不佳的进口人在货物的市场行情对自己不利时，就会指示开证行在单据中挑毛病，以达到降价、迟付甚至拒付的目的，从而使出口商面临不能安全及时收汇的风险。

5. 信用证欺诈屡见不鲜

进口人使用伪造、涂改或无效的信用证对出口人进行诈骗，是外商对我国进行信用证诈骗最常用的一种手段。大多数中小出口企业对信用证的专业知识掌握不够，在防范信用证欺诈上，往往显得有心无力。在我国的对外贸易中，国外进口人就是常常利用我国出口企业对信用证条款专业素质水平不高和出口企业的人为疏忽，伪造、假冒信用证和使用无效的信用证欺骗我国出口企业，从而给我国出口企业造成了巨大损失。

二、技能入门

（一）信用证业务流程图

信用证是开证行应开证申请人的请求开立的一种有条件的付款保证，结算工具汇票及/或单据的传送方向与资金的流动方向相反，因此，信用证属于逆汇法，具体业务流程见图3–1。

（二）合同中常见的信用证支付条款及释疑

合同中常见的信用证支付条款一般包括约束买方开证的时间（如签订合同后××天内开证、在装运日前××天开立L/C、在×年×月×日开证、接到卖方备货通知书后××天内开证）、信用证的种类、汇票的付款期限、金额及有效期和到期地点等内容，具体列举如下：

（1）The buyer shall issue an irrevocable L/C at sight through a bank acceptable to the seller prior to JAN 10, 2011 indicating L/C to be valid in China by negotiation within 15 days after the shipment date, the L/C must mention the contract number.

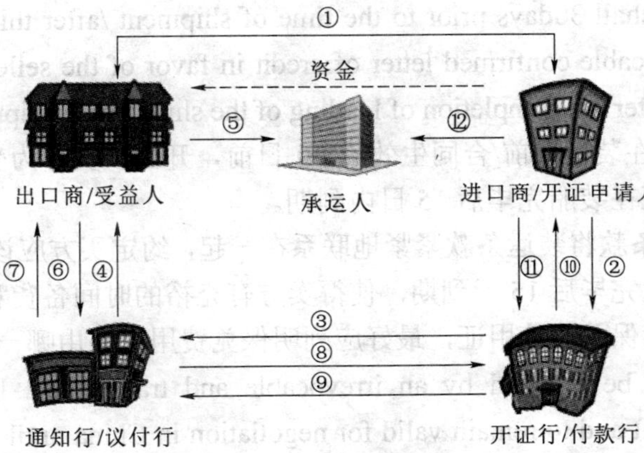

图 3–1　信用证业务流程图

说明：① 进出口商签订买卖合同，约定以信用证方式进行货款结算。

② 开证申请人以合同条款为依据填写开证申请书、支付押金和手续费，请求银行开立以出口商为受益人的信用证。

③ 开证行开出信用证并寄交给出口商所在地银行（通知行）委托其通知信用证给受益人。

④ 通知行收到信用证并验明其真实性后，将信用证转交给受益人。

⑤ 受益人收到信用证后，依据合同条款对信用证进行审核，如发现不能接受或与合同相矛盾条款，应立即要求进口商修改信用证。如审核无误或收到信用证修改书后，按规定条件发运货物，缮制信用证项下所要求的单据，准备交单议付。

⑥ 受益人在信用证规定的有效期和交单期内，向议付行交单议付货款。

⑦ 议付行审核受益人提交单据，确认单据无误后，扣除利息及手续费，买入受益人提交的汇票和/或单据。

⑧ 议付行将汇票和/或单据寄交开证行/付款行进行索偿。

⑨ 开证行/付款行审核议付行寄交的单据，确认单据无误后，偿付货款给议付行。

⑩ 开证行通知开证申请人付款赎单。

⑪ 开证申请人向开证行付款，开证行放单给开证申请人。

⑫ 开证申请人凭全套单据向承运人索要提单项下货物。

【中文】买方应于 2011 年 1 月 10 日前通过卖方可接受的银行不可撤销的即期信用证，有效期至装运日后 15 天在中国议付，并注明合同号。

【释疑】这是一种典型的信用证支付条款，条款比较严谨，明确了开证申请人最迟开证的时间及信用证的议付交单的期限和地点，注意开证时按照合同中支付条款的要求应该列明合同号。

（2）Payment to be made by letter of credit payable by draft at 60days sight and the negotiated bank is authorized to negotiate the usance draft at sight basis and charges of discount , acceptance and interest are for the account of buyer.

【中文】付款方式为信用证，凭见票后 60 天汇票支付，授权议付行按照即期议付远期汇票操作，由此产生的贴现费、承兑费和利息等由买方承担。

【释疑】该条款是一个典型的假远期信用证支付条款，对买方是真远期，是开证行给予买方的融资，对出口商来说能够即期收到实足货款，使用假远期信用证支付一定要注明所产生的费用由买方负担，否则易产生纠纷。

（3）The buyer shall 30days prior to the time of shipment /after this contract comes into effect, open an irrevocable confirmed letter of credit in favor of the seller. The letter of credit shall expire 15days after the completion of loading of the shipment as stipulated.

【中文】买方应在装运期前/合同生效后 30 日前，开出以卖方为受益人的不可撤销的保兑信用证，信用证在装船完毕后 15 日内到期。

【释疑】该支付条款将装运条款紧紧地联系在一起，约定买方应该最迟在装运开始 30 日前开立并且在装运完毕后 15 天到期，使得卖方有充裕的时间备货和制单结汇。注意要求买方开立不可撤销保兑的信用证，最好应列明保兑费用应该由哪一方承担。

（4）Payment to be effected by an irrevocable and transferable letter of credit to be available by sight draft and to remain valid for negotiation in China until the 15th day after the aforesaid Time of Shipment.

【中文】不可撤销及可转让之信用证付款，凭即期汇票支付，并须注明可在上述装运日期后 15 天内在中国议付有效。

【释疑】该支付条款为不可撤销和可转让信用证，这样的支付方式对贸易公司比较有利，他可以根据具体货源情况，选择从供货商处买断货物自己直接出口，也可以把信用证直接转让给实际供货商，自己赚取其中的差价，但要注意信用证上必须有"可转让"字样才能办理转让，一般而言，转让费由第一受益人承担。

（5）The buyer shall open an irrevocable L/C payable by draft at 60days after B/L date to reach the seller 15days before time of shipment and remain valid for negotiation in China until 15days after bill of lading date.

【中文】买方开立不可撤销信用证，凭提单日后 60 天远期汇票支付，信用证最迟装运前 15 天到达卖方，在提单日后 15 天在中国议付有效。

【释疑】这是一个典型的远期付款信用证，付款期限是提单日后 60 天，这是一个比较常见的远期汇票约定方式，因此卖方想早收款就要尽最大努力早出运。

资料库

信用证通知书

信用证通知书（Notification of Documentary Credit）又称信用证通知面函，是通知行向受益人通知信用证时随附的一种信函。一方面主要摘录信用证的主要内容，包括开证行和受益人名称、信用证证号、信用证金额、开证日期和有效期等主要内容；另一方面表明本通知并不构成通知行对该信用证的保兑，也不承担其他任何责任，并提醒受益人如本信用证中有无法办到的条款及/或错误，请迳与开证申请人联系，进行必要的修改，以排除交单时可能发生的问题。信用证通知书的格式和内容因通知行不同而有所不同，但大体内容相似。

中国银行 BANK OF CHINA

信用证通知书
Notification of Documentary Credit

ADDRESS：80, JIEFANG BEI LU, TIANJIN, CHINA
CABLE: CHUNGKOU
TELEX: 23233 TJBOC CN
FAX: 0086 22 23128900　　　　　　　　　　DATE:

To: 致	When corresponding please quote our Ref No.
Issuing Bank 开证行	Transmitted to us through 转递行
L/C No. 证号　　Dated 开证日期	Amount 金额
Expiry 效期　　Tenor 远期	Charge 费用

Dear Sirs,
迳启者：
We have pleasure in advising you that we have received from the a/m bank a(n)
兹通知贵司，我行收自上述银行

(　) telex issuing 电传开立	(　) ineffective 未生效
(　) pre-advising of 预先通知	(　) mail confirmation of 证实书
(　) original 正本	(　) duplicate 副本

letter of credit, contents of which are as per attached sheet(s).
This advice and the attached sheet(s)must accompany the relative documents when presented for negotiation.
信用证一份，现随附通知，贵司交单时，请将本通知书及信用证一并提示。
(　) Please note that this advice does not constitute our confirmation of the above L/C nor does it convey any engagement or obligation on our part.
本通知书不构成我行对此信用证之保兑及其他任何责任。
(　) Please note that we have added our confirmation to the above L/C, negotiation is restricted to ourselves only.
上述信用证已由我行加具保兑，并限向我行交单。

Remark

This L/C consists of _____ sheet(s), including the covering letter and attachment(s).
本信用证连同面函及附件共 ____ 纸。
If you find any terms and conditions in the L/C which you are unable to comply with and or any error(s), it is suggested that you contact applicant directly for necessary amendment(s)of as to avoid any difficulties which may arise when documents are presented
如本信用证中有无法办到的条款及/或错误，请迳与开证申请人联系进行必要的修改，以排除交单时可能发生的问题。

Yours faithfully
for BANK OF CHINA

任务 3.2 信用证分析

任务背景

泰佛贸易有限公司与日本丸红株式会社经过友好洽商就出口女童夹克衫达成交易，合同号为 2010TF0858，金额为 USD52 500.00，双方同意采用信用证支付方式。不久泰佛贸易有限公司收到中国银行东京分行开立的第 A-08-0058 号信用证，单证员在第一时间把信用证从头至尾认真查看一遍，并填写信用证分析单，为后续的审证工作奠定基础。

知识目标

1. 了解信用证的主要内容。
2. 熟悉信用证中的主要日期及其关系。
3. 掌握信用证主要条款的表达方式。

能力目标

1. 能看懂信用证条款。
2. 能正确填写信用证分析单。

一、知识导航

依据每笔交易的具体情况不同，每家银行开立的信用证的主要条款内容也各不相同，特别是传统的信开证和电开证其格式更是千差万别，但就其实质内容而言，信用证主要涵盖以下几方面内容：

（一）信用证本身说明

1. 信用证的类型（Form of Credit）
2. 信用证号码（L/C Number）
3. 开证日期（Date of Issue）
4. 信用证金额（Credit Amount）
5. 信用证有效期和到期地点（Date and Place of Expiry）
6. 信用证兑用的方式（Credit Available with…by）

（二）信用证当事人

1. 开证行（Opening/Issuing Bank）
2. 通知行（Advising/Notifying Bank）
3. 开证申请人（Applicant）
4. 受益人（Beneficiary）

（三）汇票条款

1. 出票人（Drawer）
2. 付款人（Drawee）
3. 收款人（Payee）
4. 付款期限（Tenor）
5. 出票依据（Drawn under Clauses）

（四）货物条款

1. 货物的品名、货号和规格（Commodity Name, Article No. and Specification）
2. 单价和数量（Unit Price including Trade Terms and Quantity）
3. 包装（Packing）
4. 唛头（Shipping Marks）

（五）装运条款

1. 装运港（Port of Loading）
2. 目的港或卸货港（Port of Destination/Discharge）
3. 装运期（Latest Shipment Date）
4. 装运方式（Means of Transport）
5. 是否分批装运（Partial Shipments Allowed/not Allowed）
6. 是否转船运输（Transshipment Allowed/not Allowed）

（六）单据条款

1. 单据的种类（Type of Document）
2. 单据的份数（the Number of Copies of Each Document）
3. 单据的填制要求（Requirements for Each Document）
4. 出单人（Issuer of Each Document）

（七）其他条款

1. 特别或附加条款（Special/Additional Clause）
2. 开证行对议付行的指示（Instruction to Negotiating Bank）
3. 背批议付金额条款（Endorsement Clause）
4. 索汇方法（Method of Reimbursement）
5. 寄单方法（Method of Dispatching Documents）
6. 开证行的付款保证（Engagement/Undertaking Clause）
7. 惯例适用（Subject to UCP Clause）
8. 开证行签字（Signature）

二、操作范例

泰佛贸易有限公司收到的日本丸红株式会社通过中国银行东京分行开立的女童夹克衫信用证（见样例3–1）。

样例 3–1：信用证

中国银行 BANK OF CHINA 东京分行

PAGE：1/1

	IRREVOCABLE DOCUMENTARY CREDIT NO. A-11-0058
DATE AND PLACE OF ISSUE 2011/2/15	DATE AND PLACE OF EXPIRY 2011/5/15 IN JAPAN
APPLICANT MARUBENI CORP 5-7, HOMMACHI, 2-CHOME, CHUO-KU, OSAKA, JAPAN	BENEFICIARY TIFERT TRADING CO., LTD NO. 86, ZHUJIANG STREET, TIANJIN, CHINA
ADVISING BANK BANK OF CHINA, TIANJIN BRANCH	AMOUNT: USD52500.00 SAY: U.S.DOLLARS FIFTY-TWO THOUSAND FIVE HUNDRED ONLY.
LATEST SHIPMENT DATE 2011/4/30 SHIPMENT FROM TIANJIN TO TOKYO PARTIAL SHIPMENT NOT ALLOWED TRANSHIPMENT NOT ALLOWED	CREDIT AVAILABLE BY NEGOTIATION AGAINST PRESENTATION OF THE DOC. DETAILED HEREIN AND YOUR DRAFT AT 30 DAYS SIGHT DRAWN ON APPLICANT FOR FULL INVOICE VALUE BEARING DRAWN UNDER L/C NO. A-11-0058 ISSUED BY BANK OF CHINA TOKYO BRACH DATED 2011/2/15

LIST OF DOCUMENTS TO BE PRESENTED

1. SIGNED COMMERCIAL INVOICE IN TRIPLICATE COUNTERSIGNED BY APPLICANT
2. 2/3 SET OF CLEAN ON BOARD OCEAN BILL OF LADING MADE OUT TO ORDER AND BLANK ENDORSED NOTIFY APPLICANT WITH FULL NAME, ADDRESS AND TEL NO. 8745 9986 AND INDICATING THE NAME OF CARRYING VESSEL'S NAME AND TEL NO. AT THE PORT OF DESTINATION MARKED FREIGHT TO COLLECT.
3. PACKING LIST IN DUPLICATE SHOWING THE GOODS HAVE BEEN PACKED CARTONS OF 20PCS EACH
4. INSURANCE POLICY OR CERTIFICATE IN THE NAME OF APPLICANT FOR 120% OF INVOICE VALUE AGAINST ALL RISKS AND WAR RISK AS PER ICC DATED 1/1/1982 CLAIM IF ANY PAYABLE AT PORT OF DESTINATION.
5. GSP CERTIFICATE OF ORIGIN FORM A ISSED BY CIQ SHOWING THE NAME OF MANUFACTURER
6. BENEFICIARY'S CERTIFICATE CERTIFYING THAT 1/3 ORIGINAL B/L AND ONE SET OF NON-NEGOTIABLE SHIPPING DOCUEMENTS TO BE SENT TO APPLICANT WITHIN 48 HOURS AFTER SHIPMENT.
7. INSPECITON CERTIFICATE IN DUPLICATE ISSUED AND SIGNED BY AUTHORIZED PERSON OF APPLICANT WHOSE SIGNATURE MUST COMPLY WITH THAT HELD IN OUR BANK'S RECORD.

COVERING SHIPMENT OF

5000PCS OF GIRL JACKET SYTLE NO.GJ234 SHELL:WOVEN TWILL 100% COTTON, LINING: WOVEN 100% POLYESTER PACKING: 1PC TO A PLASTIC BAG, 20BAGS TO A CARTON

UNIT PRICE: USD10.50/PC CIF TOKYO DETAILS AS PER S/C 2010TF0858

OTHER TERMS AND CONDITIONS

1. SHIPPING MARKS: MARUBENI
   S/C 2010TF0858
   TOKYO
   CTN 1-UP

信用证通知费已收
津 中 行

2. ALL BANKING CHARGES ARE FOR BENEFICIARY'S ACCOUNT.
3. DOCUMENTS MUST BE PRESENTED TO THE NEGOTIATING BANK WITHIN 7DAYS AFTER SHIPMENT BUT WITHIN THE VALIDITY OF THE CREDIT.
4. SHIPMENT MUST BE EFFECTED BY CONTAINER ONLY AND B/L SHOWING THE SAME.
5. NEGOTATION AND PRESENTATION OF THE DOCUMENTS UNDER THIS CREDIT IS RESTRICTED TO BANK OF CHINA TIANJIN BRANCH.
6. NEGOTATING BANK IS KINDLY FORWARD ALL DOCUMENTS IN ONE LOT BY REGISTERED AIRMAIL IMMEDIATELY AFTER NEGOTIATION.
7. 10% MORE OR LESS BOTH IN QUANTITY AND AMOUNT ALLOWED.
8. THE CREDIT WILL BECOME EFFECTIVE AFTER RECEIPT OF APPROVAL OF PRE-SHIPMENT SAMPLE FROM THE APPLICANT.

WE HEREBY ENGAGE WITH DRAWERS, ENDORSERS AND/OR BONA FIDE HOLDERS THAT DRAFTS DRAWN AND NEGOTIATED ON PRESENTATION AND THAT DRAFTS ACCEPTED WITHIN THE TERMS OF THIS CREDIT WILL BE DULY HONORED AT MATURITY.

THIS CREDIT IS SUBJECT TO UNIFORM AND CUSTOMARY PRACTICE 2007 REVERSION PUBLICATION NO. UCP600

YOURS FAITHFULLY,

FOR BANK OF CHINA HONGKONG BRANCH

周秀仪　麦德强

印鉴核符

相关链接

表 3–1 信用证的常用表示方式

	信用证具体内容	信开证常用表示方法	SWIFT 信用证常用表示方法
信用证本身说明	信用证页次	PAGES	SEQUENCE OF TOTAL
	信用证种类	KINDS OF CREDIT	FORM OF DOCUMENTARY CREDIT
	信用证证号	CREDIT NO.	DOCUMENTARY CREDIT NUMBER
	金额	AMOUNT/TO THE EXTENT OF	CURRENCY CODE, AMOUNT
	开证日期和地点	DATE AND PLACE OF ISSUE	DATE OF ISSUE
	装运期	DATE OF SHIPMENT	LATEST DATE OF SHIPMENT
	有效期和到期地点	DATE AND PLACE OF EXPIRY/ VALIDITY	DATE AND PLACE OF EXPIRY
	交单期	PERIOD FOR PRESENTATION	PERIOD FOR PRESENTATION
	兑用方式		AVAILABLE WITH...BY...
信用证当事人	开证申请人	APPLICANT/OPENER	APPLICANT
	受益人	BENEFICIARY/IN YOUR FAVOR	BENEFICIARY
	开证行	OPENING BANK	APPLICANT BANK
	通知行	ADVISING/NOTIFYING BANK	ADVISE THROUGH BANK
	议付行	NEGOTIATING BANK	NEGOTIATING BANK
	付款行	PAYING BANK	DRAWEE
汇票条款	出票人	DRAWER	DRAWER
	受款人	PAYEE	PAYEE
	付款人	DRAWN ON	DRAWEE
	付款期限	SIGHT /TIME DRAFT	DRAFTS AT...
	金额	FOR TOTAL INVOICE AMOUT	FOR FULL INVOICE VALUE
	出票依据	DRAWN UNDER	
	跟单条款	ACCOMPANIED BY FOLLOWING DOCUMENTS	DOCUMENTS REQUIRED

续表

	信用证具体内容	信开证常用表示方法	SWIFT 信用证常用表示方法
货物描述	商品名称	COMMODITY	DESCRIPTION OF GOODS AND/OR SERVICES
	规格/货号	SPECIFICATION/ART NO.	SPECIFICATION/ART NO.
	数量	QUANTITY	QUANTITY
	单价	UNIT PRICE	UNIT PRICE
	唛头	SHIPPING MARKS	SHIPPING MARKS
	详细资料参照	DETAILS AS PER….	OTHERS AS PER….
装运条款	装运港	PORT OF LOADING	PORT OF LOADING/AIRPORT OF DEPARTURE
	目的港	PORT OF DESTINATION	PORT OF DISCHARGE / AIRPORT OF DESTINATION
	分批	PARTIAL SHIPMENT	PARTIAL SHIPMENTS
	转运	TRANSSHIPMENT	TRANSSHIPMENT
单据条款	发票	COMMERCIAL INVOICE	COMMERCIAL INVOICE
	装箱单	PACKING LIST	PACKING LIST
	提单	BILL OF LADING	BILL OF LADING
	保险单/凭证	INSURANCE POLICY OR CERTIFICATE	INSURANCE POLICY OR CERTIFICATE
	原产地证	CERTIFICATE OF ORIGIN	CERTIFICATE OF ORIGIN
	检验证书	INSPECTION CERTIFICATE	INSPECTION CERTIFICATE
	其他证明	OTHER CERTIFICATE	OTHER CERTIFICATE
	特殊条款	SPECIAL/ADDITIONAL CONDITION	ADDITIONAL CONDITIONS
付款承诺	开证行保证付款责任文句	THE GUARANTEE OF THE OPENING BANK	
适用惯例	信用证所适用惯例	THID CREDIT IS SUBJECT TO…UCP 600	APPLICABLE RULES

泰佛贸易有限公司单证员张敏在看懂信用证的基础上填写信用证分析单（见样例3–2）。

样例 3–2：信用证分析单

<table>
<tr><th colspan="9">信开证分析单</th></tr>
<tr><td rowspan="3">信用证本身说明</td><td>信用证种类</td><td>Irrevocable documentary credit</td><td>是否生效</td><td>☒是
☐否</td><td>密押/印鉴是否相符</td><td>☒是
☐否</td><td>是否保兑</td><td>☐是
☒否</td></tr>
<tr><td>信用证号码</td><td>A-11-0058</td><td>金额</td><td>USD52500.00</td><td>到期地点</td><td>Japan</td><td>兑用方式</td><td>By negotiation</td></tr>
<tr><td>开证日期</td><td>2011/2/15</td><td>装运日期</td><td>2011/4/30</td><td>有效期</td><td>2011/5/15</td><td>交单期</td><td></td></tr>
<tr><td rowspan="3">当事人</td><td>开证行</td><td colspan="2">Bank of China Tokyo Branch</td><td>通知行</td><td colspan="4">Bank of China Tianjin Branch</td></tr>
<tr><td>开证人</td><td colspan="2">Marubeni Corp
5-7, Hommachi 2-Chome,Chuo
-Ku, Osaka, Japan</td><td>受益人</td><td colspan="4">Tifert Trading Co., Ltd
86, Zhujiang Street, Tianjin, China</td></tr>
<tr><td>付款行</td><td colspan="2"></td><td>议付行</td><td colspan="4">Bank of China Tianjin Branch</td></tr>
<tr><td rowspan="3">汇票条款</td><td rowspan="1">出票人</td><td colspan="2">Tifert Trading Co., Ltd</td><td>付款期限

付款金额</td><td colspan="4">☐即期 ☒远期

☒发票全额 ☐发票的百分之几</td></tr>
<tr><td>收款人</td><td colspan="2">Tifert Trading Co., Ltd</td><td rowspan="2">出票依据</td><td colspan="4" rowspan="2">L/C NO. A-11-0058 ISSUED BY BANK OF CHINA TOKYO BRACH DATED 11/2/15</td></tr>
<tr><td>付款人</td><td colspan="2">Marubeni Corp</td></tr>
<tr><td rowspan="3">货物描述</td><td>品名</td><td>Girl Jacket</td><td>规格/货号</td><td>Style No.GJ234</td><td>贸易术语</td><td>CIF Tokyo</td><td rowspan="3">唛头</td><td rowspan="3">MARUBENI
S/C 2010TF0858
TOKYO
CTN 1-UP</td></tr>
<tr><td>数量</td><td>5 000pcs</td><td>包装/件数</td><td>250 Cartons</td><td>单价</td><td>USD10.50/PC</td></tr>
<tr><td>合同/订单号</td><td>2010TF0858</td><td>溢短装条款</td><td>10% More or Less</td><td>包装方式</td><td>Cartons</td></tr>
<tr><td rowspan="2">装运条款</td><td>装运港</td><td>Tianjin</td><td>目的港</td><td>Tokyo</td><td>分批</td><td>Not allowed</td><td>转运</td><td>Not allowed</td></tr>
<tr><td>运输方式</td><td colspan="3">☒海运 ☐空运 ☐陆运
☐其他</td><td>装运日期</td><td colspan="3">最早
最晚 2011/4/30</td></tr>
<tr><td rowspan="4">单据条款</td><td>种类</td><td>份数</td><td colspan="2">签字</td><td colspan="4">主要内容/特别加注</td></tr>
<tr><td>发票</td><td>3</td><td colspan="2">☒盖章 ☐手签</td><td colspan="4">Countersigned by applicant</td></tr>
<tr><td>装箱单</td><td>2</td><td colspan="2">☐盖章 ☐手签</td><td colspan="4">Showing the goods have been packed cartons of 20pcs each</td></tr>
<tr><td>提单</td><td>托运人</td><td colspan="2">Tifert Trading Co., Ltd</td><td colspan="2">运费支付</td><td colspan="2">Freight to collect</td></tr>
</table>

续表

<table>
<tr><td rowspan="2">单据条款</td><td rowspan="2">提单</td><td>抬头人</td><td>To order</td><td>份数</td><td colspan="3">3</td></tr>
<tr><td>通知人</td><td>Applicant</td><td>特别加注</td><td colspan="3">Indicating the name of carrying vessel's name and Tel No. at the port of destination</td></tr>
<tr><td rowspan="6">单据条款</td><td rowspan="3">保险单</td><td>抬头人</td><td>Applicant</td><td>份数</td><td colspan="3">2</td></tr>
<tr><td>保险险别</td><td>All risks and war risk</td><td>赔付地点/币种</td><td colspan="3">Port of destination</td></tr>
<tr><td>依据条款</td><td>ICC</td><td>保险加成</td><td colspan="3">120%</td></tr>
<tr><td>产地证</td><td>种类</td><td>☒一般原产地证
☐普惠制原产地证</td><td>签发机构</td><td>CCPIT</td><td>份数</td><td>2</td></tr>
<tr><td>检验证</td><td>种类</td><td>☒品质证 ☐重量证
☐其他证书</td><td>签发机构</td><td>Authorized person of applicant</td><td>份数</td><td>2</td></tr>
<tr><td>其他单据</td><td colspan="6">Beneficiary's certificate</td></tr>
<tr><td>特殊条款</td><td colspan="7">Indicating the name of carrying vessel's name and tel no. at the port of destination
Shipment must be effected by container only and B/L showing the same.</td></tr>
</table>

提示板

信开证 Vs 电开证

信开证是信开本信用证（credit opened by mail）的简称，也称为以邮寄方式开立的信用证，是指以信函形式开立，并用航空挂号信的方式传递的信用证。

电开证是电开本信用证（credit opened by teletransmission）的简称，也称为以电讯方式开立的信用证，是指银行将信用证内容以加注密押的电报、电传或 SWIFT 的形式开立的信用证。电开本信用证又可分为简电本和全电本。

三、技能训练

（一）初级任务

2010 年 12 月 28 日泰佛贸易有限公司收到日本通用贸易公司开来第 L-1437 号不可撤销信用证（见样例 3–3），在看懂信用证的基础上填写信用证分析单（见样例 3–4）。

样例 3–3：信用证

IRREVOCABLE DOCUMENTARY LETTER OF CREDIT

Date: Dec 25, 2010

From: Bank of China, Tokyo Branch

To: Bank of China, Tianjin Branch

We hereby open our Irrevocable Letter of Credit No. L-1437 in favor of Tifert Trading Co., Ltd for account of General Trading Company, Japan, up to an aggregate amount of JPY201, 600.00（Say Japanese Yuan Two Hundred and One Thousand Six Hundred Only) CIFC 2% Osaka for 100% of the invoice value relative to the shipment of : 67 200 Pieces of Dove Brand Printed Shirting 30s×36s 72×69 35/6"×42 yards as per Contract No. TJ101211 dated Dec 11, 2010 from China port to Osaka, Japan.

Drafts to be drawn at 30 days after sight on our bank and accompanied by the following documents, marked "×":

(×) Signed Commercial Invoice in triplicate;

(×) Full set of CLEAN ON BOARD BILLS of LADING made out to our order quoting L/C NO.L-1437, marked FREIGHT PAID;

(×) One original Marine Insurance Policy or Certificate for 130% of invoice value covering ALL Risks and War Risk with claims payable in Japan in the currency of draft(s).

Partial shipments are permitted.

Transshipment is prohibited.

Shipment must be effected not later than January 31, 2011.

Draft(s) drawn under this credit must be negotiated in Japan on or before January 31, 2011.

样例 3–4：信用证分析单

信用证分析单

信用证号	信用证金额	开证行	
开证日期	装运期	有效期	交单期
货物描述			
单据条款			

（二）中级任务

泰佛贸易有限公司通过香港中间商奥斯达（ORCHID）贸易公司达成女士服装转口生意，货物最终目的港是德国的汉堡，3 月 22 日收到通过香港 BANCA INTESA S.P.A 银行开立的第 540370 号信用证（见样例 3–5）。作为公司的单证员，请你在看懂信用证的基础上填写 SWIFT 信用证分析单（见样例 3–6）。

样例 3–5：信用证

DOCUMENTARY LETTER OF CREDIT

ISSUING BANK: BANCA INTESA S.P.A., HONG KONG

ADVISING BANK: BANK OF CHINA, TIANJIN BRANCH.

SEQUENCE OF TOTAL	27: 1/1
FORM OF DOC. CREDIT	40A: IRREVOCABLE TRANSFERABLE
APPLICABLE RULES	40E: UCP LATEST VERSION
DOC. CREDIT NUMBER	20: 540370
DATE OF ISSUE	31C: 110318
EXPIRY	31D: DATE 110505 PLACE HONGKONG
APPLICANT	50: ORCHID TRADING LTD. UNIT 513, CHINACHEM BLDG., 78 MODY ROAD, TST, KOWLOON, HONG KONG
BENEFICIARY	59: TIFERT TRADING CO., LTD. NO. 86, ZHUJIANG ROAD, TIANJIN, CHINA
AMOUNT	32B: CURRENCY USD AMOUNT 18188,80
POS. / NEG. TOL. （%）	39A: 05/05
AVAILABLE WITH/BY	41D: ANY BANK BY NEGOTIATION
DRAFT AT …	42C: AT 30DAYS SIGHT
DRAWEE	42D: BANCA INTESA S.P.A., HONG KONG
PARTIAL SHIPMENT	43P: PERMITTED
TRANSSHIPMENT	43T: PROHIBITED
LOADING IN CHARGE	44A: SHANGHAI CHINA
FOR TRANSPORT TO….	44B: ROTTERDAM
LATEST DATE OF SHIPMENT	44C: 110430
DESCRIPT. OF GOODS	45A:

LADIES WEARS

STYLE NO.	P/O NO.	DESCRIPTION	QTY.	UNIT PRICE
1484020	100020	ROUND NECK	1568PCS	USD5.40/PC

1484521 100021 V-NECK 1586PCS USD6.20/PC

CIF ROTTERDAM INCOTERMS 2010

DOCUMENTS REQUIRED 46A:

+ SIGNED COMMERCIAL INVOICE IN QUADRUPLICATE FOR CIF VALUE OF GOODS, SHOWING SEPARATELY THE L/C NO., P/O NO., STYLE NO., FREIGHT CHARGE AND INSURANCE PREMIUM.

+ 2/3 SET OF CLEAN ON BOARD OCEAN BILL OF LADING MADE OUT TO OUR ORDER, MARKED FREIGHT PREPAID AND NOTIFY LERROS MODEN GMBH, IM TAUBENTAL 35, D-41468 NEUSS, GERMANY, FAX: 49-2131-3600999.

+ PACKING LIST IN TRIPLICATE COUNTERSIGNED BY APPLICANT.

+ G.S.P. CERTIFICATE OF FORM A IN ORIGINAL.

+ BENEFICIARY'S LETTER EVIDENCING THAT ONE SET OF N/N DOCUMENTS INCLUDING 1/3 ORIGINAL BILL OF LADING HAVE BEEN DISPATCHED TO LERROS MODEN GMBH, IM TAUBENTAL 35, D-41468 NEUSS, GERMANY IMMEDIATELY AFTER SHIPMENT.

ADDITIONAL COND. 47A:

+ DOCUMENTS PRESENTED WITH DISCREPANCY WHETHER INDICATED OR FOUND IS SUBJECT TO A HANDLING FEE FOR USD45.00 WHICH IS PAYABLE BY THE BENEFICIARY AND WILL BE DEDUCTED FROM PROCEEDS UPON NEGOTIATION.

+ THIRD PARTY DOCUMENTS ARE ALLOWED.

+ THIS L/C IS TRANSFERABLE AND L/C ADVISING BANK IS NOMINATED AS THE TRANSFERRING BANK.

+ 5 PCT MORE OR LESS BOTH IN CREDIT AMOUNT AND QUANTITY ARE ACCEPTABLE.

DETAILS OF CHARGES 71B: ALL BANK CHARGES OUTSIDE HONGKONG ARE FOR THE ACCOUNT OF THE BENEFICIARY.

PRESENTATION PERIOD 48: WITHIN 5 DAYS AFTER THE DATE OF SHIPMENT BUT WITHIN THE VALIDITY OF THE CREDIT.

CONFIRMATION *49: WITHOUT

INSTRUCTION 78: ON RECEIPT OF DOCUMENTS IN ORDER AT OUR COUNTER, WE SHALL REMIT IN ACCORDANCE WITH THE NEGOTIATING BANK'S INSTRUCTION IN THE SAME CURRENCY OF THE CREDIT.

样例 3–6：SWIFT 信用证分析单

SWIFT 信用证分析单

	项目	项目性质（英文）	项目性质（中文）	具体内容
信用证本身说明	27	SEQUENCE OF TOTAL	电文页次	
	40A	FORM OF DOCUMENTARY CREDIT	跟单信用证形式	
	40E	APPLICABLE RULES	适用规则	
	20	DOCUMENTARY CREDIT NUMBER	信用证号码	
	31C	DATE OF ISSUE	开证日期	
	31D	DATE AND PLACE OF EXPIRY	信用证有效期和有效地点	
当事人	51a	APPLICANT BANK	信用证开证的银行	
	57a	ADVISE THROUGH BANK	通知行	
	50	APPLICANT	信用证开证申请人	
	59	BENEFICIARY	信用证的受益人	
金额	32B	CURRENCY CODE, AMOUNT	结算的货币和金额	
兑用	41a	AVAILABLE WITH...BY...	指定的有关银行及信用证兑付的方式	
汇票	42C	DRAFTS AT...	汇票付款日期	
	42a	DRAWEE	汇票付款人	
装运条款	43P	PARTIAL SHIPMENTS	分装条款	
	43T	TRANSSHIPMENT	转运条款	
	44E	PORT OF LOADING/AIRPORT OF DEPARTURE	装运港/出发机场	
	44F	PORT OF DISCHARGE/AIRPORT OF DESTINATION	卸货港/目的地机场	
	44C	LATEST DATE OF SHIPMENT	最后装船期	
货物描述	45A	DESCRIPTION OF GOODS AND/OR SERVICES	货物描述	
单据条款	46A	DOCUMENTS REQUIRED	单据要求	
特殊条款	47A	ADDITIONAL CONDITIONS	附加条款	
交单	48	PERIOD FOR PRESENTATION	交单期限	
保兑	49	CONFIRMATION INSTRUCTIONS	保兑指示	
费用	71B	CHARGES	费用情况	

（三）高级任务

泰佛贸易有限公司与英国的全球邮递有限公司（GB POSTERS CO., LTD）就硫酸出口达成一出口合同，进口商按照合同要求及时开出信用证（见样例 3–7）。作为单证员，请你在看懂信用证的基础上填写信用证分析单（见样例 3–8）。

样例 3–7：信用证

DOCUMENTARY LETTER OF CREDIT

FROM: ENGLAND CENTER BANK

OUR REF: NY980520004658001T01

TO: BANK OF CHINA TIANJIN BRANCH
80 JIEFANGBEI LU, TIANJIN
PEOPLE'S REP. OF CHINA

TEST: FOR GBP/13016,43 ON DATE 25/01/2011

PLEASE ADVISE BENEFICIARY OF THE FOLLOWING IRREVOCABLE LETTER OF CREDIT ISSUED BY US IN THEIR FAVOR SUBJECT TO UCP 600.

DOCUMENTARY CREDIT NUMBER: DRG-LDLC01

DATE AND PLACE OF EXPIRY: MAR 25 2011, IN LONDON.

APPLICANT: GB POSTERS LTD
1 RUSSELL ST, SHEFFIELD, S3 8RW UNITED KINGDOM

BENEFICIARY: TIFERT TRADING CO., LTD
NO. 86, ZHUJIANG STREET, TIANJIN, CHINA

AMOUNT: GBP13016,43
SAY GBP THIRTEEN THOUSAND AND SIXTEEN POINT FORTY-THREE ONLY

AVALIABLE WITH: ANY BANK

BY: NEGOTIATIN OF BENEFICIARY'S DRAFT AT SIGHT DRAWN ON APPLICANT, ACCOMPANIED BY THE DOCUMENTS INDICATED HEREIN.

COVERING SHIPMENT OF:

COMMODITY	QUANTITY	UNIT PRICE
H2SO4	1 305KGS	GBP9.49/KG

TRADE TERMS: CIF MANCHESTER

SHIPPING MARK: H2SO4/ENGLAND/C/NO.1350/MADE IN CHINA

DOCUMENTS REQUIRED:

- 3 COPIES OF COMMERCIAL INVOICE SHOWING VALUE IN GBP AND INDICATING L/C NO. AND CONTRACT NO.
- 2 COPIES OF PACKING LIST SHOWING GROSS/NET WEIGHT AND MEASUREMENT OF EACH CARTON.
- CERTIFICATE OF ORIGIN IN TRIPLICATE ISSUED BY CHINA CHAMBER OF COMMERCE.

- 2 COPIES OF INSURANCE POLICY OR CERTIFICATE ENDORSED IN BLANK FOR THE INVOICE VALUE OF THE GOODS PLUS 120% COVERING ICC（A）AND WAR RISK AS PER AND SUBJECT TO INSTITUTE CARGO CLAUSES DATED 1/1/1982.
- 2/3 SET AND ONE COPY OF CLEAN ON BOARD OCEAN BILLS OF LADING MADE OUT TO ORDER AND BLANK ENDORSED MARKED FREIGHT PREPAID AND NOTIFY APPLICANT.

PARTIAL SHIPMENTS: PERMITTED

TRANSSHIPMENTS: PERMITTED

SHIPMENT FROM: TIANJIN, CHINA TO MANCHESTER, ENGLAND NOT LATER THAN: MAR 15, 2011

DOCUMENTS MUST BE PRESENTED WITHIN 15DAYS AFTER SHIPMENT, BUT WITHIN VALIDITY OF THE LETTER OF CREDIT.

INSTRUCTIONS TO THE PAYING/ACCEPTING /NEGOTIATING BANK NEGOTIATING BANK IS TO FORWARD ALL DOCUMENTS IN ONE AIRMAIL TO ENGLAND CENTER BANK MELHAM ISLAND SHEFFIELD, 33 1RW, UNITED KINGDOM: LETTER OF CREDIT DEPARTMENT.

END OF MESSAGE

34127 8B BOCSH CN

样例 3–8：信用证分析单

<table>
<tr><td rowspan="3">信用证本身说明</td><td>信用证种类</td><td></td><td>是否生效</td><td>□是
□否</td><td>密押/印鉴是否相符</td><td>□是
□否</td><td>是否保兑</td><td>□是
□否</td></tr>
<tr><td>信用证号码</td><td></td><td>金额</td><td></td><td>到期地点</td><td></td><td>兑用方式</td><td></td></tr>
<tr><td>开证日期</td><td></td><td>装运日期</td><td></td><td>有效期</td><td></td><td>交单期</td><td></td></tr>
<tr><td rowspan="3">当事人</td><td>开证行</td><td colspan="3"></td><td>通知行</td><td colspan="3"></td></tr>
<tr><td>开证人</td><td colspan="3"></td><td>受益人</td><td colspan="3"></td></tr>
<tr><td>付款行</td><td colspan="3"></td><td>议付行</td><td colspan="3"></td></tr>
<tr><td rowspan="4">汇票条款</td><td rowspan="2">出票人</td><td colspan="3" rowspan="2"></td><td>付款期限</td><td colspan="2">□即期</td><td>□远期</td></tr>
<tr><td>付款金额</td><td colspan="2">□发票全额</td><td>□发票的百分之几</td></tr>
<tr><td>收款人</td><td colspan="3"></td><td rowspan="2">出票依据</td><td colspan="3" rowspan="2"></td></tr>
<tr><td>付款人</td><td colspan="3"></td></tr>
<tr><td rowspan="3">货物描述</td><td>品名</td><td></td><td>规格/货号</td><td></td><td>贸易术语</td><td></td><td rowspan="3">唛头</td><td rowspan="3"></td></tr>
<tr><td>数量</td><td></td><td>包装/件数</td><td></td><td>单价</td><td></td></tr>
<tr><td>合同/订单号</td><td></td><td>溢短装条款</td><td></td><td>总额</td><td></td></tr>
</table>

续表

<table>
<tr><td rowspan="2">装运条款</td><td>装运港</td><td></td><td>目的港</td><td></td><td>分批</td><td></td><td>转运</td><td></td></tr>
<tr><td>运输方式</td><td colspan="3">□海运 □空运 □陆运 □其他</td><td>装运日期</td><td colspan="3">最早
最晚</td></tr>
<tr><td rowspan="14">单据条款</td><td>种类</td><td>份数</td><td>签字</td><td colspan="5">主要内容/特别加注</td></tr>
<tr><td>发票</td><td></td><td>□盖章 □手签</td><td colspan="5"></td></tr>
<tr><td>装箱单</td><td></td><td>□盖章 □手签</td><td colspan="5"></td></tr>
<tr><td rowspan="3">提单</td><td>托运人</td><td colspan="2"></td><td>运费支付</td><td colspan="3"></td></tr>
<tr><td>抬头人</td><td colspan="2"></td><td>份数</td><td colspan="3"></td></tr>
<tr><td>通知人</td><td colspan="2"></td><td>特别加注</td><td colspan="3"></td></tr>
<tr><td rowspan="3">保险单</td><td>抬头人</td><td colspan="2"></td><td>份数</td><td colspan="3"></td></tr>
<tr><td>保险险别</td><td colspan="2"></td><td>赔付地点/币种</td><td colspan="3"></td></tr>
<tr><td>依据条款</td><td colspan="2"></td><td>保险加成</td><td colspan="3"></td></tr>
<tr><td>产地证</td><td>种类</td><td colspan="2">□一般原产地证 □普惠制原产地证</td><td>签发机构</td><td></td><td>份数</td><td></td></tr>
<tr><td>检验证</td><td>种类</td><td colspan="2">□品质证 □重量证 □其他证书</td><td>签发机构</td><td></td><td>份数</td><td></td></tr>
<tr><td>其他单据</td><td colspan="7"></td></tr>
<tr><td colspan="8"></td></tr>
<tr><td colspan="8"></td></tr>
<tr><td>特殊条款</td><td colspan="8"></td></tr>
</table>

任务 3.3　信用证审核

任务背景

泰佛贸易有限公司收到日本丸红株式会社通过中国银行东京分行开立的第 A-11-58 号信用证后，单证员在对信用证进行分析的基础上，对照第 2010TF0858 号合同，对该信用证逐个条款进行了认真地审核，结果发现其中有些条款不能接受，便拟写改证函要求开证申请人修改信用证。

知识目标

1. 了解 SWIFT 信用证。
2. 熟悉 SWIFT 信用证的电文格式。

3. 掌握信用证中常用的单据条款。

能力目标

1. 能审核并发现信用证中的主要问题。
2. 能灵活掌握必须修改、可改可不改和无须修改的原则。
3. 能提出正确的修改意见。

一、知识导航

（一）有关 **SWIFT** 简介

SWIFT 是“环球银行间金融电讯协会”（Society for worldwide Inter-bank Financial Telecommunication）的简称，是国际银行同业间的国际合作组织，该组织设有自动化的国际金融电讯网，凡参加 SWIFT 组织的成员银行，均可使用 SWIFT 办理开立信用证以及外汇买卖、证券交易、托收等业务。该组织成立于 1973 年，目前全球大多数国家大多数银行已使用 SWIFT 系统。

凡是通过 SWIFT 系统开立或通知的信用证称为 SWIFT 信用证，也称“全银电协信用证”。通过 SWIFT 开立信用证的电文格式有 MT700 和 MT701，修改信用证的格式代码为 MT707。其中 MT 是 MESSAGE TYPE 的缩写，所有与信用证有关的往来电文都是以 7 开头的。鉴于目前信用证大多是 SWIFT 信用证，因此有必要对 SWIFT 信用证进行了解。

（二）SWIFT 信用证的特点

（1）SWIFT 需要会员资格。我国的大多数专业银行都是其成员。

（2）SWIFT 的费用较低。同样多的内容，SWIFT 的费用只有 TELEX（电传）的 18% 左右，只有 CABLE（电报）的 2.5%左右。

（3）SWIFT 的安全性较高。SWIFT 的密押比电传的密押可靠性强、保密性高，且具有较高的自动化。

（4）SWIFT 的格式是标准化的。对于 SWIFT 电文，SWIFT 组织有着统一的要求和格式。

（三）SWIFT 信用证电文表示方式

1. 项目表示方式

SWIFT 项目的固定格式为编号、条款属性和条款内容。如：31D DATE AND PLACE OF EXPIRY：061125 CHINA。“31D”就是编号，条款属性是“信用证有效期和到期地点”，条款内容是“061125 CHINA”。其意思就是该证将于 2006 年 11 月 25 日（含本日）在中国到期。

在 SWIFT 电文中，一些项目是必选项目（Mandatory Field），一些项目是可选项目（Optional Field）。必选项目是必须要具备的，如：31D DATE AND PLACE OF EXPIRY（信用证有效期）”可选项目是另外增加的项目，并不一定每个信用证都有的，如：39B MAXIMUM CREDIT AMOUNT（信用证最大限制金额）。

2. 日期表示方式

SWIFT 电文的日期表示为：YYMMDD（年月日）

如：2007 年 3 月 12 日，表示为：070312；

　　2000 年 10 月 15 日，表示为：001015；

　　1998 年 12 月 9 日，表示为：981209。

3. 数字表示方式

在 SWIFT 电文中，数字不使用分隔号，小数点用逗号“,”来表示。

如：5,152,286.36 表示为：5152286,36；

　　4/5 表示为：0,8；

　　5% 表示为：5 PERCENT 或 05/05。

4. 货币表示方式

在在 SWIFT 电文中，货币使用国际上统一的货币代码，每种货币都是用三个字母表示。

如：澳大利亚元：AUD；

　　加拿大元：CAD；

　　人民币元：CNY；

　　港元：HKD；

　　日元：JPY；

　　英镑：GBP；

　　美元：USD。

相关链接

表 3–2　　SWIFT 信用证的报文格式及电文

M/O（必/可选）	Tag 项目	Field 项目性质	Contents/Remarks 表示方式/注意事项
M	27	SEQUENCE OF TOTAL （电文页次）	1n/1n 1 个数字/1 个数字，如 1/2
M	40A	FORM OF DOCUMENTARY CREDIT （跟单信用证形式）	24x 24 个字符
M	40E	APPLICABLE RULES（适用规则） ① UCP LATEST VERSION（统一惯例最新版本 ② eUCP LATEST VERSION（电子化交单统一惯例最新版本） ③ UCP URR LATEST VERSION（统一惯例及偿付统一规则最新版本） ④ eUCP URR LATEST VERSION（电子化交单统一惯例及偿付统一规则最新版本） ⑤ ISP LATEST VERSION（《国际备用证惯例》最新版本） ⑥ OTHER（其它）	在适用其他规则时，同时要在 47A 注明该信用证适用的具体规则的名称

续表

M/O（必/可选）	Tag 项目	Field 项目性质	Contents/Remarks 表示方式/注意事项
M	20	DOCUMENTARY CREDIT NUMBER （信用证号码）	16x 16 个字符
O	23	REFERENCE TO PRE-ADVICE （预先通知号码）	16x 16 个字符
O	31C	DATE OF ISSUE （开证日期）	6n 6 个数字
M	31D	DATE AND PLACE OF EXPIRY （信用证有效期和有效地点）	6n 29x 6 个数字，29 个字符
O	51a	APPLICANT BANK （信用证开证的银行）	A or D A 或 D 表示
O	57a	ADVISE THROUGH BANK （通知行）	A, B or D A，B 或 D 表示
M	50	APPLICANT （信用证开证申请人）	4*35x 4 行 x 35 个字符
M	59	BENEFICIARY （信用证的受益人）	4*35x 4 行 x 35 个字符
M	32B	CURRENCY CODE, AMOUNT （结算的货币和金额）	3a 15n 3 个字母，15 个数字
O	39A	CURRENCY CODE, AMOUNT （结算的货币和金额）	2n/2n 2 个数字/2 个数字 如：05/05 （39A 与 39B 不能同时出现）
O	39B	MAXIMUM CREDIT AMOUNT （信用证最大限制金额）	13x 13 个字符 （39B 与 39A 不能同时出现）
O	39C	ADDITIONAL AMOUNTS COVERED （额外金额）	4*35x 4 行 x 35 个字符 （表示信用证所涉及的保险费、利息、运费等额外金额）
M	41a	AVAILABLE WITH...BY... （指定的有关银行及信用证兑付的方式）	A or D A 或 D
O	42C	DRAFTS AT...（汇票付款日期）	3*35x 3 行 x 35 个字符 （必须与 42a 同时出现）
O	42a	DRAWEE（汇票付款人）	A or D A 或 D （必须与 42c 同时出现）
O	42M	MIXED PAYMENT DETAILS （混合付款条款）	4*35x 4 行 x 35 个字符
O	42P	DEFERRED PAYMENT DETAILS （迟期付款条款）	4*35x 4 行 x 35 个字符

续表

M/O（必/可选）	Tag 项目	Field 项目性质	Contents/Remarks 表示方式/注意事项
O	43P	PARTIAL SHIPMENTS （分装条款）	1*35x 1 行 x 35 个字符
O	43T	TRANSSHIPMENT （转运条款）	1*35x 1 行 x 35 个字符
O	44A	PLACE OF TAKING IN CHARGE /DISPATCH FROM ....../ PLACE OF RECEIPT（接受监管地/发运地/收货地）	1*65x 1 行 x 65 个字符
O	44E	PORT OF LOADING/AIRPORT OF DEPARTURE （装运港/出发机场）	1*65x 1 行 x 65 个字符
O	44F	PORT OF DISCHARGE/AIRPORT OF DESTINATION （卸货港/目的地机场）	1*65x 1 行 x 65 个字符
O	44B	PLACE OF FINAL DESTINATION/FOR TRANSPORTATION TO ....../PLACE OF DELIVERY（最终目的地/运往....../交货地）	1*65x 1 行 x 65 个字符
O	44C	LATEST DATE OF SHIPMENT （最后装船期）	6n 六个数字 （44C 与 44D 不能同时出现）
O	44D	SHIPMENT PERIOD （船期）	6*65x 6 行 x 65 个字符 （44D 与 44C 不能同时出现）
O	45A	DESCRIPTION OF GOODS AND / OR SERVICES （货物描述）	100*65x 100 行 x 65 个字符
O	46A	DOCUMENTS REQUIRED （单据要求）	100*65x 100 行 x 65 个字符
O	47A	ADDITIONAL CONDITIONS （附加条款）	100*65x 100 行 x 65 个字符
O	48	PERIOD FOR PRESENTATION （交单期限）	4*35x 4 行 x 35 个字符
O	49	CONFIRMATION INSTRUCTIONS （保兑指示）	7x 7 个字符
O	53A	REIMBURSEMENT BANK （偿付行）	A or D A 或 D
O	71B	CHARGES （费用情况）	6*35x 6 行 x 35 个字符
O	72	SENDER TO RECEIVER INFORMATION（附言）	6* 35x 6 行 * 35 个字符
O	78	INSTRUCTION TO THE PAYING / ACCEPTING / NEGOTIATING BANK （给付款行、承兑行、议付行的指示）	12*65x 12 行 x 65 个字符

二、技能入门

信用证的常见问题及审核重点见表 3–3。

表 3–3　　信用证常见问题及审核重点

	信用证具体内容	信用证条款及之对应的合同条款	审核的重点
信用证本身说明	（1）信用证页次 Pages/Sequence of total		① 页码是否齐全 ② 信用证所涉及的附件是否锁好
	（2）信用证种类 Kinds of credit		《UCP600》已取消可撤销信用证
	（3）信用证证号 Credit No.		每份证应该有唯一证号
	（4）金额 Amount	对应合同的总金额	① 金额与合同是否相符 ② 币种与合同是否相同 ③ 如有大小写是否一致 ④ 佣金、折扣是否包含在总金额中 ⑤ 溢短装是否适用金额中
	（5）开证日期和地点 Date and place of issue		是否按照合同约定的期限开出信用证
	（6）装运期 Latest shipment date	对应合同中的装运期	① 装运期是否与合同规定相符 ② 如提前视具体情况考虑接受否 ③ 如推迟（最晚……）无须改证
	（7）有效期和到期地点 Place and date of expiry	对照合同中的装运期	① 一般比装运期晚 10～15 天为宜 ② 原则上不接受在国外到期
	（8）交单期 Period of presentation		一般装船后 10～15 天为宜
	（9）兑用方式 Available with	对应合同中的支付条款	① 最好是议付信用证 ② 最好不是付款信用证
	（10）有效性 Effectiveness		① 是否有有效期 ② 是否是有条件生效 ③ 是否有软条款 ④ 信开/电开证是否印鉴/密押相符
信用证当事人	（11）开证申请人 Applicant	对应合同中的买方	公司名称和地址都要核对
	（12）受益人 Beneficiary	对应合同中的卖方	公司名称和地址都要核对
	（13）通知行 Advising bank		通知行最好与受益人在同一地点
	（14）议付行 Negotiating bank		如议付行与受益人不在同一城市又限制议付，需考虑时间上的可行性

续表

	信用证具体内容	信用证条款及之对应的合同条款	审核的重点
汇票条款	（15）出票人 Drawer	对应合同中的卖方	
	（16）受款人 Payee	对应合同中的卖方或议付行	
	（17）付款人 Drawee	对应信用证中的开证行或指定的付款行	付款人不能是开证申请人
	（18）付款期限 Tenor	对应合同中的支付条款	汇票的付款期限是否与合同中的付款期限相符
	（19）出票依据 Drawn under		通常包括开证行、证号和开证日期
货物描述	（20）商品名称 Commodity name	对应合同中的品名条款	品名是否有拼写错误
	（21）规格/货号 Specification/Art No.	对应合同品质条款	须仔细审核，特别是规格中最高、最多、最低、最少等描述是否与合同相符，货号是否完全正确
	（22）数量 Quantity	对应合同中的数量条款	① 数量是否与合同相符 ② 是否有溢短装
	（23）单价 Unit price	对应合同的价格条款	① 单价是否正确 ② 币别是否相同 ③ 计量单位是否相符 ④ 贸易术语是否一致
	（24）唛头 Shipping marks	对应合同中的唛头	① 若不一致视具体情况考虑接受否 ② 若已经备妥货物，原则上应要求改证 ③ 若没有备妥货物，按证中唛头刷唛
	（25）详细资料参照 Details as per…	对应合同号和合同日期	① 引用的合同号是否与买卖双方签订的合同相符 ② 引用的合同日期是否与实际合同相同
装运条款	（26）装运港 Port of loading	对应合同中的装运条款	① 装运港是否与合同相同 ② 如不同，不增加费用且能做到无需改证 ③ 来证笼统规定“CHINA MAIN PORTS”无须改证
	（27）目的港 Port of destination	对应合同中的装运条款	① 目的港是否与合同相同 ② 如不同，不增加费用且能做到无需改证 ③ 注意世界上重名港问题，其后应加国别
	（28）分批 Partial shipments	对应合同中的装运条款	若合同中规定禁分而来证允许，无需改证
	（29）转运 Transshipment	对应合同中的装运条款	若合同中规定禁转而来证允许，无需改证

续表

	信用证具体内容	信用证条款及之对应的合同条款	审核的重点
单据条款	（30）发票 Commercial invoice		若要求开证人会签需删除
	（31）装箱单 Packing list		若要求开证人会签需删除
	（32）提单 Bill of lading		① 1/3 正本提单自寄需修改 ② 运费支付情况与贸易术语矛盾需修改
	（33）保险单/凭证 Insurance policy/ certificate	对应合同保险条款	① 投保加成是否与合同规定相符 ② 投保险别是否与合同相符 ③ 依据的保险条款及其版本年份是否一致 ④ ICC 中的险别是否与 CIC 中的险别同时出现在保险条款中
	（34）原产地证 Certificate of origin		① 签发单位是否可接受 ② 是否需要使领馆认证
	（35）检验证书 Inspection certificate	对应合同中的检验条款	① 检验机构是否是对我友好的独立的第三方 ② 是否是客检证，若是需修改
	（36）其他证明 Other certificate		所要求证明是否能够自行出具，如需第三方能否保证及时签发
	（37）特殊条款 Special terms	对应合同的备注	① 特殊条款是否已单据化，若是是否能够保证及时签发 ② 重点审核是否含有软条款
付款承诺	（38）开证行保证付款责任文句 Undertaking clause of opening bank		信开/电开证必须有银行保证付款的责任文句，否则信用证无效
适用惯例	（39）信用证所适用惯例 Credit is subject to…	THID CREDIT IS SUBJECT TO…UCP 600	① 信开/电开证必须有适用于《UCP600》，否则信用证无效 ② 升级后的 SWIFT 报文格式也增加了所适用的惯例

三、操作范例

泰佛贸易有限公司与日本丸红株式会社签订的女童夹克衫销售合同（见样例 3–9）。

样例 3-9：销售合同

销 售 合 同
SALES CONTRACT

编号 No.： 2010TF0858 日期 Date ：2010-11-5

The sellers： TIFERT TRADING CO., LTD

Add： NO.86, ZHUJIANG ROAD, TIANJIN,CHINA POST CODE：300221

The buyers： MARUBENI CORP

Add： 5-7, HOMMACHI, 2-CHOME, CHUO-KU, OSAKA, JAPAN

TEL： 81-1-2124046 FAX：81-1-2124055

兹确认售予你方下列货品，其成交条款如下：

We hereby confirm having sold to you the following goods on the terms and conditions as specified below:

货物名称及规格 Name of Commodity and Specifications	（2）数量 Quantity	（3）单价 Unit price	（4）总值 Total Amount
GIRL JACKET SYTLE NO.GJ234 SHELL: WOVEN TWILL 100% COTTON LINING: WOVEN 100% POLYESTER	5 000PCS 10% MORE OR LESS ALLOWED	USD10.50/PC CIF TOKYO	USD52 500.00

（5）包装：

Packing: 20PCS/CARTON, EACH CARTON SHOULD BE INDCIATED COMMODITY NAME, COLOR NO AND STYLE NO AND CARTON SIZE

（6）装运唛头：

Shipping Mark: MARUBENI
S/C 2010TF0858
TOKYO
CTN 1-UP

（7）装运期限：

Time of Shipment: APR 30, 2011

（8）装运口岸： 目的地：

Port of Shipment: TIANJIN Destination: TOKYO

WITH PARTIAL SHIPMENTS AND TRANSSHIPMENT ALLOWD

（9）付款条件：

Payment Terms: BY SIGHT L/C WHICH REMAINS VALID IN CHINA FOR NEGOTIATION UNTIL 15DAYS AFTER SHIPMENT.

（10）保险：卖方负责投保海运险按照 CIF 金额的 110%投保一切险和战争险，如果发生索赔，在日本用美元赔偿。

Insurance: THE SELLER SHALL ARRANGE MARINE INSURANCE COVERING ALL RISKS AND WAR RISK FOR 110% OF CIF VALUE. CLAIM, IF ANY, PAYABLE IN JAPAN IN CURRENCY OF USD.

（11）检验：货物出运前应该由出入境检验检疫局进行施检，其签发的检验证书作为向银行议付货款的单据之一。

Inspection: The goods should be inspected by CIQ before shipment and the inspection certificate issued by CIQ will be one kind of documents to be presented for negotiation.

（12）买方须于 2011 年 2 月 15 日前开出本批交易的信用证。否则，售方有权：不经通知取消本合同，或接受买方对本销售合同未执行的全部或部分，或对遭受的损失提出索赔。

THE BUYER SHALL ESTABLISH THE COVERING LETTER OF CREDIT BEFORE FEB.15TH, 2011. FAILING WHICH THE SELLER RESERVES THE RIGHT TO RESCIND WITHOUT FURTHER NOTICE, OR TO ACCEPT WHOLE OR ANY PART OF THIS SALES CONTRACT UNFULFILLED BY THE BUYER, OR TO LODGE A CLAIM FOR DIRECT LOSSES SUSTAINED IF ANY.

（13）凡以 CIF 条件成交的业务，保额为发票价的 110%，投保险别以本销售合同中所开列的为限，买方如要求增加保额或保险范围应以装船前经售方同意，因此而增加的保险费由买方负责。

FOR TRANSACTIONS CONCLUDED ON C.I.F BASIS IT IS UNDERSTOOD THAT THE INSURANCE AMOUNT WILL BE FOR 110% OF THE INVOICE VALUE AGAINST THE RISKS SPECIFIED IN THE SALES CONTRACT, IF ADDITIONAL INSURANCE AMOUNT OR COVERAGE IS REQUIRED, THE BUYER MUST HAVE THE CONSENT OF THE SELLER BEFORE SHIPMENT, AND THE ADDITIONAL PREMIUM IS TO BE BORNE BY THE BUYER.

（14）品质/数量异议：如买方提出索赔，凡属品质异议须于货到目的口岸之日起 2 个月内提出。凡属数量异议须于货到目的口岸之日起 15 天内提出，对所装货物所提任何异议属于保险公司，轮船公司及其他有关运输机构所负责者，售方不负任何责任。

QUALITY/QUANTITY DISCREPANCY: IN CASE OF QUALITY DISCREPANCY, CLAM SHOULD BE FILED BY THE BUYER WITHIN 2 MONTHS AFTER THE ARRIVAL OF THE GOODS AT THE PORT OF DESTINATION WHILE FOR QUANTITY DISCREPANCY CLAIM SHOULD BY FILED BY THE BUYER WITHIN 15 DAYS AFTER THE ARRIVAL OF THE GOODS AT THE PORT OF DESTINATION. IT IS UNDERSTOOD THAT SELLER SHALL NOT BE LIABLE FOR ANY DISCREPANCY OF THE GOODS SHIPPED DUE TO CAUSES FOR WHICH THE INSURANCE COMPANY, SHIPPING COMPANY OTHER TRANSPORTATION ORGANIZATION/OR POST OFFICE ARE LIABLE.

（15）本合同内所述全部或部分商品，如因人力不可抗拒的原因，以致不能履约或延迟交货，售方概不负责。THE SELLER SHALL NOT BE HELD LIABLE FOR FAILURE OR DELAY IN DELIVERY OF THE ENTIRE LOT OR PORTION OF THE GOODS UNDER THIS SALES CONTRACT IN CONSEQUENCE OF ANY FORCE MAJEURE INCIDENTS.

确认签署 Confirmed by

MARUBENI CORP	TIFERT TRADING CO., LTD
小泉太郎	王宏
买方 （the buyers）	卖方 （the sellers）

【第一步】泰佛贸易有限公司单证员张敏对照第 2010TF0858 号合同，审核信用证并填写审证记录（见样例 3–10）。

样例 3–10：信用证审核记录

信用证审核记录

收证日期 2011-2-20

信用证证号	A-11-0058	合同号	2010TF0858	订单号	
开证行	Bank of China Tokyo Branch			开证日期	2011/2/15
开证人	Marubeni Corp				
受益人	Tifert Trading Co., Ltd				
货物名称	Girl Jacket	数量	5 000pcs	金额	USD52 500.00
装运期	2011/4/30	有效期	2011/5/15	交单期	
装运港	Tianjin	目的港	Tokyo	可否分批	Not allowed
贸易术语	CIF Tokyo	汇票期限	At 30 days sight	可否转运	Not allowed
特殊条款	1. Shipment must be effected by container only and B/L showing the same. 2. Negotiation and presentation of the documents under this Credit is restricted to Bank of China Tianjin Branch. 3. The credit will become effective after receipt of approval of pre-shipment sample from the applicant.				

单据种类及份数	汇票	发票	装箱单	重量单	尺码单	保险单	提单正本	提单副本	原产地证	GSP产地证	品质证	重量证	植检证	船行证明	寄单证明	寄样证明	受益人证明	邮包收据	其他
	2	3	2			2	3			2	2				1				

	来证条款内容	应修改后条款内容
需要修改内容	1. 信用证到期地点由 JAPAN	应修改为 CHINA，原则上不接受国外到期
	2. 受益人地址由 ZHUJIANG STREET	应修改为 ZHUJIANG ROAD，地址不符
	3. 转运由 NOT ALLOWED	应修改为 ALLOWED，与合同不符
	4. 汇票付款期限由 AT 30 DAYS SIGHT	应修改为 AT SIGHT，与合同不符
	5. 汇票的付款人由 DRAWN ON APPLICANT	应修改为 DRAWN ON US，信用证为银行信用
	6. 发票中的 COUNTERSIGNED BY APPLICANT	应该删除，否则无法保证在交单期内交单
	7. 提单中的 2/3 SET	应修改为 3/3 SET，否则受益人无法控制物权
	8. 提单中的 FREIGHT TO COLLECT	应修改为 FREIGHT PREPAID，与贸易术语不符
	9. 保险单中的投保加成 120%	应修改为 110%，与合同不符
	10. 保险单中依据的保险条款和版本年份由 AS PER ICC DATED 1/1/1982	应修改为 AS PER CIC DATED 1/1/1981，保险险别与依据的保险条款混淆
	11. 受益人证明函中的 1/3 ORIGINAL B/L	应修改为 COPY OF B/L
	12. 检验证书的签发人由 ISSUED AND SIGNED BY AUTHORIZED PERSON OF APPLICANT WHOSE SIGNATURE MUST COMPLY WITH THAT HELD IN OUR BANK'S RECORD	应修改为 ISSUED BY CIQ，此系软条款
	13. 银行费用由 ALL BANKINGCHARGES ARE FOR BENEFICIARY'S ACCOUNT	应修改为 ALL BANKING CHARGES OUTSIDE JAPAN ARE FOR BENEFICIARY'S ACCOUNT，否则不合理
	14. 交单期由 WITHIN 7DAYS	应修改为 WITHIN 15DAYS，与合同不符
	15. 特殊条款中的第 8 条 THE CREDIT WILL BECOME EFFECTIVE AFTER RECEIPT OF APPROVAL OF PRE-SHIPMENT SAMPLE FROM THE APPLICANT	应该删除，属于暂不生效条款

单证员签字	张敏	部门经理签字	赵天明

【第二步】泰佛贸易有限公司业务员张茜依据信用证审核单拟写改证函（见样例3–11），要求开证申请人修改信用证。

样例 3–11：信用证改证函

TIFERT TRADING CO., LTD

86，Zhujiang Road, Tianjin, China

To: Marubeni Corp　　　　Date: Feb21, 2011

Fm: Tifert Trading Co., Ltd

Dear Sir,

We are very pleased to have received your L/C No. A-11-0058 established by Bank of China Tokyo Branch dated Feb15, 2011 against S/C No. 2010TF0858. However, we are sorry to find it contains the following discrepancies.

1. The place of expiry should be in China instead of in Japan
2. The correct address of beneficiary is No. 86, Zhujiang Road, Tianjin, China.
3. Transhipment should be allowed instead of not allowed
4. Beneficiary's draft should be at sight instead of at 30days sight
5. Draft should be drawn on opening bank instead of on applicant
6. Delete commercial invoice countersigned by applicant
7. B/L should be full set of clean on board instead of 2/3 set and marked freight prepaid not freight to collect.
8. Insurance value should be invoice value of goods plus 10% not 20% and as per cic dated 1/1/1981 instead of as per ICC dated 1/1/1982
9. Beneficiary's certificate should certify that one copy of B/L instead of 1/3 original B/L
10. Delete inspection certificate in duplicate issued and signed by authorized person of applicant whose signature must comply with that held in our bank's record. And insert inspection certificate in duplicate issued by CIQ.
11. All banking charges are for beneficiary's account should change to all banking charges outside Japan are for beneficiary's account.
12. Documents should be presented for negotiation within 15days after shipment instead of 7days.
13. The credit will become effective after receipt of approval of pre-shipment sample from the applicant which should be deleted.

We are waiting for your amendment so that we may effect shipment within the time stipulated in the contract.

Yours faithfully,

Zhang Qian

【第三步】泰佛贸易有限公司收到中国银行天津分行信用证修改书通知书（见样例3–12）和 SWIFT 修改电文（见样例 3–13）。

样例 3–12：信用证修改通知书

中国银行 BANK OF CHINA　天津分行

修改通知书

Notification of Amendment

ADDRESS：80, JIEFANG BEI LU, TIANJIN, CHINA
CABLE: CHUNGKOU
TELEX: 23233 TJBOC CN
FAX: 0086 22 23128900　　DATE: FEB 27, 2011

To: 致 TIFERT TRADING CO., LTD NO. 86, ZHUJIANG ROAD, TIANJIN, CHINA	When corresponding please quote our Ref No.
Issuing Bank 开证行 BANK OF CHINA, TOKYO BRANCH	Transmitted to us through 转递行
L/C No. 信用证号 A-11-0058	Amendment No 修改次数 1
L/C advised 信用证通知日期 FEB 19, 2011	Amendment date 修改日期 FEB 25, 2011

Dear Sirs,
迳启者：
We have pleasure in advising you that we have received from the a/m bank a(n)
兹通知贵司，我行收自上述银行
(×) telex of　电传开立　　( ) ineffective　未生效
( ) original　正本　　( ) duplicate　副本
amendment to the captioned L/C, contents of which are as per attached sheet(s).
内容见附件。
This amendment should be attached to the captioned L/C advised by us, otherwise, the beneficiary will be responsible for any consequences arising there from.
本修改须附于有关信用证，否则，贵公司须对因此产生的后果承担责任。

Remark　备注

This L/C consists of　2　sheet(s), including the covering letter and attachment(s).
本信用证连同面函及附件共 2 纸。

Yours faithfully
for BANK OF CHINA

样例 3–13：信用证修改

FROM: BANK OF CHINA TOKYO BRANCH

TO : BANK OF CHINA TIANJIN BRANCH

80 JIEFANG BEI LU, TIANJIN

PEOPLE'S REP. OF CHINA

TEST: FOR USD52 500.00 ON DATE 25/02/2011

PLEASE ADVICE BENEFICIARY OF THE FOLLOWING AMENDMENT TO L/C NO. A-11-0058 ISSUED BY US DATED 15/02/2011

DATE & NUMBER OF AMENDMENT: FIRST AMENDMENT ON FEB 25, 2011 IN JAPAN

信用证通知费已收
津　中　行

THE LETTER OF CREDIT BE AMENDED AS FOLLOWS:

1. THE PLACE OF EXPIRY SHOULD BE IN CHINA INSTEAD OF IN JAPAN
2. THE CORRECT ADDRESS OF BENEFICIARY IS NO. 86, ZHUJIANG ROAD, TIANJIN, CHINA.
3. TRANSHIPMENT SHOULD BE ALLOWED INSTEAD OF NOT ALLOWED
4. BENEFICIARY'S DRAFT SHOULD BE AT SIGHT INSTEAD OF AT 30DAYS SIGHT
5. DRAFT SHOULD BE DRAWN ON OPENING BANK INSTEAD OF ON APPLICANT
6. DELETE COMMERCIAL INVOICE COUNTERSIGNED BY APPLICANT
7. B/L SHOULD BE FULL SET OF CLEAN ON BOARD INSTEAD OF 2/3 SET AND MARKED FREIGHT PREPAID NOT FREIGHT TO COLLECT.
8. INSURANCE VALUE SHOULD BE INVOICE VALUE OF GOODS PLUS 10% NOT 20% AND AS PER CIC DATED 1/1/1981 INSTEAD OF AS PER ICC DATED 1/1/1982
9. BENEFICIARY'S CERTIFICATE SHOULD CERTITY THAT ONE COPY OF B/L INSTEAD OF 1/3 ORIGINAL B/L
10. DELETE INSPECITON CERTIFICATE IN DUPLICATE ISSUED AND SIGNED BY AUTHORIZED PERSON OF APPLICANT WHOSE SIGNATURE MUST COMPLY WITH THAT HELD IN OUR BANK'S RECORD. AND INSERT INSPECTION CERTIFICATE IN DUPLICATE ISSED BY CIQ
11. ALL BANKINGCHARGES ARE FOR BENEFICIARY'S ACCOUNT SHOULD CHANGE TO ALL BANKINGCHARGES OUTSIDE JAPAN ARE FOR BENEFICIARY'S ACCOUNT.
12. DOCUMENTS SHOULD BE PRESENTED FOR NEGOTIATION WITHIN 15DAYS AFTER SHIPMENT INSTEAD OF 7DAYS.
13. THE CREDIT WILL BECOME EFFECTIVE AFTER RECEIPT OF APPROVAL OF PRE-SHIPMENT SAMPLE FROM THE APPLICANT WHICH SHOULD BE DELETED.

OTHER TERMS AND CONDITIONS REMAIN UNCHANGED.

四、技能训练

（一）初级任务

泰佛贸易有限公司与日本通用贸易公司就出口“鸽牌”印花细布达成一出口合同，合同号为 TJ101211（见样例 3–14）。

样例 3–14：合同

合同号码：TJ101211

签订日期、地点：2010 年 12 月 11 日于天津

卖方：泰佛贸易有限公司（Tifert Trading Co., Ltd）

买方：日本通用贸易公司 （General Trading Company, Japan）

商品名称："鸽牌"印花细布 （"Dove" Brand Printed Shirting）

规格：30s×36s 72×69 35/6″× 42 码

数量：67 200 码

单价：CIF 大阪每码 3.00 日元

总值：210 600.00 日元

装运期：2011 年 1 月 31 日前自中国港口至大阪，允许分批装运和转船。

付款条件：凭不可撤销即期信用证付款，于装运期前 1 个月开到卖方，并于上述装运期后 15 天内在中国议付有效。

保险：由卖方根据中国人民保险公司 1981 年 1 月 1 日中国保险条款按发票金额的 110%投保一切和战争险。

2010 年 12 月 28 日泰佛贸易公司收到日本通用贸易公司开来第 L-1437 号不可撤销信用证（见样例 3–15）。

样例 3–15：信用证

IRREVOCABLE DOCUMENTARY LETTER OF CREDIT

Date: Dec 28, 2010

From: Bank of China, Tokyo Branch

To: Bank of China, Tianjin Branch

We hereby open our Irrevocable Letter of Credit No. L-1437 in favor of Tifert Trading Co., Ltd for account of General Trading Company, Japan, up to an aggregate amount of JPY201, 600.00 (Say Japanese Yuan Two Hundred and One Thousand Six Hundred Only) CIFC 2% Osaka for 100% of the invoice value relative to the shipment of : 67,200 Pieces of Dove Brand Printed Shirting 30s×36s 72×69 35/6″×42 yards as per Contract No. TJ08028 dated Dec 11, 2010 from China port to Osaka, Japan.

Drafts to be drawn at 30 days after sight on our bank and accompanied by the following documents, marked "×":

(×) Signed Commercial Invoice in triplicate;

(×) Full set of CLEAN ON BOARD BILLS of LADING made out to our order quoting L/C NO.L-1437, marked FREIGHT PAID;

(×) One original Marine Insurance Policy or Certificate for 130% of invoice value covering ALL Risks and War Risk with claims payable in Japan in the currency of draft(s).

Partial shipments are permitted.

Transshipment is prohibited.

Shipment must be effected not later than January 31, 2011.

Draft(s) drawn under this credit must be negotiated in Japan on or before January 31, 2011.

作为泰佛贸易公司的单证员，请你认真审核该信用证并填写信用证的审核记录（见样例 3–16）。

样例 3–16：信用证审核记录

信用证的审核记录

合同号	
信用证号	
审核结果	

（二）中级任务

泰佛贸易公司通过香港中间商奥斯达贸易公司达成女士服装转口生意，货物最终目的港是德国的汉堡，双方签订了销售确认书（见样例 3–17），并于 3 月 22 日收到通过香港 BANCA INTESA S.P.A 银行开立的第 540370 号信用证（见样例 3–18）。作为公司的单证员，请你认真审核信用证并填写信用证审核记录（见样例 3–19）。

样例 3–17：销售合同书

SALES CONFIRMATION

NO.HM08-1256

DATE：2011-3-5

PLACE：TIANJIN

THE SELLER：TIFERT TRADING CO., LTD
NO.86, ZHUJIANG ROAD, TIANJIN, CHINA

THE BUYER：ORCHID TRADING LTD.
UNIT 513, CHINACHEM BLDG.,
78 MODY ROAD, TST, KOWLOON,
HONG KONG

AFTER FRIENDLY NEGOTIATION, THE SELLER AGREES TO SELL AND THE BUYER AGREES TO BUY THE FOLLOWING GOODS ON THE CONDITIONS STIPULATED BELOW:

STYLY NO	P/O NO	COMMODITY	QUANTITY	UNIT PRICE	AMOUNT
1484020	100020	LADIES WEARS ROUND NECK	1 568PCS	CIF ROTTERDAM USD5.40/PC	USD8 467.20
1484521	100021	V-NECK	1 568PCS	USD6.20/PC	USD9 721.60
			3 136PCS		USD18 188.80

PACKING：IN CARTONS

SHIPMENT：TO BE EFFECTED DURING APRIL, 2011 FROM TIANJIN TO HAMBURG WITH PARTIAL SHIPMENTS AND TRANSHIPMENT ALLOWED.

INSURANCE：TO BE COVERED BY THE SELLER FOR 110% OF INVOICE VALUE AGAINGST ALL RISK AND WAR RISK AS PER CIC DATED 1/1/1981

PAYMENT：BY SIGHT L/C TO REACH THE SELLER 15DAYS BEFROE SHIPMENT AND REMAIN VALID IN CHINA 15DAYS AFTER SHIPMENT.

THE SELLER　　　　　　THE BUYER

王宏　　　　　　蔡林强

样例 3–18：信用证

DOCUMENTARY LETTER OF CREDIT

ISSUING BANK: BANCA INTESA S.P.A., HONG KONG
ADVISING BANK: BANK OF CHINA, TIANJIN BRANCH.

SEQUENCE OF TOTAL	27: 1/1
FORM OF DOC. CREDIT	40A: IRREVOCABLE TRANSFERABLE
APPLICABLE RULES	40E: UCP LATEST VERSION
DOC. CREDIT NUMBER	20: 540370
DATE OF ISSUE	31C: 110318

EXPIRY	31D:	DATE 110505 PLACE HONGKONG
APPLICANT	50:	ORCHID TRADING LTD. UNIT 513, CHINACHEM BLDG., 78 MODY ROAD, TST, KOWLOON, HONG KONG
BENEFICIARY	59:	TIFERT TRADING CO., LTD. NO. 86, ZHUJIANG ROAD, TIANJIN, CHINA
AMOUNT	32B:	CURRENCY USD AMOUNT 18188,80
POS. / NEG. TOL. (%)	39A:	05/05
AVAILABLE WITH/BY	41D:	ANY BANK BY NEGOTIATION
DRAFT AT …	42C:	AT 30DAYS SIGHT
DRAWEE	42D:	BANCA INTESA S.P.A., HONG KONG
PARTIAL SHIPMENT	43P:	PERMITTED
TRANSSHIPMENT	43T:	PROHIBITED
LOADING IN CHARGE	44A:	SHANGHAI CHINA
FOR TRANSPORT TO….	44B:	ROTTERDAM
LATEST DATE OF SHIPMENT	44C:	110430
DESCRIPT. OF GOODS	45A:	

LADIES WEARS

STYLE NO.	P/O NO.	DESCRIPTION	QTY.	UNIT PRICE
1484020	100020	ROUND NECK	1568PCS	USD5.40/PC
1484521	100021	V-NECK	1586PCS	USD6.20/PC

CFR ROTTERDAM INCOTERMS 2010

DOCUMENTS REQUIRED 46A:

+ SIGNED COMMERCIAL INVOICE IN QUADRUPLICATE FOR CIF VALUE OF GOODS, SHOWING SEPARATELY FREIGHT CHARGE AND FOB AND INDICATING L/C NO., P/O NO.AND STYLE NO.
+ 2/3 SET OF CLEAN ON BOARD OCEAN BILL OF LADING MADE OUT TO OUR ORDER, MARKED FREIGHT PREPAID AND NOTIFY LERROS MODEN GMBH, IM TAUBENTAL 35, D-41468 NEUSS, GERMANY, FAX: 49-2131-3600999.
+ PACKING LIST IN TRIPLICATE COUNTERSIGNED BY APPLICANT.
+ G.S.P. CERTIFICATE OF FORM A IN ORIGINAL.
+ BENEFICIARY'S LETTER EVIDENCING THAT ONE SET OF N/N DOCUMENTS INCLUDING 1/3 ORIGINAL BILL OF LADING HAVE BEEN DISPATCHED TO LERROS MODEN GMBH, IM TAUBENTAL 35, D-41468 NEUSS, GERMANY IMMEDIATELY AFTER SHIPMENT.

ADDITIONAL COND. 47A:

+ DOCUMENTS PRESENTED WITH DISCREPANCY WHETHER INDICATED OR FOUND IS SUBJECT TO A HANDLING FEE FOR USD45.00 WHICH IS PAYABLE BY THE BENEFICIARY AND WILL BE DEDUCTED FROM PROCEEDS UPON NEGOTIATION.
+ THIRD PARTY DOCUMENTS ARE ALLOWED.
+ THIS L/C IS TRANSFERABLE AND L/C ADVISING BANK IS NOMINATED AS THE TRANSFERRING BANK.
+ 5 PCT MORE OR LESS BOTH IN CREDIT AMOUNT AND QUANTITY ARE ACCEPTABLE.

DETAILS OF CHARGES	71B:	ALL BANK CHARGES OUTSIDE HONGKONG ARE FOR THE ACCOUNT OF THE BENEFICIARY.
PRESENTATION PERIOD	48:	WITHIN 5 DAYS AFTER THE DATE OF SHIPMENT BUT WITHIN THE VALIDITY OF THE CREDIT.
CONFIRMATION	*49:	WITHOUT
INSTRUCTION	78:	ON RECEIPT OF DOCUMENTS IN ORDER AT OUR COUNTER, WE SHALL REMIT IN ACCORDANCE WITH THE NEGOTIATING BANK'S INSTRUCTION IN THE SAME CURRENCY OF THE CREDIT.

样例 3–19：信用证审核记录

信用证审核记录

信用证号码		合同号码	
信用证通知号码		开证日期/地点	
信用证到期时间/地点		信用证种类	
开证行		通知行	
开证申请人		受益人	
汇票付款人		汇票期限	
议付行限制		收证日期	
装运港		目的港	
运输方式		运费的支付方法	
可否分批		可否转运	
装运日期		交单天数	

提单	抬头			保险	保险险别	
	托运人	运费已付			保险加成	
	通知方				赔付地点/币种	
信用证金额				溢短装		
货物	品名	规格货号		唛头	单价	
	数量	包装/件数			总值	

信用证要求的单据种类及份数

	发票	装箱单	保险单	提单	原产地证	汇票		其他所需单据及份数
份数								
审证结果								

审证员		复核员单	

（三）高级任务

泰佛贸易有限公司就硫酸与英国全球邮递有限公司达成出口业务，进口商按照合同要求及时开出信用证。作为单证员，请对照合同（见样例 3–20）认真审核信用证（见样例 3–21），如发现有不能接受的条款，请草拟一封改证函给英国全球邮递有限公司（见样例 3–22）。

样例 3–20：合同

SALES CONFIRMATION

No. 209511

Date JAN 21, 2011

THE SELLERS: TIFERT TRADING CO., LTD

ADD: NO. 86, ZHUJIANG ROAD, TIANJIN, CHINA

THE BUYERS: GB POSTERS LTD.

ADD: 1 RUSSELL ST, SHEFFIELD, S3 8RW UNITED KINGDOM

TEL: +44 114 276 7454 FAX: +44 114 278 7878

WE HEREBY CONFIRM HAVING SOLD TO YOU THE FOLLOWING GOODS ON THE TERMS AND CONDITIONS AS SPECIFIED BELOW:

(1) NAME OF COMMODITY AND SPECIFICATIONS	(2) QUANTITY	(3) UNIT PRICE	(4) TOTAL AMOUNT
H_2SO_4	1 350 KGS	GBP9.94/KG CIFC3 MANCHESTER	GBP13 419.00
		TOTAL	GBP13 419.00

(5) PACKING: To be packed in carton of 1KG each

(6) SHIPPING MARK: At the seller's option

(7) TIME OF SHIPMENT: within 30 days after receipt of L/C allowing transshipment and partial shipment

(8) PORT OF SHIPMENT: Tianjin DESTINATION: Manchester

(9) TERMS OF PAYMENT: By100% confirmed, Irrevocable, Transferable and without Recourse Letter of Credit to be available by sight draft and to remain valid for negotiation in China until the 15th day after the aforesaid time of shipment.

(10) INSURANCE: to be covered by the seller for 110% of total invoice value against all risks and war risk as per the ocean marine cargo clauses of the People's Insurance Company of China, dated Jan 1st 1981.

REMARKS:

(11) The Buyer shall establish the covering Letter of Credit (or notify the Import License Number) before Feb 5,2011 failing which the Seller reserves the right to rescind without further notice, or to accept whole or any part of this Sales confirmation unfulfilled by the Buyer, or to lodge a claim for direct losses sustained if any.

(12) For transactions concluded on C.I.F basis it is understood that the insurance amount will be for 110% of the invoice value against the risks specified in the Sales Confirmation. If additional insurance amount or coverage is required, the Buyer must have the consent of the Seller before shipment, and the additional premium is to be borne by the Buyer.

(13) Quality/quantity discrepancy: In case of quality discrepancy, clam should be filed by the Buyer within 2 months after the arrival of the goods at the port of destination while for quantity discrepancy claim should be filed by the Buyer within 15 days after the arrival of the goods at the port of destination. It is understood that Seller shall not be liable for any discrepancy of the goods shipped due to causes for which the Insurance Company, Shipping Company other transportation organization are liable.

(14) The Seller shall not be held liable for failure or delay in delivery of the entire lot or portion of the goods under this Sales Confirmation in consequence of any Force Majeure incidents.

Confirmed by

GB POSTERS LTD.	TIFERT TRADING CO., LTD
TOM SMITH	王宏
The buyers	The sellers

样例 3–21：信用证

DOCUMENTARY LETTER OF CREDIT

FROM: ENGLAND CENTER BANK

OUR REF: NY980520004658001T01

TO: BANK OF CHINA TIANJIN BRANCH
80 JIEFANGBEI LU, TIANJIN
PEOPLE'S REP. OF CHINA

TEST: FOR GBP/13016,43 ON DATE 25/01/2011

PLEASE ADVISE BENEFICIARY OF THE FOLLOWING IRREVOCABLE LETTER OF CREDIT ISSUED BY US IN THEIR FAVOR SUBJECT TO UCP 600:

DOCUMENTARY CREDIT NUMBER: DRG-LDLC01

DATE AND PLACE OF EXPIRY: MAR 25 2011, IN LONDON.

APPLICANT: GB POSTERS LTD
1 RUSSELL ST, SHEFFIELD, S3 8RW UNITED KINGDOM

BENEFICIARY: TIFERT TRADING CO., LTD
NO. 86, ZHUJIANG STREET, TIANJIN, CHINA

AMOUNT: GBP13016,43
SAY GBP THIRTEEN THOUSAND AND SIXTEEN POINT FORTY-THREE ONLY

AVALIABLE WITH: ANY BANK

BY: NEGOTIATIN OF BENEFICIARY'S DRAFT AT SIGHT DRAWN ON APPLICANT, ACCOMPANIED BY THE DOCUMENTS INDICATED HEREIN.

COVERING SHIPMENT OF:

COMMODITY	QUANTITY	UNIT PRICE
H2SO4	1 305KGS	GBP9.49/KG

SHIPPING TERMS: CIF MANCHESTER

SHIPPING MARK: H2SO4/ENGLAND/C/NO.1350/MADE IN CHINA

DOCUMENTS REQUIRED:

- 3 COPIES OF COMMERCIAL INVOICE SHOWING VALUE IN GBP AND INDICATING L/C NO. AND CONTRACT NO.
- 2 COPIES OF PACKING LIST SHOWING GROSS/NET WEIGHT AND MEASUREMENT OF EACH CARTON.
- CERTIFICATE OF ORIGIN IN TRIPLICATE ISSUED BY CHINA CHAMBER OF INTERNATIONAL COMMERCE.
- 2 COPIES OF INSURANCE POLICY OR CERTIFICATE ENDORSED IN BLANK FOR THE INVOICE VALUE OF THE GOODS PLUS 120% COVERING ICC(A) AND WAR RISK AS PER AND SUBJECT TO INSTITUTE CARGO CLAUSES DATED 1/1/1982.
- 2/3 SET AND ONE COPY OF CLEAN ON BOARD OCEAN BILLS OF LADING MADE OUT TO ORDER AND BLANK ENDORSED MARKED FREIGHT PREPAID AND NOTIFY APPLICANT.

PARTIAL SHIPMENTS: PERMITTED
TRANSSHIPMENTS: PERMITTED
SHIPMENT FROM: TIANJIN, CHINA TO MANCHESTER, ENGLAND NOT LATER THAN: MAR 15, 2011
DOCUMENTS MUST BE PRESENTED WITHIN 15DAYS AFTER SHIPMENT, BUT WITHIN VALIDITY OF THE LETTER OF CREDIT.

INSTRUCTIONS TO THE PAYING/ACCEPTING /NEGOTIATING BANK NEGOTIATING BANK IS TO FORWARD ALL DOCUMENTS IN ONE AIRMAIL TO ENGLAND CENTER BANK MELHAM ISLAND SHEFFIELD, 33 1RW, UNITED KINGDOM: LETTER OF CREDIT DEPARTMENT
END OF MESSAGE
34127 8B BOCSH CN

样例 3–22：信用证改正函

TIFERT TRADING CO., LTD

NO. 86, ZHUJIANG ROAD, TIANJIN, CHINA

TO: GB POSTERS LTD　　　　　　　　　　DATE:

DEAR SIRS,

WE HAVE RECEIVED YOUR L/C NO. DRG-LDLC01, FOR WHICH WE THANK YOU. HOWEVER, AFTER PERUSAL, WE FOUND THE FOLLOWING DISCREPANCIES.

WE LOOK FORWARD TO RECEIVING YOUR AMENDMENT SOONEST POSSIBLE.

SINCERELY YOURS

ZHANG XIAN

任务 3.4 信用证项下出口单证操作

任务背景

在审核日本丸红株式会社通过开证行对信用证修改无误后，泰佛贸易有限公司着手备货，与新华服装公司签订国内购货合同，服装厂按照合同要求如期把女童夹克衫备妥。鉴于服装属于法检商品且丸红株式会社要求提交商检证书作为结汇单据之一，泰佛贸易有限公司及时办理商检手续，待拿到商检通过后，即与货代公司办理租船订舱手续，货物装船后，泰佛贸易有限公司将缮制好的全套结汇单据交给中国银行天津分行办理货款议付手续。

知识目标

1. 了解掌握检验证书、普惠制原产地证书、证明函的概念。
2. 掌握商检证书、普惠制原产地证书、证明函的种类。

能力目标

1. 能正确缮制检验证书，注意检验证书的签发日期与提单的关系。
2. 能正确缮制普惠制原产地证书，注意中间商不能作为普惠制原产地证书的收货人。
3. 能正确缮制证明函，注意证明函不能漏签署。

一、知识导航

表 3–4 信用证项下出口单据操作的相关知识

单据名称	概　念	主要种类
检验证书	检验证书（Inspection Certificate）是由官方检验检疫机构、非官方公证机构、生产制造商或进口商等对商品进行检验检疫后出具的关于商品品质、规格、重量、数量、包装、检疫等各方面或某方面鉴定的书面证明文件。	品质检验证书、重量或数量检验证书、兽医检验证书、卫生检验证书、消毒检验证书、熏蒸证书等
普惠制原产地证书	普惠制原产地证（Generalized System of Preferences Certificate of Origin）是普惠制的主要单据，凡是对给予普惠制关税待遇的国家出口的受惠商品，须提供这种产地证，作为进口国海关减免关税的依据。	普惠制原产地证格式 A、普惠制原产地证格式 59A、普惠制原产地证格式 APR 等
其他单据	其他单据（Other Documents）是指除商业发票、装箱单、保险单等基本单据外的所有附属单据。	受益人证明函、装船通知、寄单证明、寄样证明等

备注：商业发票、装箱单、海运提单、一般原产地证、保险单、汇票与电汇、托收项下出口单据操作的相关知识大致相同，不再赘述。

二、操作范例

新华服装有限公司（加工厂）根据国内采购合同的要求将泰佛贸易有限公司订购的 250 箱女童夹克衫于交货期前全部备妥，工厂发送货物明细（见表 3–5）给泰佛贸易有限公司。

表 3–5 **儿童夹克衫产品明细**

产品图片	产品信息			
	产品货号	GJ234	包装方式	1 件/塑料袋 20 件/纸箱 1PC/PP BAG 20PCS/CARTON
	产品名称	女童夹克衫		
	数量	5 000 件		
	件数	250 箱	包装重量（毛、净）	20KGS/18KGS/CTN
	海关编码	6204320090	包装尺码	50X45X45CM/CTN

【第一步】女童夹克衫属于法检商品，海关监管条件为 B（即报关时需要提供通关单），于是泰佛贸易有限公司依据第 A-11-0058 号信用证和第 2010TF0858 号合同及货物明细缮制商业发票（见样例 3–23）和装箱单（见样例 3–24），连同报检委托书（见样例 3–25）和报检申请书（见样例 3–26），委托九州货运代理公司向天津出入境检验检疫局报验。

样例 3–23：商业发票

Issuer TIFERT TRADING CO., LTD. NO. 86, ZHUJIANG ROAD, TIANJIN, CHINA	商 业 发 票 **COMMERCIAL INVOICE**		
To MARUBENI CORP 5-7, HOMMACHI, 2-CHOME, CHUO-KU, OSAKA, JAPAN	No.: INVOICE NO. 123456	Date: APR 15, 2011	
Transport Details SHIPMENT FROM TIANJIN TO TOKYO BY SEA	S/C No. 2010TF0858	L/C No. A-11-0058	
	Terms of payment L/C AT SIGHT		

Marks and numbers	Number and kind of packages, Description of goods		Quantity	Unit price	Amount
					CIF TOKYO
MARUBENI S/C 2010TF0858 TOKYO CTN 1-250	250 CARTONS	5 000PCS GIRL JACKET SYTLE NO.GJ234 SHELL:WOVEN TWILL 100% COTTON LINING: WOVEN 100% POLYESTER PACKED IN CARTONS OF 20PCS EACH		USD10.50/PC	USD52 500.00

WE HEREBY CERTIFY THAT THE GOODS ARE OF CHINESE ORIGIN

TIFERT TRADING CO., LTD.
泰佛贸易有限公司
王 宏

样例 3–24：装箱单

Issuer TIFERT TRADING CO., LTD. NO. 86, ZHUJIANG ROAD, TIANJIN, CHINA	装 箱 单 **PACKING LIST**	
To MARUBENI CORP 5-7, HOMMACHI, 2-CHOME, CHUO-KU, OSAKA, JAPAN	Invoice No. INVOICE NO. 123456	Date APR 15, 2011

Marks and Numbers	Number and kind of package Description of goods	G.W	N.W	Meas.
MARUBENI S/C 2010TF0858 TOKYO CTN 1-250	250 CARTONS GIRL JACKET SYTLE NO.GJ234 PACKED IN CARTONS OF 20PCS EACH	25 992.00KGS	24 909.00KGS	24.548CBM

WE HEREBY CERTIFY THAT EACH ITEM HAS BEEN MARKED THE LABEL“MADE IN CHINA”.

TIFERT TRADING CO., LTD
泰佛贸易有限公司

王 宏

样例 3–25：报检委托书

代理报检委托书

编号：SJ20110418

天津 出入境检验检疫局：

委托本人（备案号/组织机构代码 67895589-4 ）保证遵守国家有关检验检疫法律、法定的规定，保证提供的委托报检事项真实、单证相符。否则，愿承担相关法律责任。具体委托情况如下：

品　名	女童夹克衫	HS 编码	6204320000
数（重）量	5 000 件	包装情况	20 件/箱
信用证/合同号	2010TF0858	许可文件号	
进口货物收货单位及地址		进口货物提/运单号	
其他特殊要求			

特委托 九州货运代理有限公司 （代理报检注册登记号 1200910003 ），代表本委托人办理上述货物的下列出入境检验检疫事宜：

☑1. 办理报检手续；

☑2. 代缴纳检验检疫费；

☐3. 联系和配合检验检疫机构实施检验检疫；

☑4. 领取检验检疫证单。

☐5. 其他与检验检疫有关事宜

联系人： 张敏

联系电话： 8838 8879

TIFERT TRADING CO., LTD 泰佛贸易有限公司

本委托书有效期至 2011 年 5 月 15 日　　委托人（加盖公章）

2011 年 4 月 15 日

受托人确认声明

本企业完全接受本委托书。保证履行以下职责：

1. 对委托人提供的货物情况和单证的真实性、完整性进行核实；
2. 根据检验检疫有关法律法规规定办理上述货物检验检疫事宜；
3. 及时将办结检验检疫手续的有关委托内容的单证、文件移交委托人或其指定人员；
4. 如实告知委托人检验检疫部门对货物后续检验检疫及监管要求。

如在委托事项中发生违法和违规行为，愿承担相关法律和行政责任。

联系人： 王谦

联系电话： 8838 1234　　受托人（加盖公章）

2011 年 4 月 15 日

样例 3–26：报检申请书

中华人民共和国出入境检验检疫
出境货物报检单

TIFERT TRADING CO., LTD 泰佛贸易有限公司

报检单位（加盖公章）：泰佛贸易有限公司　　　　*编　号________

报检单位登记号：1200810010　联系人：张敏　电话：8838 8879　报检日期：2011 年 4 月 15 日

发货人	（中文）泰佛贸易有限公司
	（外文）TIFERT TRADING CO., LTD
收货人	（中文）日本丸红株式会社
	（外文）MARUBENI CORP

货物名称(中/外文)	H.S.编码	产地	数/重量	货物总值	包装种类及数量
女童夹克衫 GIRL JACKET	6204320000	中国	5 000 件	USD5 200.00	250 箱

运输工具名称号码		贸易方式	一般贸易	货物存放地点	服装一厂
合同号	2010TF0858	信用证号	A-11-0058	用途	
发货日期	2011.4.30	输往国家（地区）	日本	许可证／审批号	
启运地	天津	到达口岸	东京	生产单位注册号	1200910045
集装箱规格、数量及号码					

合同、信用证订立的检验检疫条款或特殊要求	标记及号码	随附单据（划“✓”或补填）	
	MARUBENI S/C 2010TF0858 TOKYO CTN 1-250	☑合同 ☑信用证 ☑发票 ☐换证凭单 ☑装箱单 ☑厂检单	☐包装性能结果单 ☐许可/审批文件 ☐ ☐ ☐ ☐

需要证单名称（划“✓”或补填）				*检验检疫费	
☑品质证书	1 正 2 副	☐植物检疫证书	正 副	总金额（人民币元）	
☐重量证书	正 副	☐熏蒸/消毒证书	正 副		
☐数量证书	正 副	☑出境货物换证凭单	1 正 1 副	计费人	
☐兽医卫生证书	正 副	☐			
☐健康证书	正 副	☐			
☐卫生证书	正 副	☐		收费人	
☐动物卫生证书	正 副	☐			

报检人郑重声明：	领取证单	
1. 本人被授权报检。 2. 上列填写内容正确属实，货物无伪造或冒用他人的厂名、标志、认证标志，并承担货物质量责任。	日期	
签名：张敏	签名	

注：有“*”号栏由出入境检验检疫机关填写　　　　◆ 国家出入境检验检疫局制

【第二步】天津出入境检验检疫局对泰佛贸易有限公司报验的250箱女童夹克衫进行了检验，其结果符合买卖双方订立的质量标准，签发通关单（见样例3–27）和作为结汇单据之一的品质检验证书（见样例3–28）。

检例3–27：通关单

中华人民共和国出入境检验检疫
出境货物通关单

编号：SJ20110089

<table>
<tr><td colspan="3">1. 发货人
泰佛贸易有限公司</td><td rowspan="2">5. 标记和号码
MARUBENI
S/C 2010TF0858
TOKYO
CTN 1-250</td></tr>
<tr><td colspan="3">2. 收货人
日本丸红株式会社</td></tr>
<tr><td>3. 合同/信用证号
2010TF0858</td><td colspan="3">4. 输往国家和地区
日本</td></tr>
<tr><td>6. 运输工具名称和号码</td><td colspan="2">7. 发货日期
2011.4.30</td><td>8. 集装箱规格及数量</td></tr>
<tr><td>9. 货物名称及规格
女童夹克衫</td><td>10. HS 编码
6204320000</td><td>11. 申报总值
USD5 200.00</td><td>12. 数/重量、包装数量及种类
250箱</td></tr>
<tr><td colspan="4">13. 证明
上述货物业经检验检疫，请海关予以放行。
本通关单有效期至 2011 年 5 月 10 日
签字：罗浩　　　日期： 2011 年 4 月 18 日</td></tr>
<tr><td colspan="4">14. 备注</td></tr>
</table>

D1481447　　　　印刷流水号：D1481447

相关链接

表 3-6 检验证书缮制规范

项目顺序号	填写内容	要点提示
（1）签证机构 Issuer	官方机构和非官方机构	如信用证未规定具体单位，则由出口商决定。
（2）检验证书的名称 Name of Certificate	填写证书名称	应与合同或信用证规定相符
（3）发货人 Consignor	出口商名称	一般只填写名称不填写地址
（4）收货人 Consignee	* * * * * *	不用填写具体的名称，中性单据可填写 “To whom it may concern”
（5）货物描述 Description of goods	商品名称	可用统称
（6）报检的数量/重量 Quantity/weight declared	实际出运的数量或重量	应与装箱单和提单中的数量或重量一致
（7）包装的种类及数量 Number and kind of packages	货物的包装单位数量	应与包装单据和提单中的包装件数一致
（8）运输工具 Means of conveyance	海运 By sea freight 空运 By air freight 陆运 By rail/truck	
（9）标记及号码 Marks & No.	具体的唛头 没有唛头填 N/M	① 此栏不能留空 ② 应与其他单据的唛头保持一致
（10）检验结果 Result of inspection	所检验货物的实际的现状	是检验证书中最重要的一项，应该与信用证或合同要求的品质标准相符，否则会遭到银行或进口商的拒付
（11）签证地点 Place of issue	此笔业务证书的签发地点	一般与货物装运港一致
（12）签证日期 Date of issue	此笔业务证书的签发日期	一般不迟于提单日期
（13）授权人签字 Authorized signature	证书签署人姓名的汉语拼音	
（14）签名 Signature	证书签署人亲笔签名	可用中文
（15）签章 Official stamp	签证机构的公章	

样例 3–28：品质检验证书

中华人民共和国出入境检验检疫
ENTRY-EXIT INSPECTION AND QUARANTITE OF THE PEOPLE'S REPUBLIC OF CHINA

（1） 正 本
ORIGINAL

编号 No.:11CIQ1187
（2）

QUALITY CERTIFICATE

发货人 （3）
Consignor TIFERT TRADING CO., LTD

收货人 （4）
Consignee * * * *

品名 （5）
Description of Goods GIRL JACKET

报检数量/重量 （6）
Quantity/Weight Declared 5 000PCS

包装种类及数量 （7）
Number and Type of Packages 250CARTONS

运输工具 （8）
Means of Conveyance BY SEA FREIGHT

标记及号码 （9）
Mark & No.
MARUBENI
S/C 2010TF0858
TOKYO
CTN 1-250

检验结果 （10）
Result of inspection
SAMPLES WERE DRAWN AT RANDOM FROM THE WHOLE LOT OF GOODS AND INSPECTED STRICTLY ACCORDING TO THE S/C NO. 2010TF0858

THE ABOVE RESULTS OF INSPECTION ARE IN CONFORMITY WITH THE REQUIREMENTS IN THE SAID CONTRACT.

（15） （11） （12）
印章： 签证地点 Place of Issue TIANJIN 签证日期 Date of Issue APR 25, 2011
Official Stamp （13） （14）
授权签字人 Authorized Officer LUO HAO 签名 Signature 罗浩

我们已尽最大能力实施上述检验，不能因我们签发本证书而免除卖方或其他方面根据合同和法律所承担的产品质量责任和其他责任。

All inspection are carried out conscientiously to the best of our knowledge and ability. This certificate dose not in any respect absolve the seller and other related parties from his contractual and legal obligations especially when product quality is concerned.

【第三步】为了在办理进口通关手续时，享受进口国最低的进口关税税率，日本丸红株式会社要求泰佛贸易有限公司申领普惠制原产地证书，于是泰佛贸易有限公司利用《九城电子申报系统》在线申领普惠制原产地证书，将普惠制原产地证信息及商业发票信息录入到系统中，待收到确认回执后，将系统自动生成的普惠制原产地证书申请书（见样例 3–29）及普惠制原产地证书（见样例 3–30）打印出来，并随附商业发票送出入境检验检疫局盖章领取普惠制原产地证书。

样例 3–29：普惠制原产地证书申请书

普惠制产地证书申请书

FORM A

NO. 1200810010

申请单位（盖章）：泰佛贸易有限公司　　　　注册号：

申请人郑重声明：

本人是正式被授权代表出口单位办理和签署本申请书的；

本申请书及普惠制产地证格式 A 所列的内容正确无误；如发现弄虚作假，冒充格式 A 所列货物，擅改证书，自愿接受签证机关的处罚并负法律责任。现将有关情况申报如下：

生产单位	泰佛贸易有限公司			生产单位联系人电话		张敏 8838 8879	
商品名称（中英文）	女童夹克衫（Girl Jacket）			HS 商品编码（8 位数码）		62043200	
商品（FOB）总值（美元）	52 000.00					发票号	123456
最终消费国	日本	证书种类划“√”		加急证书		普通证书 √	
货物拟出运日期	2011 年 4 月 30 日						
贸易方式和企业性质（请在适用处划“√”）							
正常贸易 C	来料加工 L	补偿贸易 B	中外合资 H	中外合作 Z	外商独资 D	零售 Y	展卖 M
√							
包装数量或毛重或其他数量	总共 5 000 件　250 箱						

原产地标准：

本项商品系中国生产，完全符合该给惠国给惠方案规定，其原产地情况符合以下第 1 条：

1.“P”（完全国产，未使用任何进口原料）；

2.“W”其 HS 商品编码为________；

3.“F”（对加拿大出口产品，其进口成分不超过产品出厂价值的 40%）；

本批产品系：1. 直接运输从　天津　到　东京　；

2. 转口运输从　中转国（地区）　到　　；

申请人说明

申请单位：（盖章）

申请人：（签名）张敏

电　话：88388879

日　期：2011 年 4 月 18 日

现提交中国出口商品发票副本一份，普惠制产地证明书格式 A（FORM A）一正两副，以及其他附件，请予审核签证。

注：凡含有进口成分的商品，必须按照要求提交《含进口成分受惠商品成本明细单》。

相关链接

表 3–7　　普惠制原产地证书缮制规范

项目顺序号	填写内容	要点提示
证书号码 Reference Number	证书号码	符合签证机构证书号码的编排规则
(1) 出口商名称、地址和国家 Goods consigned from	出口商的详细地址，包括街道名、门牌号码等	中国地名的英文译音应采用汉语拼音
(2) 收货人名称、地址和国家 Goods consigned to	给惠国的最终收货人名称和详细地址	如果信用证未明确最终收货人，可以填写商业发票的抬头人,但不可填写中间商的名称
(3) 所知航运方式和航线 Means of transport and route	具体的装货港、卸货港名称及运输方式，若经转运，还应注明转运地	对输往内陆给惠国的商品，如瑞士、奥地利，由于这些国家没有港口，因此如系海运，都须经第三国，再转运至该国，在填写时应注明
(4) 供官方使用 For official use	正常情况下留空	特殊情况，签证当局在此栏加注
(5) 商品项目号 Item number	按不同品种、发票号等分列	单项商品，此栏填“1”，如果有两项以上，按顺序填写 1、2、3……
(6) 唛头及包装号 Marks and numbers of packages	与发票相同	① 填写具体唛头,不可笼统填写成“As per Invoice No. ×××” ② 没有唛头,应填写“NO MARK”(N/M)，不能留空
(7) 包装件数、包装种类及商品的名称 Number and kind of packages, description of goods	按发票填写，包括商品的件数和货物描述，并应加结束符	① 包装件数必须用大小写同时表示 ② 商品名称要填写具体，可以用统称，但不能过于笼统 ③ 如货物为散装，在商品名称后加注“In Bulk”字样 ④ 信用证有关产地证的特殊要求可以在此加列 ⑤ 不要遗落结束符（* * *），以防加添内容
(8) 原产地标准 Origin criterion	如不含任何进口成分，此栏填写“P”	本栏是国外海关审核的核心项目。对含有进口成分的商品，应按照正本原产地证书背面的标准分不同情况填写。
(9) 毛重和其他数量 Gross weight or other quantity	商品的正常计量单位	以重量计算的则填毛重，只有净重的，填净重亦可，但要标上 N.W.（NET WEIGHT），以公斤为单位
(10) 发票的日期和号码 Number and date of invoice	此笔业务的商业发票号码及日期	此栏不得留空,发票的日期和号码与申请签证时随附的发票的发票号一致，为避免对月份、日期的误解，月份一律用英文表示（可用缩写）表示
(11) 签证当局的证明 Certificate	填写 CIQ 签证地点、日期。CIQ 签证人经审核后在此栏（正本）亲笔签名并盖签证印章	本栏日期不得早于发票日期(第 10 栏)和申报日期(第 12 栏)
(12) 出口商声明 Declaration by the exporter	在生产国横线上填写“中国”(China)。进口国横线上填最终进口国，进口国必须与第 3 栏目的国别一致	申请单位应授权专人在此栏手签，标明申报地点、日期，并加盖申报单位中英文印章，手签人手迹必须在 CIQ 注册备案。此栏日期不得早于发票日期(第 10 栏)（最早是同日），盖章时应避免覆盖进口国名称和手签人姓名

样例 3–30：普惠制原产地证书

(1) Goods consigned from (Exporter's business name, address, country)
TIFERT TRADING CO., LTD.
NO. 86, ZHUJIANG ROAD, TIANJIN, CHINA

Reference No. 11A3-0808
GENERALIZED SYSTEM OF PREFERENCES
CERTIFICATE OF ORIGIN
(Combined declaration and certificate) FORM A
Issued in **C H I N A**
(country)
See Notes overleaf

(2) Goods consigned to (Consignee's name, address, country)
MARUBENI CORP
5-7, HOMMACHI, 2-CHOME, CHUO-KU, OSAKA, JAPAN

(3) Means of transport and route (as far as known)
SHIPMENT FROM TIANJIN TO TOKYO BY SEA

(4) For official use

(5) Item number	(6) Marks and numbers of packages	(7) Number and kind of packages; description of goods	(8) Origin criterion (see Notes overleaf)	(9) Gross weight or other quantity	(10) Number and date of invoices
1	MARUBENI S/C 2010TF0858 TOKYO CTN 1-250	TWO HUNDRED AND FIFITY (250) CARTONS OF GIRL JACKET L/C NO. A-11-0058 NAME AND ADDRESS OF MANUFACTURER: XINHUA GARMENT CO LTD 88, HONG XING ROAD, TIANJIN, CHINA	"P"	5000PCS	INV NO. 123456 APR 15, 2011
		* * * *			

(11) Certification
It is hereby certified, on the basis of control carried out, that the declaration by the exporter is correct.

TIANJIN APR. 15, 2011

Place and date, signature and stamp of certifying authority

(12) Declaration by the exporter
The undersigned hereby declares that the above details and statements are correct, that all the goods were

produced in **CHINA**
(country)

and that they comply with the origin requirements specified for those goods in the Generalized System of Preferences for goods exported to

JAPAN

TIFERT TRADING CO., LTD 泰佛贸易有限公司

TIANJIN APR. 15, 2011

Place and date, signature and stamp of authorized signatory

【第四步】泰佛贸易有限公司与承运人九州货运有限公司办理租船订舱手续，双方对运价达成一致意见后，泰佛贸易有限公司缮制出口货物明细单（见样例 3–31）委托其负责出运该批女童夹克，货代公司签发配舱回单给泰佛贸易有限公司，泰佛贸易有限公司在规定的时间内将 250 箱女童夹克送到货代公司指定仓库。

样例 3–31：出口货物明细单

出口货物明细单

			银行编号		外运编号	
			核销单号	789635220	许可证号	
经营单位（装船人）		泰佛贸易有限公司 TIFERT TRADING CO., LTD	合同号	2010TF0858		
			信用证号	A-11-0058		
			开证日期	2011-2-15	收到日期	2011-2-18
提单或承运收据	抬头人	TO ORDER	金额	USD 52 500	收汇方式	L/C
			贸易国别	JAPAN	消费国别	JAPAN
	通知人	MARUBENI CORP 5-7,HOMMACHI, 2-CHOME, CHUO-KU, OSAKA, JAPAN	出口口岸	TIANJIN	目的港	TOKYO
			可否转运	YES	可否分批	YES
	运费	FREIGHT PREPAID	装运期限	2011-4-30	有效期限	2011-5-15

标记唛头	货物描述			
	STYLE NO.	PONO.	QTY/PCS	UNIT PRICE (USD)
MARUBENI S/C 2010TF0858 TOKYO CTN 1-250	GIRL JACKET GJ234 SHELL:WOVEN TWILL 100% COTTON LINING: WOVEN 100% POLYESTER		5 000PCS	USD10.50/PC

本公司注意事项		总体积	24.548CBM
	保险单	险别	ALL RISKS AND WAR RISK
		保额	USD57 750.00
		赔款地点	TOKYO
外运注意事项	1. B/L INDICATING THE NAME OF CARRYING VESSEL'S NAME AND TEL NO. AT THE PORT OF DESTINATION 2. SHIPMENT MUST BE EFFECTED BY CONTAINER ONLY AND B/L SHOWING THE SAME	船名	
		海关编号	
		放行日期	
		制单员	

【**第五步**】为了转嫁运输途中的风险，泰佛贸易有限公司办妥订舱手续并获悉船名和航次为“TIANHE V.68”后，填写投保单（见样例 3–32）并向中国人民财产保险股份有限公司缴纳保险费办理投保手续，保险公司同意承保并签发保险单（见样例 3–33）给泰佛贸易有限公司。

样例 3–32：投保单

海运出口货物投保单

（1）保险人	（2）被保险人
PICC Property and Casualty Company, Ltd	TIFERT TRADING CO., LTD

（3）标记	（4）包装及数量	（5）保险货物项目	（6）保险货物金额
MARUBENI S/C 2010TF0858 TOKYO CTN 1-250	250CARTONS	GIRL JACKET	USD57 750.00

（7）总保险金额（大写）

U.S.DOLLARS FIFTY-SEVEN THOUSAND SEVEN HUNDRED AND FIFTY ONLY

（8）运输工具	（船名）	（航次）
BY SEA	TIANHE	VOY.68

（9）装运港 TIANJIN　　（10）目的港 TOKYO

（11）投保险别 ALL RISKS AND WAR RISK　　（12）货物起运日期 2011-4-30

（13）投保日期　　（14）投保人签字 TIFERT TRADING CO., LTD 泰佛贸易有限公司

2011-4-28　　张敏

样例 3–33：保险单

中国人民财产保险股份有限公司（1）
PICC Property and Casualty Company, Ltd

发票号码
Invoice No.　　INVOICE NO. 123456　　（2）

保险单号次
Policy No.　　PICC108526　（3）

海洋货物运输保险单（4）
MARINE CARGO TRANSPORTATION INSURANCE POLICY

被保险人：
Insured:　　TIFERT TRADING CO., LTD　　（5）

中保财产保险有限公司（以下简称本公司）根据被保险人的要求，及其所缴付约定的保险费，按照本保险单承担险别和背面所裁条款与下列特别条款承保下列货物运输保险，特签发本保险单。

This policy of Insurance witnesses that the People's Insurance (Property) Company of China, Ltd. (hereinafter called "The Company"), at the request of the Insured and in consideration of the agreed premium paid by the Insured, undertakes to insure the under mentioned goods in transportation subject to conditions of the Policy as per the Clauses printed overleaf and other special clauses attached hereon.

唛头　（6） Shipping Marks	保险货物项目　（7） Descriptions of Goods	数量　（8） Quantity	保险金额　（9） Amount Insured
AS PER INV. NO. 123456	GIRL JACKE	250 CARTONS	USD57 750.00

总保险金额：　　（10）
Total Amount Insured: U.S. DOLLARS FIFTY-SEVEN THOUSAND SEVEN HUNDERD AND FIFTY ONLY

承保险别　　（11）
Conditions
COVERING WPA AND WAR RISK AS PER OCEAN MARINE CARGO TRANSPORTATION CLAUSES OF C.I.C. DATEED 1/1/1981.

保费　　载运输工具　　开航日期
Premium as arranged（12）　Per conveyance S.S　TIANHE V68（13）　Slg. on or abtAS PER B/L　（14）

起运港　　目的港
Form　TIANJIN　（15）　　To　TOKYO

所保货物，如发生本保险单项下可能引起索赔的损失或损坏，应立即通知本公司下述代理人查勘。如有索赔，应向本公司提交保险单正本（本保险单共有 2 份正本）及有关文件。如一份正本已用于索赔，其余正本则自动失效。　（16）

In the event of loss or damage which may result in a claim under this Policy, immediate notice must be given to the Company's Agent as mentioned hereunder. Claims, if any, one of the Original Policy which has been issued in 2 original (s) together with the relevant documents shall be surrendered to the Company. If one of the Original Policy has been accomplished, the others to be void.

PICC TOKYO BRANCH

RM101, 10TH FLOOR SUPER BUILDING, TOKYO, JAPAN

TEL: 0081-2-2458 7531

赔款偿付地点 Claim payable at　TOKYO IN USD　（17）	**PICC Property and Casualty Company, Ltd** 降彩石
日期 Date　APR. 28, 2011　（18）　在 At　TIANJIN	
地址： Address:　NO 61,11 JING ROAD, TIANJIN, CHINA	（19）

【第六步】泰佛贸易有限公司同时填写报关委托书（见样例 3–34）、报关单（见样例 3–35）和核销单（见样例 3–36），并随附合同、发票和箱单委托友通货代公司代为报关。

样例 3–34：报关委托书

代理报关委托书

编号：000007654790

我单位现（A逐票、B 长期）委托贵公司代理　　　等通关事宜。（A、报关查验 B、垫缴税款 C、办理海关证明联 D、审批手册 E、核销手册 F、申办减免税手续 G、其它）详见《委托报关协议》。

我单位保证遵守《海关法》和国家有关法规，保证所提供的情况真实、完整、单货相符。否则，愿承担相关法律责任。

本委托书有效期自签字之日起至　2011 年 5 月 15 日止。

委托方（盖章）　TIFERT TRADING CO., LTD 泰佛贸易有限公司

法定代表人或其授权签署《代理报关委托书》的人（签字）

委托报关协议

为明确委托报关具体事项和各自责任，双方经平等协商签定协议如下：

委托方	泰佛贸易有限公司	被委托方	友通货运代理有限公司	
主要货物名称	女童夹克衫	*报关单编码	No.	
HS 编码	6204320000	收到单证日期	2011 年 4 月 25 日	
进出口日期	2011 年 4 月 30 日	收到单证情况	合同☑	发票☑
提单号			装箱清单☑	提（运）单□
贸易方式	一般贸易		加工贸易手册□	许可证件□
原产地/货源地	天津		其它	通关单☑
传真电话		报关收费	人民币： 200 元	

其它要求：	承诺说明： 以与委托方确认没有侵犯他人知识产权行为
背面所列通用条款是本协议不可分割的一部分，对本协议的签署构成了对背面通用条款的同意。	背面所列通用条款是本协议不可分割的一部分，对本协议的签署构成了对背面通用条款的同意。
委托方业务签章： TIFERT TRADING CO., LTD 泰佛贸易有限公司 经办人签章：胡群	被委托方业务签章： 经办报关员签章：
联系电话： 2011 年 4 月 25 日	联系电话： 年 月 日

中国报关协会监制

（白联：海关留存、黄联：被委托方留存、红联：委托方留存）

样例 3–35：出口报关单

中华人民共和国海关出口货物报关单

预录入编号：1028976558　　　　海关编号：2266761987643599

出口口岸　天津	备案号		出口日期 20110430	申报日期 20110428
经营单位　泰佛贸易有限公司	运输方式 江河运输		运输工具名称 TIANHE V.68	提运单号 SINO081216
发货单位　泰佛贸易有限公司	贸易方式　一般贸易		征免性质　一般征税	结汇方式　信用证
许可证号	运抵国（地区）日本		指运港　东京	境内货源地　天津
批准文号 789635258	成交方式 CIF	运费 502/450/3	保费 502/50/3	杂费
合同号 2010TF0858	件数　250	包装种类 纸箱	毛重（公斤）25 992	净重（公斤）　24 909
集装箱号	随附单据			生产厂家　服装一厂

标志唛码及备注

MARUBENI

S/C 2010TF0858

TOKYO

CTN 1-250

项号	商品编号	商品名称、规格型号	数量及单位	最终目的国（地区）	单价	总价	币制	征免
1	42043200	女童夹克衫	5 000 件	日本	10.40	52 000	USD	照章征税

税费征收情况

录入员　录入单位　兹声明以上申报无讹并承担法律责任	海关审单批注及放行日期（签章）
报关员　　胡群	审单　　审价
单位地址　珠江道 86 号　　申报单位（签章）	征税　　统计
TIFERT TRADING CO., LTD 泰佛贸易有限公司	查验　　放行
邮编:　　电话:　　填制日期: 20110428	

样例 3–36：出口收汇核销单

出口收汇核销单 存根 编号 789635258

出口单位	泰佛贸易有限公司
单位代码	67895589-4
出口币种总价	USD52 000.00
收汇方式	信用证
预计收款日期	30 天
报关日期	
备注	TIFERT TRADING CO., LTD 泰佛贸易有限公司
此单报关有效期截止到	

出口收汇核销单 编号 789635258

出口单位 泰佛贸易有限公司				
单位代码 67895589-4				
银行签注栏	类别	币种金额	日期	盖章
海关签注栏				
外汇局签注栏				
年 月 日（盖章）				

出口收汇核销单 出口退税专用 编号 789635258

出口单位 泰佛贸易有限公司		
单位代码 67895589-4		
货物名称	数量	币种总价
女童夹克衫	5 000 件	USD52 000
报关单编号 87643599		
外汇局签注栏		
年 月 日（盖章）		

（印章：TIFERT TRADING CO., LTD 泰佛贸易有限公司）

【第七步】海关放行后，货物如期装上"TIANHE V.56"，凭借大副收据换取海运提单（见样例 3–37）。

样例 3–37：海运提单

Shipper （2） TIFERT TRADING CO., LTD NO.86, ZHUJIANG ROAD, TIANJIN,CHINA		B/L No. SINO081216 （1）
Consignee or order （3） TO ORDER		SINOTRANS 中国外运天津公司 SINOTRANS TIANJIN COMPANY **OCEAN BILL OF LADING**
Notify address （4） MARUBENI CORP 5-7, HOMMACHI, 2-CHOME, CHUO-KU, OSAKA, JAPAN TEL NO. 8745 9986		SHIPPED on board in apparent good order and condition (unless otherwise indicated) the goods or packages specified herein and to be discharged at the mentioned port of discharge or as near thereto as the vessel may safely get and be always afloat. The weight, measure, marks and numbers, quality, contents and value, being particulars furnished by the Shipper, are not checked by the Carrier on loading. The Shipper, Consignee and the Holder of this Bill of Lading hereby expressly accept and agree to all printed, written or stamped provisions, exceptions and conditions of this Bill of Lading, including those on the back hereof. IN WITNESS whereof the number of original Bills of Lading stated below have been signed, one of which being accomplished the other(s) to be void.
Pre-carriage by （5）	Port of loading （6） TIANJIN, CHINA	
Vessel （7） TIANHE V.56	Port of transshipment （8）	
Port of discharge （9） TOKYO, JAPAN	Final destination （10）	

Container. seal No. or marks and Nos. （11）	Number and kind of package （12）	Description of goods （13）	Gross weight (kgs.) （14）	Measurement (m^3) （15）
MARUBENI S/C 2010TF0858 TOKYO CTN 1-250	250 CARTONS SAY TWO HUNDRED AND FIFTY CARTONS ONLY	GIRL JAKET FREIGHT （16） PREPAID	24 909.00KGS	24.548CBM ON BOARD DATE: APR.30, 2011 （17）

Freight and charges			REGARDING TRANSHIPMENT INFORMATION PLEASE CONTACT
Ex. rate	Prepaid at	Freight payable at	Place and date of issue （18） TIANJIN, APR.30, 2011
	Total prepaid	Number of original Bs/L （19） THREE	Signed for or on behalf of the Carrier （20） **SINOTRANS TIANJIN COMPANY** 张涛

【**第八步**】泰佛贸易有限公司张敏按照信用证要求缮制受益人证明函（见样例 3–38）。

相关链接

表 3–8　　证明函缮制规范

项目顺序号	填写内容	要点提示
（1）单据名称 Name of Doc	CERTIFICATE	单据名称应与信用证一致
（2）日期 Date	证明日期	应符合信用证规定
（3）发票号 Invoice No.	发票号码	
（4）抬头人 To	To whom it may concern	不填实际当事人
（5）证明文句 Contents	需证明的内容	应符合信用证规定，注意人称、时态、语态的变化
（6）签署 Signature	受益人签章	证明函无论信用证是否要求签署必须要签署

样例 3–38：受益人证明函

TIANJIN TIFERT TRADING CO., LTD

NO. 86, ZHUJIANG ROAD, TIANJIN, CHINA

CERTIFICATE (1)

DATE: APR 30, 2011 (2)

INVOICE NO: 123456 (3)

TO: WHOM IT MAY CONCERN (4)

WE CERTIFY THAT ONE COPY OF B/L AND ONE SET OF NON-NEGOTIABLE SHIPPING DOCUEMENTS HAVE BEEN SENT TO MARUBENI CORP WITHIN 48 HOURS AFTER SHIPMENT..

(5)

TIFERT TRADING CO., LTD
泰佛贸易有限公司
*

(6)

【第九步】待收到货代公司签发的已装船提单后，泰佛贸易有限公司缮制跟单汇票（见样例 3–39），填写交单联系单连同全套单据送中国银行天津分行办理货款议付手续。

相关链接

表 3–9　　信用证项下汇票缮制规范

项目顺序号	填写内容	要点提示
（1）单据名称 Name of Doc	Bill of Exchange, Exchange 或 Draft	一般已印妥
（2）汇票编号 No.	此笔业务的发票号	与商业发票上的发票保持一致
（3）日期和地点 Place and Date	汇票的出票地点和日期	① 出票地点一般为议付行和出票人所在地点 ② 出票日期应在提单日后，信用证有效期和交单期前
（4）小写金额 Amount in Figure	支付货币名称缩写和阿拉伯数字构成	不得超过信用证最高限额
（5）付款期限 Tenor	① 即期付款，在 At 和 Sight 之间填写* * * 或 - - - ② 远期付款，在 At 和 Sight 之间填写具体的期限	远期付款的几种表示方法： ① 见票后××天付款 ② 出票后××天付款 ③ 提单日后××天付款 ④ 指定日期付款
（6）收款人 Payee	① 限制性抬头 ② 指示性抬头，指示性抬头便于流通转让 ③ 来人抬头	
（7）大写金额 Amount in Words	用文字叙述支付货币名称和支付的金额	① 习惯上，在货币名称前加“say”，在大写金额后加“only”字样 ② 大小写金额保持一致
（8）出票依据 Drawn under	信用证方式下包括开证行名称、信用证号和开证日期	信用证有规定的文句照抄即可
（9）付款人 Drawee	一般为开证行或信用证指定的人	
（10）出票人 Drawer	受益人或合同中出口商	① 加盖受益人签章 ② 如果要求手签，则必须亲笔签名

样例 3–39：汇票

BILL OF EXCHANGE (1)

No. INV NO. 123456 (2)　　　　Tianjin, China. MAY 5, 2011 (3)

Exchange for USD52500.00 (4)

At * * * (5) sight of this FIRST of Exchange(Section of exchange being unpaid) ,pay to the order of OURSELVES (6) the sum of

U.S. DOLLARS FIFTY-TWO THOUSAND FIVE HUNDRED ONLY (7)

Drawn under BANK OF TOKYO (8)

L/C No. A-11-0058

Date FEB 15, 2011

To: BANK OF TOKYO (9)

TIFERT TRADING CO., LTD
泰佛贸易有限公司
* (10)

提示板

换证凭单 Vs 换证凭条

相同点：换证凭单和换证凭条都是出境货物报检的凭证。二者都是报检地与出境地不同的情况下到出境地检验检疫机构换取正本《通关单》的凭证。

不同点：换证凭单可以一次报检，分批核销。也就是说可以一次将货物进行检验然后分批出口。但是必须带换证凭单正本到出境地核销并换通关单。

换证凭条是电子转单的凭证，也就是在报检地通过报检后有关数据就以通过系统自动传送到出境地检验检疫机构，企业只需凭换证凭条上的转单号或者换证凭条的传真件就可以到出境地检验检疫机构换取正本《通关单》。

两者比较：换证凭单速度慢，需要正本，但是可以一次报检分批核销；换证凭条速度快、无须正本、货物一证一批。

资料库

交单联系单

交单联系单俗称单据表盖，在实际业务中，受益人向议付行递交信用证项下结汇单据议付货款时，往往在全套单据上附一个单据明细，列明单证的种类和每种单据的份数，同时注明开证行名称、信用证证号、装运期、有效期、交单期、汇票金额等详情，并指示银行一旦单据有不符点，如何处置单据及寄单的方式等。各个银行的交单联系单的格式不尽相同，但内容大体相当。

致：××× 银行

兹随附下列信用证项下出口单据一套，请按国际商会第 600 号出版物《跟单信用证统一惯例》办理寄单索汇。

<table>
<tr><td colspan="9">开证行：</td><td colspan="9">信用证号：</td></tr>
<tr><td colspan="9">通知行：</td><td colspan="9">通知行编号：</td></tr>
<tr><td colspan="9">最迟装期</td><td colspan="5">效期：</td><td colspan="4">交单期限： 天</td></tr>
<tr><td colspan="9">汇票付款期限：</td><td colspan="9">汇票金额：</td></tr>
<tr><td colspan="9">发票编号：</td><td colspan="9">发票金额：</td></tr>
<tr><td rowspan="2">单据</td><td>名称</td><td>汇票</td><td>发票</td><td>海关发票</td><td>海运提单正本</td><td>海运提单副本</td><td>航空运单</td><td>货物收据</td><td>保险单</td><td>装箱/重量单</td><td>质量/重量证</td><td>产地证</td><td>GSP FORM A</td><td>检验/分析证</td><td>受益人证明</td><td>船公司证明</td><td>电抄</td></tr>
<tr><td>份数</td><td></td><td></td><td></td><td></td><td></td><td></td><td></td><td></td><td></td><td></td><td></td><td></td><td></td><td></td><td></td><td></td></tr>
</table>

委办事项：打（“×”者）

☐ 附信用证及修改书共________页。

☐ 单据中有下列不符点：

☐ 请向开证行寄单，我公司承担一切责任。

☐ 请电提不符点，待开证行同意后再寄单。

☐ 寄单方式：☐ 特快专递　☐ 航空挂号

☐ 索汇方式：☐ 电索　☐ 信索（☐ 特快专递　☐ 航空挂号）

核销单编号：____________________

公司联系人：　　联系电话：　　公司签章：

<table>
<tr><td rowspan="6">银行审单记录：</td><td colspan="2">银行接单日期：</td><td>寄单日期：</td></tr>
<tr><td colspan="2">汇票/发票金额：</td><td>BP No.:</td></tr>
<tr><td rowspan="6">银行费用</td><td>通知/保兑：</td><td rowspan="4">银行经办：</td></tr>
<tr><td>议/承/付：</td></tr>
<tr><td>修改费：</td></tr>
<tr><td>邮　费：</td></tr>
<tr><td rowspan="3">退单记录：</td><td>电　传：</td><td rowspan="3">银行复核：</td></tr>
<tr><td>小　计：</td></tr>
<tr><td colspan="2">费用由　　承担</td></tr>
</table>

三、技能训练

（一）初级任务

泰佛贸易有限公司与韩国大宇株式会社就出口“飞鹿”亚麻面料达成一出口合同，2010 年 12 月 28 日泰佛贸易有限公司收到进口商通过外汇银行开来第 M-4378 号不可撤销信用证（见样例 3–40）。请完善该信用证项下所要求的商业发票（见样例 3–41）、保险单（见样例 3–42）和提单（见样例 3–43）等结汇单据。

样例 3–40：信用证

IRREVOCABLE DOCUMENTARY LETTER OF CREDIT

Date: Dec 28, 2010

From: Bank of Exchange, Seoul

To: Bank of China, Tianjin Branch

We hereby open our Irrevocable Letter of Credit No. M-1437 in favor of Tifert Trading Co., Ltd for account of Daewoo Trading Company, Seoul, up to an aggregate amount of USD10 080.00(Say U.S.DOLLARS TEN THOUSAND AND EIGHTY ONLY) CIF Seoul for 100% of the invoice value relative to the shipment of : 6720 Pieces of FLYING DEER Brand Linen 30s×36s 72×69 35/6″×42 yards as per Contract No. TJ101211 dated Dec 11, 2010 from China port to Seoul, Korea.

Drafts to be drawn at sight on our bank and accompanied by the following documents, marked "×":

(×) Signed Commercial Invoice in triplicate;

(×) Full set of CLEAN ON BOARD BILLS of LADING made out to our order quoting L/C NO.M-1437, marked FREIGHT PAID;

(×) Marine Insurance Policies or Certificates in duplicate for 110% of invoice value covering ALL Risks and War Risk with claims payable in Japan in the currency of draft(s).

Partial shipments are permitted.

Transshipment is permitted.

Shipment must be effected not later than January 31, 2011.

Draft(s) drawn under this credit must be negotiated in Japan on or before Feb 15, 2011.

样例 3–41：商业发票

<table>
<tr><td rowspan="2">Issuer</td><td colspan="2" rowspan="2">商 业 发 票

COMMERCIAL INVOICE</td></tr>
<tr></tr>
<tr><td rowspan="2">To</td><td colspan="2"></td></tr>
<tr><td>No.:
2011FZ0987</td><td>Date:
JAN 25, 2011</td></tr>
<tr><td rowspan="2">Transport Details
SHIPMENT FROM TIANJIN, CHINA TO SEOUL, KOREA BY SEA</td><td>S/C No.
TJ101211</td><td>L/C No.
L/C NO.M-1437</td></tr>
<tr><td colspan="2">Terms of payment</td></tr>
<tr><td colspan="3">Marks and numbers   Number and kind of packages,   Quantity   Unit price   Amount
Description of goods

DAEWOO
TJ011211
SEOUL
CTN 1-56
MADE IN CHINA</td></tr>
</table>

样例 3–42：保险单

中国平安保险公司
货物运输保险单
CARGO TRANSPORTATION INSURANCE

被保险人

Insured

中国平安保险公司根据被保险人的要求及所交付约定保险费，根据本保险单背面所载条款与下列特款，承保下述货物的运输保险，特立本保险单。

This policy of insurance witnesses that PING AN INSURANCE COMPANY OF CHINA at the request of insured and in consideration of agreed premium paid by the insured, undertake to insure undermentioned goods in transportation subject to the conditions of policy as per the clauses printed overleaf and other special clauses attached hereon.

保险单号 Policy No.　PA2011012	赔款偿付地点 Claim payable at
发票号或提单号 Invoice No or B/L No.	
运输工具 Per conveyance per S S　VICTORY V,68	查勘代理人 Survey by
起运日期　自 from	PING AN INSURANCE COMPANY SEOUL BRANCH
Slg on or abt　至 to	RM 205, SEOUL STREET, SEOUL, KOREA

保险金额

Amount insured

包装货物项目、标记、数量及包装 Description, Marks, Numbers and quantity of goods:	承保条件 Conditions:

中国平安保险公司

PING AN INSURANCE COMPANY OF CHINA

For and on behalf of

签单日期

Date:

鲍平安

Authorized signature

样例 3–43：海运提单

Shipper		**BILL OF LADING** B/L No.: COSCO20110218 **CHINA OCEAN SHIPPING CO** 中 国 远 洋 运 输 公 司 **ORIGINAL**	
Consignee			
Notify Party			
Pre carriage by	*Place of Receipt		
Ocean Vessel Voy. No.	Port of Loading		
Port of discharge	*Final destination	Freight payable at	Number original Bs/L
Marks and Numbers	Number and kind of packages; Description	Gross weight	Measurement m3
	56 CARTONS	17 500.00KGS	25.200M3
TOTAL PACKAGES(IN WORDS)			
Freight and charges			
		Place and date of issue JAN 30, 2011	
		Signed for the Carrier	
Applicable only when document used as a Through Bill of Loading			

（二）中级任务

泰佛贸易有限公司与西班牙巴塞罗那时装公司达成女士毛衫的出口生意，2011 年 3 月 22 日收到西班牙国家银行开来的第 SP-540370 号信用证（见样例 3–44）及随后开来的信用证修改（见样例 3–45）。货物实际备妥数量分别为圆领衫 1 632 件、V 领衫 1 560 件，每箱 24 件毛衫。仓库刷唛头为 FASHION/STYLE NO/BARCELONA/MADE IN CHINA，毛重、净重、尺码分别为 15KGS/箱、14KGS/箱、45x35x25cm/箱，并于 4 月 28 日装“东风”轮，提单号为 90877666。作为公司的单证员，首先编发票号 MS20110425，同时获悉保险单号为 PICC110418，普惠制产地证号为 CIQ201104118，请你按照信用证及其修改，缮制商业发票（见样例 3–46）、装箱单（见样例 3–47）、提单（见样例 3–48）、普惠制原产地证（见样例 3–49）、受益人证明函（见样例 3–50）和汇票（见样例 3–51）全套结汇单据，并及早将单据送银行议付货款。

样例 3–44：信用证

DOCUMENTARY LETTER OF CREDIT

ISSUING BANK: NATIONAL BANK OF SPAIN, BARCELONA

ADVISING BANK: BANK OF CHINA, TIANJIN BRANCH.

SEQUENCE OF TOTAL	27: 1/1
FORM OF DOC. CREDIT	40A: IRREVOCABLE TRANSFERABLE
APPLICABLE RULES	40E: UCP LATEST VERSION
DOC. CREDIT NUMBER	20: SP-540370
DATE OF ISSUE	31C: 110318
EXPIRY	31D: DATE 110505 PLACE BARCELONA
APPLICANT	50: BARCELONA FASHION CO., LTD. UNIT 513, CHINACHEM BLDG., 78 MODY ROAD, BARCELONA, SPAIN
BENEFICIARY	59: TIFERT TRADING CO., LTD. NO. 86, ZHUJIANG ROAD, TIANJIN, CHINA
AMOUNT	32B: CURRENCY USD AMOUNT 18188,80
POS. / NEG. TOL. (%)	39A: 05/05
AVAILABLE WITH/BY BY NEGOTIATION	41D: ANY BANK
DRAFT AT …	42C: AT 30DAYS SIGHT
DRAWEE	42D: NATIONAL BANK OF SPAIN, BARCELONA
PARTIAL SHIPMENT	43P: PERMITTED
TRANSSHIPMENT	43T: PROHIBITED
LOADING IN CHARGE	44A: CHINA MAIN PORT
FOR TRANSPORT TO….	44B: BARCELONA
LATEST DATE OF SHIPMENT	44C: 110430

DESCRIPT. OF GOODS 45A:

LADIES SWEATERS

STYLE NO.	P/O NO.	DESCRIPTION	QTY.	UNIT PRICE
1484020	100020	ROUND NECK	1568PCS	USD5.40/PC
1484521	100021	V-NECK	1586PCS	USD6.20/PC

CFR BARCELONA INCOTERMS 2010

DOCUMENTS REQUIRED 46A:

+ SIGNED COMMERCIAL INVOICE IN QUADRUPLICATE FOR CIF VALUE OF GOODS, SHOWING SEPARATELY FREIGHT CHARGE AND FOB AND INDICATING THE L/C NO., P/O NO., STYLE NO.
+ PACKING LIST IN TRIPLICATE COUNTERSIGNED BY APPLICANT.
+ 2/3 SET OF CLEAN ON BOARD OCEAN BILL OF LADING MADE OUT TO OUR ORDER, MARKED FREIGHT PREPAID AND NOTIFY LERROS MODEN GMBH, IM TAUBENTAL 35, D-41468 NEUSS, GERMANY, FAX: 49-2131-3600999.
+ G.S.P. CERTIFICATE OF FORM A IN ORIGINAL.
+ BENEFICIARY'S LETTER EVIDENCING THAT ONE SET OF N/N DOCUMENTS INCLUDING 1/3 ORIGINAL BILL OF LADING HAVE BEEN DISPATCHED TO LERROS MODEN GMBH, IM TAUBENTAL 35, D-41468 NEUSS, GERMANY IMMEDIATELY AFTER SHIPMENT.

ADDITIONAL COND. 47A:

+ DOCUMENTS PRESENTED WITH DISCREPANCY WHETHER INDICATED OR FOUND IS SUBJECT TO A HANDLING FEE FOR USD45.00 WHICH IS PAYABLE BY THE BENEFICIARY AND WILL BE DEDUCTED FROM PROCEEDS UPON NEGOTIATION.
+ THIRD PARTY DOCUMENTS ARE ALLOWED.
+ THIS L/C IS TRANSFERABLE AND L/C ADVISING BANK IS NOMINATED AS THE TRANSFERRING BANK.
+ 5 PCT MORE OR LESS BOTH IN CREDIT AMOUNT AND QUANTITY ARE ACCEPTABLE.

DETAILS OF CHARGES 71B: ALL BANK CHARGES OUTSIDE HONGKONG ARE FOR THE ACCOUNT OF THE BENEFICIARY.

PRESENTATION PERIOD 48: WITHIN 5 DAYS AFTER THE DATE OF SHIPMENT BUT WITHIN THE VALIDITY OF THE CREDIT.

CONFIRMATION *49: WITHOUT

INSTRUCTION 78: ON RECEIPT OF DOCUMENTS IN ORDER AT OUR COUNTER, WE SHALL REMIT IN ACCORDANCE WITH THE NEGOTIATING BANK'S INSTRUCTION IN THE SAME CURRENCY OF THE CREDIT.

样例 3–45：信用证修改

DOCUMENTARY LETTER OF CREDIT AMENDMENT

ISSUING BANK: NATIONAL BANK OF SPAIN, BARCELONA

ADVISING BANK: BANK OF CHINA, TIANJIN BRANCH.

SENDER'S REFERENCE	20:	SP-540370
RECEIVER'S REFERENCE	21:	
NUMBER OF AMENDMENT	26E:	01
DATE OF AMENDMENT	30:	110325
DATE OF ISSUE	31C:	110318
NEW DATE OF EXPIRY	31E:	DATE 110515 PLACE CHINA
NEW DRAFT AT …	42C:	AT SIGHT
NARRATIVE	79:	

FOR FIELD 45A, STYLE NO.1484521 V-NECK SWEATER 1568PCS

FOR FIELD 46A, FULL SET OF CLEAN ON BOARD OCEAN BILL OF LADING AND DELETE COUNTERSIGNED BY APPLICANT IN P ACKING LIST

样例 3–46：商业发票

<table>
<tr><td>Issuer</td><td colspan="2" rowspan="2">商 业 发 票
COMMERCIAL INVOICE</td></tr>
<tr><td rowspan="2">To</td></tr>
<tr><td>No.:</td><td>Date:</td></tr>
<tr><td rowspan="2">Transport Details</td><td>S/C No.</td><td>L/C No.</td></tr>
<tr><td colspan="2">Terms of payment</td></tr>
</table>

Marks and numbers	Number and kind of packages, Description of goods	Quantity	Unit price	Amount

样例 3–47：装箱单

<table>
<tr><td colspan="4">Issuer</td><td colspan="4" rowspan="2">装 箱 单
PACKING LIST</td></tr>
<tr><td colspan="4" rowspan="2">To</td></tr>
<tr><td colspan="2">Invoice No.</td><td colspan="2">Date</td></tr>
<tr><td>Marks and Numbers</td><td>Number and kind of package
Description of goods</td><td>Quantity</td><td>Package</td><td>G.W</td><td>N.W</td><td>Meas.</td><td></td></tr>
<tr><td></td><td></td><td></td><td></td><td></td><td></td><td></td><td></td></tr>
<tr><td colspan="8">TOTAL:</td></tr>
<tr><td colspan="8">SAY TOTAL:</td></tr>
</table>

样例 3–48：海运提单

<table>
<tr><td colspan="2">Shipper</td><td colspan="3" rowspan="6">B/L No.

中国外运天津公司
SINOTRANS TIANJIN COMPANY
OCEAN BILL OF LADING
RECEIVED in apparent good order and condition (unless otherwise indicated) the goods or packages specified herein and to be discharged at the mentioned port of discharge or as near thereto as the vessel may safely get and be always afloat.
The weight, measure, marks and numbers, quality, contents and value, being particulars furnished by the Shipper, are not checked by the Carrier on loading.
The Shipper, Consignee and the Holder of this Bill of Lading hereby expressly accept and agree to all printed, written or stamped provisions, exceptions and conditions of this Bill of Lading, including those on the back hereof.
IN WITNESS whereof the number of original Bills of Lading stated below have been signed, one of which being accomplished the other(s) to be void.</td></tr>
<tr><td colspan="2">Consignee or order</td></tr>
<tr><td colspan="2">Notify address</td></tr>
<tr><td>Pre-carriage by</td><td>Place of receipt</td></tr>
<tr><td>Vessel</td><td>Port of loading</td></tr>
<tr><td>Port of discharge</td><td>Final destination</td></tr>
<tr><td>Container. seal No. or marks and Nos.</td><td>Number and kind of package</td><td>Description of goods</td><td>Gross weight (kgs.)</td><td>Measurement (m3)</td></tr>
<tr><td></td><td></td><td></td><td></td><td></td></tr>
<tr><td colspan="3">Freight and charges</td><td colspan="2">TOTAL NUMBER OF P'KGS IN WORDS</td></tr>
<tr><td rowspan="2">Ex. rate</td><td>Prepaid at</td><td>Freight payable at</td><td colspan="2">Place and date of issue</td></tr>
<tr><td>Total prepaid</td><td>Number of original Bs/L</td><td colspan="2">Signed for or on behalf of the carrier</td></tr>
</table>

样例 3–49：普惠制原产地证

<table>
<tr><td colspan="3">1. Goods consigned from (Exporter's business name,</td><td colspan="3" rowspan="2">Reference No.

GENERALIZED SYSTEM OF PREFERENCES
CERTIFICATE OF ORIGIN
(Combined declaration and certificate) FORM A

Issued in <u>the People's Republic of China</u> ....
(country)
See Notes overleaf</td></tr>
<tr><td colspan="3">2. Goods consigned to (Consignee's name, address,</td></tr>
<tr><td colspan="3">3. Means of transport and route (as far as known)</td><td colspan="3">4. For official use</td></tr>
<tr><td>5. Item number</td><td>6. Marks and numbers of packages</td><td>7. Number and kind of packages; description of goods</td><td>8. Origin criterion (see Notes overleaf)</td><td>9. Gross weight or other quantity</td><td>10. Number and date of invoices</td></tr>
<tr><td colspan="3">11. Certification
It is hereby certified, on the basis of control carried out, that the declaration by the exporter is correct.

Place and date, signature and stamp of certifying authority</td><td colspan="3">12. Declaration by the exporter
The undersigned hereby declares that the above details and statements are correct, that all the goods were
produced in --
(country)
and that they comply with the origin requirements specified for those goods in the Generalized System of Preferences for goods exported to
----

Place and date, signature and stamp of authorized signatory</td></tr>
</table>

样例 3–50：受益人证明函

TIFERT TRADING CO., LTD

NO. 86, ZHUJIANG ROAD, TIANJIN, CHINA

BENEFICIARY'S CERTIFICATE

样例 3–51：汇票

BILL OF EXCHANGE

Drawn under ______________________________ L/C No. ____________

Dated ______________ Payable with interest@ __________ %

No. ________ Exchange for __________ Tianjin __________

At ____________________ of this FIRST of Exchange (Second of Exchange being

Unpaid) Pay to the order of

Value received

To: ______________________________

（三）高级任务

泰佛贸易有限公司出口一批五金工具箱到埃塞俄比亚（ETHIOPIA）阿米利公司（AMENLI COMPANYS），采用的贸易术语为 CIFC3 ASEB，即期信用证付款（见样例 3–52）。作为单证员，在缮制完单据后请你认真审核该信用证项下商业发票（见样例 3–53）、装箱单（见样例 3–54）、提单（见样例 3–55）、保险单（见样例 3–56）、汇票（见样例 3–57）等全套结汇单据，如果有问题请填写审单记录（见样例 3–58）表并修改相应单据，保证安全及时收汇。

样例 3–52：信用证

SEQUENCE OF TOTAL	27:	1/1
FORM OF DOC. CREDIT	40A:	IRREVOCABLE
APPLICABLE RULES	40E:	UCP LATEST VERSION

DOC. CREDIT NUMBER	20:	LC-0720
DATE OF ISSUE	31C:	110720
EXPIRY	31D:	DATE 110915 PLACE BENEFICIARY'S COUNTRY
APPLICANT	50:	AMENLI COMPANY, ETHIOPIA. #5054-7 KING STREET, ETHIOPIA
BENEFICIARY	59:	TIFERT TRADING CO., LTD. NO. 86, ZHUJIANG ROAD, TIANJIN, CHINA
AMOUNT	32B:	CURRENCY USD AMOUNT 39370,00
AVAILABLE WITH/BY	41D:	ANY BANK IN CHINA BY NEGOTIATION
DRAFTS AT ...	42C:	DRAFT AT SIGHT FOR FULL INVOICE VALUE
DRAWEE	42A:	COMMERCIAL BANK ETHIOPIA
PARTIAL SHIPMENTS	43P:	NOT ALLOWED
TRANSSHIPMENT	43T:	NOT ALLOWED
LOADING IN CHARGE	44A:	CHINA PORTS
FOR TRANSPORT TO ...	44B:	ASEB ETHIOPIA
LATEST DATE OF SHIP.	44C:	110831
DESCRIPT. OF GOODS	45A:	

HARDWARE TOOLS CASE

TC110 250SETS USD18.07

TC120 250SETS USD32.34

TC130 250SETS USD46.60

TC140 250SETS USD60.47 TRADE TERM CIFC3 ASEB

SHIPPING MARKS: SC-110626/ AMENLY/ ASEB/ NO.1-20

DOCUMENTS REQUIRED 46 A:

+ SIGNED COMMERCIAL INVOICE IN 1 ORIGINAL AND 5 COPIES

+ FULL SET (3/3) OF CLEAN ON BOARD MARINE BILL OF LADING MADE OUT TO ORDER OF THE OPENING BANK NOTIFY APPLICANT MARKED FREIGHT PREPAID

+ SIGNED PACKING LIST IN 1 ORIGINAL AND 3 COPIES

+ INSURANCE POLICY OR CERTIFICATE ENDORSED IN BLANK FOR THE INVOICE VALUE OF THE GOODS PLUS 10% COVERING ALL RISKS AND WAR RISKS AS PER AND SUBJECT TO OCEAN MARINE CARGO CLAUSES OF THE PEOPLE'S INSURANCE COMPANY OF CHINA DATED 1/1/1981.

DETAILS OF CHARGES 71B:

ALL BANKING CHARGES OUTSIDE ETHIOPIA ARE FOR ACCOUNT OF THE BENENICIARY

PRESENTATION PERIOD 48:

DOCUMENTS TO BE PRESENTED WITHIN 15 DAYS AFTER THE DATE OF SHIPMENTBUT WITHIN THE VALIDITY OF THE CREDIT

样例 3–53：商业发票

Issuer TIANJIN TIFERT I/E CORP. NO.86, ZHUJIANG ROAD TIANJIN CHINA	商 业 发 票 **COMMERCIAL INVOICE**	
To AMENLI COMPANY, ETHIOPIA. #5054-7 KING STREET, ETHIOPIA	No.: INV0805	Date: 2008-AUG-05
Transport Details FROM TIANJIN TO ASEB	S/C No. SC-110626	L/C No. LC-0720
	Terms of payment L/C AT SIGHT	

Marks and numbers	Number and kind of packages, description of goods		Quantity	Unit price	Amount
	HARDWARE TOOLS CASE				
SC-110626 AMENLY ASEB NO.1-20	TC110	5WCS	250SETS	USD18.07	USD4 517.50
	TC120	5WCS	250SETS	USD32.34	USD8 085.00
	TC130	5WCS	250SETS	USD46.60	USD11 650.00
	TC140	5WCS	250SETS	USD60.47	USD15 117.50
	TOTAL:	20WCS	1 000SETS		USD39 370.00

PACKING: 50SETS IN ONE WOODEN CASES, 20 CASES IN ONE 20’ CONTAINER.

样例 3–54：装箱单

Issuer TIANJIN TIFERT I/E CORP. NO.86, ZHUJIANG ROAD TIANJIN CHINA	装 箱 单 **PACKING LIST**
To AMENLI COMPANY, ETHIOPIA. #5054-7 KING STREET, ETHIOPIA	No.: INV0805 Date: 2008-AUG-05
Transport Details FROM TIANJIN TO ASEB	S/C No. SC-110626 L/C No. LC-0720 Terms of payment L/C AT SIGHT

Marks and Nos.	Number and kind of packages, Description of goods			Gross Weight	Net Weight	Measurement
	HARDWARE TOOLS CASE					
SC-110626 AMENLY ASEB NO.1-20	TC110	5WCS	250SETS	1 250KGS	1 375KGS	5.000CBM
	TC120	5WCS	250SETS	1 500KGS	1 625KGS	5.000CBM
	TC130	5WCS	250SETS	1 750KGS	1 875KGS	5.000CBM
	TC140	5WCS	250SETS	1 875KGS	2 000KGS	5.000CBM
	TOTAL:	20WCS	1 000SETS	6 375KGS	6 875KGS	20.000CBM

PACKING: 50SETS IN ONE WOODEN CASES, 20 CASES IN ONE 20’ CONTAINER.

样例 3–55：海运提单

Shipper TIANJIN TIFERT I/E CORP. NO.86, ZHUJIANG ROAD TIANJIN CHINA		B/L No. DF-BL01 SINOTRANS 中国外运天津公司 SINOTRANS TIANJIN COMPANY **OCEAN BILL OF LADING**
Consignee or order TO ORDER		
Notify address AMENLI COMPANY, ETHIOPIA. #5054-7 KING STREET, ETHIOPIA		SHIPPED on board in apparent good order and condition (unless otherwise indicated) the goods or packages specified herein and to be discharged at the mentioned port of discharge or as near thereto as the vessel may safely get and be always afloat. The weight, measure, marks and numbers, quality, contents and value, being particulars furnished by the Shipper, are not checked by the Carrier on loading. The Shipper, Consignee and the Holder of this Bill of Lading hereby expressly accept and agree to all printed, written or stamped provisions, exceptions and conditions of this Bill of Lading, including those on the back hereof. IN WITNESS whereof the number of original Bills of Lading stated below have been signed, one of which being accomplished the other(s) to be void.
Pre-carriage by	Port of loading TIANJIN, CHINA	
Vessel DONGFENG V.208	Port of transshipment	
Port of discharge ASEB, ETHIOPIA	Final destination	

Container. seal No. or marks and Nos.	Number and kind of package	Description of goods	Gross weight (kgs.)	Measurement (m3)
SC-110626 AMENLY ASEB NO.1-20	20 WOODEN CASES SAY TWENTY WOODEN CASES ONLY	HARDWARE TOOLS CASE FREIGHT TO COLLECT	6 875.00KGS ON BOARD DATE: 15-AUG-2011	20.000CMB

Freight and charges			REGARDING TRANSHIPMENT INFORMATION PLEASE CONTACT
Ex. rate	Prepaid at	Freight payable at	Place and date of issue TIANJIN 15-AUG-2011
	Total prepaid	Number of original Bs/L THREE	Signed for or on behalf of the Master As Agent

样例 3–56：保险单

中国平安保险股份有限公司

PING AN INSURANCE COMPANY OF CHINA LTD

货 物 运 输 保 险 单

CARGO TRANSPORTATION INSURANCE POLICY

被保险人

Insured: TIANJIN TIFERT I/E CORP.

中国平安保险股份有限公司根据被保险人的要求及其所交付约定的保险费，按照本保险单背面所载条款与下列特款，承保下述货物运输保险，特立本保险单。

This Policy of Insurance witnesses that **PING AN INSURANCE COMPANY OF CHINA, LTD** at the request of the Insured and in consideration of the agreed premium paid by the Insured, undertakes to insure the undermentioned goods in transportation subject to the conditions of Policy as per the clauses printed overleaf and other special clauses attached hereon.

保单号
Policy No. BD0785

赔款偿付地点
Claim Payable at

发票或提单号
Invoice No. or B/L No. INV NO. INV0805

CHINA IN USD

运输工具
Per Conveyance S.S. DONGFENG V.208

查勘代理人
Survey By: GODWIN INSURANCE COMPANY
NO.1 ST.ASEB FAX: 125-393-8576

起运日期 自 至
Slg. on or abt. AS PER B/L From TIANJIN To ASEB

保险金额
Amount Insured SAY US DOLLARS FORTY-THREE HUNDRED THREE HUNDRED AND SEVEN ONLY

保险货物项目、标记、数量及包装：
Description, Marks, Quantity & Packing of Goods:
20 WCS (1000SETS) HARDWARE TOOLS
AS PER INV NO. INV0805

承保条件
Condition:
COVERING ALL RISKS AND WAR RISKS
AS PER CIC OF P.I.C.C. DATED 1/1/1981

签单日期
Date: 16-AUG-2011

For and on behalf of
PING AN INSURANCE COMPANY OF CHINA, LTD.

Authorized Signature

复核： 制单

地址及电话
Address & Tel.

注：未加盖本公司保单专用章，保单无效。

样例 3–57：汇票

No.　INV NO. 0805　　　　　　　　Tianjin, China.　AUG 20, 2011

Exchange for　USD39370.00

At　＊ ＊ ＊　sight of this FIRST of Exchange(Section of exchange being unpaid) ,pay to the order of

　BANK OF CHINA TIANJIN BRANCH　the sum of

U.S. DOLLARS THIRTY-NINE THOUSAND THREE HUNDRED AND SEVENTY ONLY

Drawn under　COMMERCIAL BANK OF ETHIOPIA

L/C No.　LC-0720

Date　JUL 29, 2011

TIANJIN TIFERT I/E CORP.

To:　COMMERCIAL BANK OF ETHIOPIA

样例 3–58：审核单记录

审单记录表

发票号	船名	提单号
开证行		装期
		效期
信用证号	结汇金额	交单期

单据名称	汇票	发票	装箱单	保险单	产地证	检验证	GSP产地证	海关发票	船行证明	受益人证明	电抄	提单	提单副本	其它	
应交份数															
预交份数															
存在问题及处理意见															

<table>
<tr><td rowspan="5">存在问题及处理意见</td><td></td></tr>
<tr><td></td></tr>
<tr><td></td></tr>
<tr><td></td></tr>
<tr><td></td></tr>
<tr><td colspan="2">其他应注意事项：</td></tr>
</table>

制单员	审单员	银行复核	结汇日期

项目四　电汇项下进口单证操作

任务 4.1　电汇项下进口单证入门

案例导入

进口化肥利用单证巨额诈骗案

我某公司与 C 国某贸易公司达成了 8 万公吨散装化肥的进口合同。由于交易金额巨大，我方要求出口商提供产地证书和检验证书，并要求供货商待货物装船后即将全套单据传真过来。收到传真单据后，我方进行了仔细审单，发现一些疑点：一是检验证书是一家银行签发的，而且语言陈述外行；二是两份提单货物重量均为 40 000M/T，对于化肥这样的货物，计重怎会如此精确？

我方首先通过伦敦国际海事局对提单所属船只和航程进行了调查，发现提单所载内容是伪造的，根本没有这两条船作业。接着，我方又通知中国银行在 C 国家分行联系到检验证书上载明的出具机构——当地一家银行机构就此事进行询问，对方回复说该银行从未从事过商品检验方面的工作。至此，我方已经确认，这是一起靠制作假单证进行巨额诈骗的案件。由于我方防范风险意识较强，防范措施得当，避免了产生巨额损失的可能性。通过上述案例，我们可以得到哪些启示？进口业务中如何避免发生类似的情况？

知识目标

1. 熟悉进口业务中电汇的应用。
2. 掌握电汇项下常用进口单据种类及内容。

能力目标

1. 掌握电汇项下进口单据审核方法和技巧。
2. 能够正确办理电汇项下进口付汇、报检、报关等手续，并正确缮制进口单据。

在实际进口业务中，电汇支付方式采用较多，根据付款时间的不同，T/T 可分为前 T/T（又称为 T/T 先付）、后 T/T（又称为 T/T 后付）。对进口商而言，前 T/T 支付方式风险较大，主要用于预付货款业务；后 T/T 支付方式风险较小。进口业务中，有时采取前 T/T 与后 T/T 相结合或者前 T/T 与即期付款交单相结合等形式，这样可以将风险分摊于买卖双方。

一、知识导航

（一）进口业务中电汇的应用

1. 预付货款（T/T in Advance）

预付货款是指买卖合同签订后，进口商以电汇方式支付货款，出口商收款后再交货。其中又分为全部预付和部分预付。

（1）全部预付：出口商发货前，进口商先行预付全部货款。

（2）部分预付：相当于买卖合同总金额一定比例的定金或在交货前分期分批预付货款。

现在，进口商为了减少风险往往要求"凭单付汇"。即进口商将货款汇至出口商指定银行，并指示其凭出口商提供的指定单据（如海运提单）予以付款。

2. 交货后付款（T/T after shipment）

交货后付款的做法与预付款相反，属于赊账交易（Open Account Transaction，简称O/A），是指签订合同后，出口商先将货物发出，进口人收到货物或单据后立即或在约定的一段时间内电汇货款。

电汇项下进口业务流程相对比较简单，根据所使用的贸易术语、运输方式不同，业务流程会略有不同。如依据所采用的贸易术语，进口商需要负责运输或者保险，那应在签订合同之后，按照合同约定办理相关手续，程序与出口环节类似，不再赘述。

（二）电汇项下常用进口单证种类及内容

由于我国是外汇管制国家，进口企业对外付款时必须根据我国外汇管理局的要求，在汇出款项时将有关单据交银行审核。

电汇项下对外付款类型不同，所需单据也有所不同：

（1）货到付款所需单据：境外汇款申请书、购汇申请书、进口合同、发票、进口报关单、运输单据。可能要求的资料：进口付汇备案表、进口许可证、登记表、特定产品进口证明、各种不同贸易方式及运输方式应提供的单据等。

（2）预付款所需单据：境外汇款申请书、购汇申请书、进口合同、形式发票。可能要求的资料：预付款保函、进口许可证、登记表、进口证明、进口付汇备案表等。上述预付款保函是指国外出口商银行开出的履约保函。

（3）其他汇出：如汇出佣金所需单据为境外汇款申请书、非贸易对外付款申报单、购汇申请书。超过合同金额5%，或超过1万美元以上的佣金汇出时，须先向外汇管理局申请，获得批准方可办理。汇出尾款需要境外汇款申请书、进口贸易合同、验货合格证明等。进口项下的海运运费汇出所需单据为境外汇款申请书、非贸易对外付款申报单、运输合同、运费发票、提单正本（或副本）。

二、技能入门

（一）进口许可证申领流程图

进口贸易一般受政策影响比较强，在与国外供货商接洽之前，我们需要了解拟进口商品的海关监管条件，比如是否需要申领进口许可证。如果进口通关时需要向海关提交进口许可证，则必须首先办理许可证申领手续，否则即使货物到港，海关也不予放行。申领进口许可证具体流程见图 4–1。

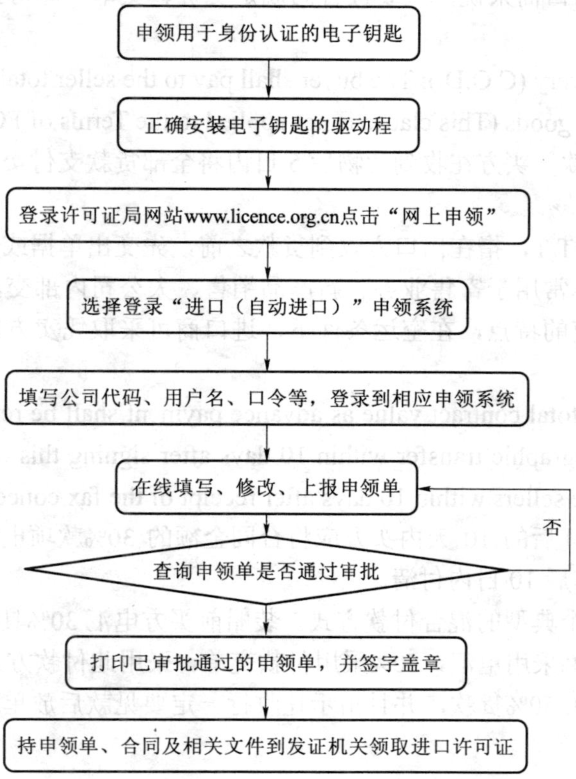

图 4–1 进口许可证申领流程图

（二）合同中常见的电汇支付条款及释疑

（1）The buyer shall pay 100% of the sales proceeds in advance by Demand Draft to reach the seller not later than June 25.

【中文】买方应不迟于 6 月 25 日将 100%的货款用票汇预付至卖方。

【释疑】票汇是以银行即期汇票为支付工具的汇款方式，最大的优点是汇票经收款人背书后可以在市场上流通转让。

（2）T/T 50% in advance and balance to be paid by T/T against arrival of goods.

【中文】采用前 T/T 支付 50%货款，货到后电汇支付剩余货款。

【释疑】预付货款是指在订货时或交货前汇付货款的方法，在预付货款的交易中，进口商为了减少预付风险，可以采用凭单付款的方法，即进口商凭出口人提供的指定单据和装运凭证付款。

（3）50% of the total contract value as advance payment shall be remitted by the buyer to the seller through T/T within 15 days after signing this contract. Payment to be effected by the buyer shall not be later than 7 days after receipt of the documents listed in the contract by T/T.

【中文】买方同意在本合同签字之日起，15 日内将本合同总金额 50%的预付款，以电汇方式汇交卖方，并在收到本合同所列单据后7日内电汇其余货款。

【释疑】这种方式更易被贸易双方所接受。对于进口商来说，可以避免卖方收款后不交货的风险。对于出口商来说，只要按合同规定交货、交单，即可立即向出口地银行支取货款。

（4）Cash on delivery (C.O.D.): The buyer shall pay to the seller total amount within 5 days after the receipt of the goods (This clause is not applied to the Terms of FOB, CFR, CIF).

【中文】货到付款：买方在收到货物后5日内将全部货款支付卖方（不适用于FOB，CFR，CIF）。

【释疑】又称后T/T，指在出口方收到货款之前，先交出单据或货物，然后进口商主动汇付货款的方法。常用于寄售业务、新产品销售、大公司内部交易等情况。此外，为了适应空运到货迅速的特点，在空运条件下，进口商可采取凭卖方发货通知汇付货款的做法。

（5）30% of the total contract value as advance payment shall be remitted by the buyer to the seller through telegraphic transfer within 10 days after signing this contract and remaining part will be paid to the sellers within 10 days after receipt of the fax concerning original B/L.

【中文】合同签订后的10天内买方应将合同金额的30%款项电汇给卖方，其余货款收到传真的正本提单后10日内付清。

【释疑】这是一个典型的混合付款方式。装船前买方电汇30%具有定金性质，装船后再付70%，其中20%采用电汇，50%采用付款交单。采用此付款方式，最好在收妥20%电汇款后再托收其余50%货款，并且指示托收行一定要见款后放单以减少风险发生的可能性。

任务 4.2　电汇项下进口单证操作

任务背景

近日，泰佛贸易有限公司拟从日本进口一批高质量全棉斜纹面料。为此公司业务员李然利用互联网和各种商务网站对日本市场进行调研，查阅了日本有关商社的经营情况，收集各种信息，以便掌握产品的质量规格、供求信息及价格动态。经过与日本多家商社的充分沟通后，最终确定与大阪SOCAN IMPORT & EXPORT CORPORATION订立购货合同，采用电汇结算方式及航空运输方式。

SOCAN IMPORT & EXPORT CORPORATION公司收到预付货款后开始备货，泰佛贸易有限公司按照约定办理预付货款、运输及保险等事宜，待出口商发货并交单后，泰佛贸易有限公司办理相关到货手续。

一、操作范例

TIFERT TRADING COMPANY LTD与SOCAN IMPORT & EXPORT CORPORATION签订T/C面料进口合同（见样例4–1）。

样例 4–1：全棉斜纹面料购货合同

PURCHASE CONTRACT

PP/C No.: TF201018

Date: AUG 5, 2010

The buyer: TIFERT TRADING COMPANY LTD.
NO.86, ZHUJIANG ROAD, TIANJIN, CHINA
Fax: 0086 22 85665678　Tel. 0086 22 85665679

The seller: SOCAN IMPORT& EXPORT CORPORATION
5-7, AMMACHI, 2-CHOME, CHUO-KU, OSAKA, JAPAN
Fax: +0081 06 66443288　Tel.: +0081 06 66443290

The seller and the buyer have confirmed this Contract with the terms and conditions stipulated below.

DESCRIPTIONS OF GOODS	QUANTITY	UNIT PRICE	AMOUNT
WOVEN TWILL 100% COTTON	1 000METERS	USD2.8/METER FCA OSAKA	USD2 800.00
TOTAL VALUE: SAY US DOLLARS TWO THOUSAND AND EIGHT HUNDRED ONLY			

PACKING: IN ROLLS OF 50 METERS EACH.

AIRPORT OF DEPARTURE: OSAKA, JAPAN

AIRPORT OF DESTINATION: TIANJIN, CHINA

LATEST DATE OF SHIPMENT: SEPTEMBER 30, 2010.

PATIAL SHIPMENT AND TRANSSHIPMENT: NOT ALLOWED

INSURANCE: TO BE COVERED BY THE BUYER.

PAYMENT: THE BUYER WILL PAY 100% OF THE SALES PROCEEDS BY T/T REMITTANCE TO THE SELLER NOT LATER THAN AUG 30, 2010.

QUALITY/QUANTITY DISCREPANCY: IN CASE OF QUANLITY DISCREPANCY, CLAIM SHOULD BE FILED BY THE BUYER WITHIN 60 DAYS AFTER THE ARRIVAL OF THE GOODS AT PORT OF DESTIONATION. WHILE FOR QUANTITY DISCREPANCY, CLAIM SHOULD BE FILED BY THE BUYER WITHIN 30 DAYS AFTER THE ARRIVAL OF THE GOODS AT PORT OF DESTIONATION. IT IS UNDERSTOOD THAT THE SELLER SHALL NOT BE LIABLE FOR ANY DISCREPANCY OF THE GOODS SHIPPED DUE TO CAUSES FOR WHICH THE INSURANCE COMPANY, SHIPPING COMPANY, OTHER THANSPORTATION ORGANAZATION POST OFFICE ARE LIABLE.

Seller	Buyer
SOCAN IMPORT&EXPORT CORPORATION	TIFERT TRADING COMPNY　LTD.
PETER	李然

【第一步】办理预付货款的电汇手续。2010 年 8 月 22 日进口商泰佛贸易有限公司业务员李然根据购货合同到中国银行天津分行办理预付货款的电汇手续，填写境外汇款申请书（见样例 4–2）和购买外汇申请书（见样例 4–3）。

相关链接

表 4–1　　境外汇款申请书缮制规范

项目顺序号	填写内容	要点提示
（1）日期	申请汇款日期	汇款人英文填写
（2）汇款方式	电汇、信汇或票汇选其一	按照合同条款填写
（3）申报号码	电汇申报号码	银行填写
（4）银行业务编号	银行该笔业务的编号	银行填写
（5）收电行/付款行	出口商所在地付款行	银行填写
（6）汇款币种及金额	实际付款的币种及金额	按照合同或业务情况填写
（7）购汇金额	向银行购买外汇对外支付的金额	不包括实际付款金额中现汇金额部分
（8）现汇金额	直接从外汇账户中支付的金额	如实填写
（9）其他金额	汇款人除购汇和现汇以外对境外支付的金额	包括跨境人民币交易以及记账贸易项下交易等的金额
（10）账号	银行对境外付款时扣款的账号	则填写金额最大的扣款账号
（11）汇款人名称及地址	汇款人名称及地址	应与组织机构代码证或特殊机构代码通知书上的名称、地址一致
（12）对公	因公业务填写组织机构代码	按照国家相关部门颁发的组织机构代码证或特殊机构代码通知书填写
（13）对私	针对因私业务，因公不填	
（14）收款银行之代理行名称及地址	中转银行名称、所在国家、城市及其在清算系统中的识别代码	一般由收款人提供，没有可以不填
（15）收款人开户银行名称及地址	收款人开户银行名称、所在国家、城市及识别代码	通常为出口商开户银行
（16）收款人开户银行在其代理行账号	收款银行在中转行的账号	一般由收款人提供，没有可以不填
（17）收款人名称及地址	收款人全称及其所在国家、城市以及收款人账号	通常为出口商
（18）汇款附言	填写所汇款项的必要说明	如标明付款所对应的信息，以确定付款对应的业务

续表

项目顺序号	填写内容	要点提示
(19) 国内外费用负担	汇款人确定办理对外付款时发生的国内费用由谁承担	通常为 SHA
(20)收款人常驻国家(地区)及代码	实际收款人常驻国家或地区	代码根据国家（地区）代码表填写
(21) 交易编码	依据交易性质对应的“国际收支交易编码表”(支出）填写	如实填写
(22) 相应币种及金额	根据填报的交易编码填写	与交易编码一致
(23) 交易附言	本笔对境外付款交易性质描述	应与交易编码一致
(24) 外汇局批件/备案号	填写进口付汇备案表号	
(25) 报关单经营单位代码	填写企业自理报关单位注册登记证明上代码	
(26) 报关单号	填写进口货物报关单上的编码	
(27) 报关单币种及总金额	报关单实际金额	与报关单一致
(28) 银行专用栏	银行填写	
(29) 申请人签章	汇款申请人签字盖章	
(30) 银行签章	汇款银行签字盖章	

样例 4–2：境外汇款申请书

境外汇款申请书
APPLICATION FOR FUNDS TRANSFER (OVERSEAS)

致：中国银行 天津分行　　　　　　　　（1）日期：2010-08-22
To: BANK OF CHINA,TIANJIN BRANCH　　　Date: AUG 22,2009

<table>
<tr><td colspan="2">（2）电汇 T/T □票汇 D/D
□信汇 M/T</td><td>发报登记 Priority</td><td>☑电汇 Normal</td><td>□电汇 Urgent</td></tr>
<tr><td colspan="2">（3）申报号码
BOP Reporting No.</td><td colspan="3">□□□□□□ □□□□ □□ □□□□□□ □□□□</td></tr>
<tr><td colspan="2">（4）20：银行业务编号
Bank Trans Ref. No.</td><td></td><td>（5）收电行/付款行
Receiver/Drawn on</td><td></td></tr>
<tr><td colspan="2">（6）32A：汇款币种及金额
Currency & Inter-bank Settlement Amount</td><td>USD2 800.00</td><td>金额大写
Amount in Words</td><td>US DOLLARS TWO THOUSAND AND EIGHT HUNDRED ONLY</td></tr>
<tr><td rowspan="3">其中</td><td>（7）购汇金额</td><td>USD2 800.00</td><td>（10）账号 A/C</td><td></td></tr>
<tr><td>（8）现汇金额</td><td></td><td>账号 A/C</td><td></td></tr>
<tr><td>（9）其他金额</td><td></td><td>账号 A/C</td><td></td></tr>
<tr><td colspan="2">（11）50a：汇款人名称及地址
Remmiter’s Name & Address</td><td colspan="3">TIFERT TRADING COMPANY LTD.
NO.86, ZHUJIANG ROAD, TIANJIN, CHINA</td></tr>
<tr><td colspan="2" rowspan="2">（12）对公
组织机构代码 Unit Code
□□□□□□□□□</td><td rowspan="2">（13）□对私</td><td colspan="2">□个人身份证号码 Individual ID No</td></tr>
<tr><td colspan="2">□中国居民个人 Resident Individual
□中国非居民个人 Non-Resident Individual</td></tr>
<tr><td colspan="2">（14）54a/56a：收款银行之代理行名称及地址
Correspondent of Ben’s Banker Name & Add</td><td colspan="3"></td></tr>
<tr><td colspan="2" rowspan="2">（15）57a：收款人开户银行名称及地址
Ben’s Bank Name & Add</td><td colspan="3">（16）收款人开户银行在其代理行账号
Ben’s Bank A/C No.</td></tr>
<tr><td colspan="3">FUJI BANK ,OSAKA BRANCH</td></tr>
<tr><td colspan="2" rowspan="2">（17）59a：收款人名称及地址
Ben’s Bank Name & Add</td><td colspan="3">收款人账号 Ben’s A/C NO.</td></tr>
<tr><td colspan="3">SOCAN IMPORT & EXPORT CORPORATION
5-7, AMMACHI, 2-CHOME, CHUO-KU,OSAKA, JAPAN</td></tr>
</table>

(18) 70：汇款附言 Remittance Information 只限 140 个字位 Not Exceeding 140 Characters TF200918			(19) 71：国内外费用承担 All Bank's Charges If Any Are to Be Bone By □汇款人 OUR □收款人 BEN ☑共同 SHA		
(20) 收款人常驻国家（地区）名称及代码 Ben. Resident Country/Region Name & Code □□□					
请选择：☑预付货款 Advance Payment □货到付款 Payment against Delivery □退款 Refund □其他 Other					
(21) 交易编码 BOP Trans. Code	□□□□ □□□□ □□□□	(22) 相应币种及金额 Currency&Amount	USD2 800.00	(23) 交易附言 Trans. Remark	
是否为进口核销项下付款	是☑ 否□	合同号	TF200918		
(24) 外汇局批件/备案表号			(25) 报关单位经营单位代码	□□□□□□□□□□□	
(26) 报关单号		(27) 报关单币种及总金额		本次核注金额	
(28) 银行专用栏 For Bank Use Only		(29) 申请人签章 Applicant's Signature		(30) 银行签章 Bank's Signature	
购汇汇率 Rate@					
等值人民币 RMB Equivalent					
手续费 Comm.					
电报费 Cable Charges					
合计 Total Charges					
支付费用方式	□现金 by Cash □支票 by Check □账户				
核印 Sig. Ver		经办 Maker		复核 Checker	

样例 4–3：购买外汇申请书

购买外汇申请书

中国银行：

我公司现按国家外汇管理局有关规定向贵行提出购汇申请，并随附有关单证，请审核并按实际转账日牌价办理售汇。

单位名称	泰佛贸易有限公司		人民币账号	059010150013658	
购汇金额（大小写）	USD2 800.00	当日汇率		折合人民币（大小写）	
购汇支付方式	□支票 □银行汇票 □银行本票 ☑扣账 □其他				
购汇用途	☑进口商品 □从属费用 □索赔退款 □还贷 □其他				
对外结算方式	□信用证 □代收 ☑汇款 （□货到付款 □预付货款）				
业务参考	商品名称	WOVEN TWILL 100% COTTON		数　量	1 000METERS
	合同号	TF201018		发票号	
	合同金额	USD2 800.00		发票金额	USD2 800.00
	核销单号	522461096		信用证号	
进口商品类型	☑一般进口商品 □控制进口商品，批文随附如下： □进口证明 □许可证 □登记证明 □其他批文 批文号码：　批文有效有效期：				
附件	□售汇通知单 □进口付汇核销单 □正本报关单 ☑合同/协议 □发票 □正本运单 □保险费收据 □运费单/收据 □佣金单 □付款委托书 □开证申请书 □其他				

申请单位：泰佛贸易有限公司

联系人：李然　　电话：022-85665679　　2010 年 08 月 22 日

银行审核意见：

经办人：　　复核人：　　审批：

年　月　日

【第二步】得知 SOCAN IMPORT & EXPORT CORPORATION 货已备妥之后，8 月 30 日泰佛贸易有限公司委托九州货运代理公司办理航空运输手续，并通知出口商。出口商按时装运后，通知泰佛贸易有限公司以便其办理投保。出口商快递给进口商商业发票（见样例 4–4）、装箱单（见样例 4–5）和空运单（见样例 4–6）。泰佛贸易有限公司自己办妥了保险单（见样例 4–7）。

样例 4–4：商业发票

SOCAN IMPORT & EXPORT CORPORATION

5-7, AMMACHI, 2-CHOME, CHUO-KU, OSAKA, JAPAN

Fax: +0081 06 66443288 Tel.: +0081 06 66443290

COMMERCIAL INVOICE

To:	TIFERT TRADING COMPANY LTD. NO.86, ZHUJIANG ROAD, TIANJIN, CHINA	**Invoice No.:**	10SN1568
		Invoice Date:	SEPT. 10, 2010
		S/C No.:	TF201018
		S/C Date:	AUG 5, 2010
From:	OSAKA AIRPORT	To:	TIANJIN AIRPORT

Marks and Numbers	**Number and kind of package Description of goods**	**Quantity**	**Unit Price**	**Amount**
				FOB OSAKA
TIFERT 10MC1568 TIANJIN NO.1-20	WOVEN TWILL 100% COTTON	1 000METERS	USD2.8/METER	USD2 800.00
	TOTAL:	1 000METERS		USD2 800.00

SAY TOTAL: U.S.DOLLARS TWO THOUSAND AND EIGHT HUNDRED ONLY.

SOCAN IMPORT&EXPORT CORPORATION

PETER

样例 4–5：装箱单

SOCAN IMPORT & EXPORT CORPORATION

5-7，AMMACHI，2-CHOME，CHUO-KU,OSAKA，JAPAN

Fax: +0081 06 66443288　　Tel.: +0081 06 66443290

PACKING LIST

To: TIFERT TRADING COMPANY LTD.
NO.86, ZHUJIANG ROAD, TIANJIN, CHINA

Invoice No.: 10SN1568

Invoice Date: SEPT 10, 2010

S/C No.: TF201018

S/C Date: AUG 5, 2010

From: OSAKA AIRPORT, JAPAN　　**To:** TIANJIN AIRPOT,CHINA

Marks and Numbers	Number and kind of package Description of goods	Quantity	Package	G.W	N.W	Meas.
TIFERT 10MC1568 TIANJIN NO.1-20	WOVEN TWILL 100% COTTON	1 000METERS	20BALES	220KGS	200KGS	4.000CBM
TOTAL:		1 000METERS	20BALES	220KGS	200KGS	4.000CBM

SAY TOTAL: TWENTY BALES ONLY

SOCAN IMPORT&EXPORT CORPORATIO

PETER

样例 4–6：空运单

999		30506442	999－	CA 9JU004

Shipper's Name and Address Shipper's Account Number SOCAN IMPORT & EXPORT CORPORATION 5-7, AMMACHI, 2-CHOME, CHUO-KU, OSAKA, JAPAN Tel. 810666443290 Fax: 810666443288	Not Negotiable Air Waybill Issued by 中国国际航空公司 AIR CHINA BEIJING CHINA Copies 1, 2 and 3 of this Air Waybill are originals and have the same validity.
Consignee's Name and Address Consignee's Account Number TIFERT TRADING COMPANY LTD. NO.86, ZHUJIANG ROAD, TIANJIN, CHINA Tel.: 862285665679 Fax: 862285665678	It is agreed that the goods described herein are accepted for carriage in apparent good order And condition (except as noted) and SUBJECT TO THE CONDITIONS OF CONTRACT ON THE REVERSE HEREOF. ALL GOODS MAY BE CARRIED BY AND OTHER MEANS INCLUDING ROAD OR ANY OTHER CARRIER UNLESS SPECIFIC CONTRARY INSTRUCTIONS ARE GIVEN HEREON BY THE SHIPPER. THE SHIPPER'S ATTENTION IS DRAWN TO THE NOTICE CONCERNING CARRIER'S LIMITATION OF LIABILITY. Shipper may increase such limitation of liability by declaring a higher value for carriage and paying a supplemental charge if required.
Issuing Carrier's Agent Name and City OSAKA TRANS CO.,LTD	Accounting Information NOTIFY: SAME AS CONSIGNEE FREIGHT COLLECT
Agent's IATA Code / Account No.	
Airport of Departure (Addr. of First Carrier) and Requested Routing OSAKA ,JAPAN	

To	By First Carrier Routing and Destination	to	by	to	by	Currency	CHGS Code	WT/VAL PPD	WT/VAL COLL	Other PPD	Other COLL	Declared Value for Carriage	Declared Value for Customs
KIX	OZ					JPY			X		X	N.V.D	N.C.V

Airport of Destination	Flight/Date For carrier Use Only Flight/Date		Amount of Insurance	INSURANCE - If Carrier offers insurance, and such insurance is requested in accordance with the conditions thereof, indicate amount to be insured in figures in box marked "Amount of Insurance."
TIANJIN ,CHINA	OZ998/2010.9.20		NIL	

Handing Information

(For USA only) These commodities licensed by U.S. for ultimate destination ………………………………Diversion contrary to U.S. law is prohibited

No of Pieces RCP	Gross Weight	Kg lb	Rate Class	Commodity Item No.	Chargeable Weight	Rate Charge	Total	Nature and Quantity of Goods (incl. Dimensions or Volume)
20 ROLLS	220	K	Q		220	AS ARRANGED		WOVEN TWILL 100% COTTON
20	220							VOLUME=4.000CBM

Prepaid	Weight Charge	Collect	Other Charges
AS ARRANGED			
	Valuation Charge		AWB FEE: 30.00
	Tax		
	Total other Charges Due Agent		Shipper certifies that the particulars on the face hereof are correct and that **insofar as any part of the** consignment contains dangerous goods, such part is properly described by name and is in proper **condition for carriage by air according to the applicable Dangerous Goods Regulations.**
	Total other Charges Due Carrier		OSAKA TRANS CO.,LTD Signature of Shipper or his Agent
Total Prepaid AS ARRANGED	Total Collect		SEPT.20,2010 / S.M.PARK
Currency Conversion Rates	CC Charges in Dest. Currency		Executed on (date) at(place) Signature of Issuing Carrier or its Agent
For Carrier's Use only at Destination	Charges at Destination	Total Collect Charges	999－

ORIGINAL 3 (FOR SHIPPER)

样例 4–7：保险单

中国人民财产保险股份有限公司
PICC Property Casualty Company Limited

货物运输保险单
CARGO TRANSPORTATION INSURANCE POLICY

发票号（INVOICE NO.）10SN1568

合同号（CONTRACT NO.）TF201018

信用证号（L/C NO.）

保单号次
POLICY NO. PICCSH034582

被保险人:
Insured: TIFERT TRADING COMPANY LTD.

中国人民保险公司（以下简称本公司）根据被保险人的要求，由被保险人向本公司缴付约定的保险费，按照本保险单承保险别和背面所载条款与下列特款承保下述货物运输保险，特立本保险单。

THIS POLICY OF INSURANCE WITNESSES THAT THE PEOPLE'S INSURANCE COMPANY OF CHINA (HEREINAFTER CALLED "THE COMPANY") AT THE REQUEST OF THE INSURED AND IN CONSIDERATION OF THE AGREED PREMIUM PAID TO THE COMPANY BY THE INSURED UNDERTAKES TO INSURE THE UNDERMENTIONED GOODS IN TRANSPORTATION SUBJECT TO THE CONDITIONS OF THIS OF THIS POLICY AS PER THE CLAUSES PRINTED OVERLEAF AND OTHER SPECIL CLAUSES ATTACHED HEREON.

标 记 MARKS & NOS	包装及数量 QUANTITY QUANTITY	保险货物项目 GOODS DESCRIPTION OF GOODS	保险金额 INSURED AMOUNT AMOUNT INSURED
TIFERT 10MC1568 TIANJIN NO.1-20	20ROLLS	WOVEN TWILL 100% COTTON -	USD3 080.00

总保险金额
TOTAL AMOUNT INSURED: SAY U.S.DOLLARS THREE THOUSAND AND EIGHTY ONLY

保费：
PERMIUM: AS ARRANGED

启运日期
DATE OF COMMENCEMENT: AS PER AWB

装载运输工具：
PER CONVEYANCE: FLIGHT OZ998

自
FROM: OSAKA,JAPAN

经
VIA

至
TO TIANJIN ,CHINA

承保险别：
CONDITIONS:

COVERING AIR TRANSPORTATION ALL RISKS SUBJECT TO AIR TRANSPORT CARGO CLAUSE DATED 1/1/1981

所保货物,如发生保险单项下可能引起索赔的损失或损坏,应立即通知本公司下述代理人查勘。如有索赔,应向本公司提交保单正本（本保险单共有两份正本）及有关文件。如一份正本已用于索赔，其余正本自动失效。

COMPANY'S AGENT AS MENTIONED HEREUNDER. CLAIMS,IF ANY, ONE OF THE ORIGINAL POLICY WHICH HAS BEEN ISSUED IN 2 ORIGINAL(S) TOGETHER WITH THE RELEVENT DOCUMENTS SHALL BE SURRENDERED TO THE COMPANY. IF ONE OF THE ORIGINAL POLICY HAS BEEN ACCOMPLISHED. THE OTHERS TO BE VOID.

PICC PROPERTY CASUALTY COMPANY LTIMITED
80, QUFU ROAD, TIANJIN, CHINA
TEL: 022 2331 6789

中国人民财产保险股份有限公司
PICC PROPERTY CASUALTY
COMPANY LTIMITED

赔款偿付地点
CLAIM PAYABLE AT TIANJIN IN USD

降彩石

出单日期
ISSUING DATE SEPT. 20, 2010

Authorized Signature

地址（ADD）：中国天津曲阜道 80 号
邮编（POST CODE）：300029

电话（TEL）：(022) 2331 6789
传真（FAX）：(022) 2331 6790

【第三步】泰佛贸易有限公司收到全套单据后，经与合同条款比较，发现存在一些不符点，填写审单记录（见样例 4–8）并发邮件要求出口商对单据即刻进行修改替换。

样例 4–8：进口来单审核记录

发票号　10SN1568	船名/航班　OZ998	提/运单号　CA 9JU004
进口商 TIFERT TRADING COMPANY LTD		装期　SEPT.30, 2010
付款方式 T/T	金额 USD2 800.00	效期
		交单期

单据名称	汇票	发票	装箱单	保险单	产地证	检验证	GSP产地证	海关发票	船行证明	受益人证明	电抄	空运单	提单副本	其它
收到份数		3	3									1		

存在问题及处理意见	发票： 贸易术语不是 FOB 而是 FCA
	装箱单： 包装应该是每卷 50 米而不是每包 50 米
	空运单： 运费应该是到付而不是预付
其他应注意事项：	

单证员	审单员	银行复核	付汇日期
王芳	庞峻岭		

【第四步】收到更正后的全套进口单据之后，泰佛贸易有限公司填写入境货物报检单（见样例 4–9）向天津出入境检验检疫局进行自理报检，检验检疫局验货后签发通关单（见样例 4–10）。

样例 4–9：入境货物报检单

中华人民共和国出入境检验检疫

入境货物报检单

报检单位（加盖公章）： 泰佛贸易有限公司　　*编　号

报检单位登记号：　　联系人：李梓　电话：8838 1779　报检日期：2010 年 9 月 23 日

收货人	（中文）	泰佛贸易有限公司	企业性质（划“√”）	□合资　□合作　□外资
	（外文）	TIFERT TRADING COMPANY LTD.		
发货人	（中文）			
	（外文）	SOCAN IMPORT & EXPORT CORPORATION		

货物名称（中/外文）	H.S.编码	原产国（地区）	数/重量	货物总值	包装种类及数量
梭织全棉斜纹面料 WOVEN TWILL 100% COTTON	52093200	日本	1 000 米	2 800 美元	20ROLLS

运输工具名称号码	OZ998			合同号	TF201018
贸易方式	一般贸易	贸易国别（地区）	日本	提单 / 运单号	CA 9JU004
到货日期	2010.09.30	启运国家（地区）	日本	许可证 / 审批号	
卸货日期	2010.09.30	启运口岸	大阪	入境口岸	天津
索赔有效期至		经停口岸		目的地	天津
集装箱规格、数量及号码					
合同、信用证订立的检验检疫条款或特殊要求				货物存放地点	仓库
				用　途	自营内销

随附单据（划“✓”或补填）		标 记 及 号 码	*外商投资资产（划“✓”）	□是□否
☑合同	□到货通知	TIFERT	*检验检疫费	
☑发票	☑装箱单	10MC1568	总金额（人民币元）	
□提/运单	□质保书	TIANJIN		
□兽医卫生证书	□理货清单	NO.1-20	计费人	
□植物检疫证书	□磅码单			
□动物检疫证书	□验收报告			
□卫生证书	□		收费人	
□原产地证	□			
□许可/审批文件	□			

报检人郑重声明： 1. 本人被授权报检。 2. 上列填写内容正确属实。 签名：李梓	领 取 证 单	
	日期	
	签名	

注：有“*”号栏由出入境检验检疫机关填写　　◆国家出入境检验检疫局制

样例 4–10：入境货物通关单

中华人民共和国出入境检验检疫
入境货物通关单

编号：XT100812

<table>
<tr><td colspan="3">1. 收货人
泰佛贸易有限公司</td><td rowspan="3">5. 标记及唛码
TIFERT
10MC1568
TIANJIN
NO.1-20</td></tr>
<tr><td colspan="3">2. 发货人
SOCAN IMPORT & EXPORT CORPORATION</td></tr>
<tr><td>3. 合同/提（运）单号
CA 9JU004</td><td colspan="2">4. 输出国家或地区
日本</td></tr>
<tr><td>6. 运输工具名称及规格
FLIGHT OZ998</td><td colspan="2">7. 目的地
天津</td><td>8. 集装箱规格及数量
1×40’</td></tr>
<tr><td>9. 货物名称及规格

WOVEN TWILL
100% COTTON</td><td>10. H.S 编码

52093200</td><td>11. 申报总值

USD2 800.00</td><td>12. 数/重量、包装数量及种类

20 ROLLS
1 000METERS</td></tr>
<tr><td colspan="4">13. 证明

上述货物业已报检/申报，请海关予以放行。

日期：2010 年 10 月 15 日</td></tr>
<tr><td colspan="4">14. 备注</td></tr>
</table>

【**第五步**】泰佛贸易有限公司填写报关委托书（见样例 4–11）、报关单（见样例 4–12），并随附合同、发票和装箱单委托九州货代公司代为报关。收到到货通知书，并办妥报检报关手续后，办理提货手续。

样例 4–11：代理报关委托书

代 理 报 关 委 托 书

编号：0000018908865

我单位现（A 逐票、B 长期）委托贵公司代理 A、C 等通关事宜。（A、报关查验 B、垫缴税款 C、办理海关证明联 D、审批手册 E、核销手册 F、申办减免税手续 G、其它）详见《委托报关协议》。

我单位保证遵守《海关法》和国家有关法规，保证所提供的情况真实、完整，单货相符。否则，愿承担相关法律责任。

本委托书有效期自签字之日起至 2010 年 12 月 31 日止。

委托方（盖章）

TIFERT TRADING CO., LTD
泰佛贸易有限公司

法定代表人或其授权签署《代理报关委托书》的人（签字）

委 托 报 关 协 议

为明确委托报关具体事项和各自责任，双方经平等协商签定协议如下：

委托方	泰佛贸易有限公司	被委托方	九州货运代理公司	
主要货物名称	全棉梭织斜纹面料	*报关单编码	No.	
HS 编码	52093200	收到单证日期	2010 年 9 月 10 日	
进出口日期	2010 年 9 月 22 日	收到单证情况	合同☑	发票☑
提单号	CA 9JU004		装箱清单☑	提（运）单☑
贸易方式	一般贸易		加工贸易手册☐	许可证件☐
原产地/货源地	日本		其它	
传真电话	022-85665679	报关收费	人民币： 元	
其它要求：		承诺说明：以与委托方确认没有侵犯他人知识产权行为		
背面所列通用条款是本协议不可分割的一部分，对本协议的签署构成了对背面通用条款的同意。		背面所列通用条款是本协议不可分割的一部分，对本协议的签署构成了对背面通用条款的同意。		
委托方业务签章：TIFERT TRADING CO., LTD 泰佛贸易有限公司 经办人签章：李然 联系电话：022-85665679 2010 年 9 月 10 日		被委托方业务签章：九州货运代理公司 经办报关员签章：王凯 联系电话：022-56987653 2010 年 9 月 10 日		

中国报关协会监制

（白联：海关留存、黄联：被委托方留存、红联：委托方留存）

样例 4–12：进口货物报关单

中华人民共和国海关进口货物报关单

预录入编号：　　　　　　　　　　　　　　　　海关编号：45668711

出口口岸 天津海关	备案号	进口日期 20100922	申报日期 20100925

经营单位 泰佛贸易有限公司 0387124555	运输方式 航空运输	运输工具名称 OZ998	提运单号 CA 9JU004
收货单位 泰佛贸易有限公司 0387124555	贸易方式 一般贸易	征免性质 一般征税	征税比例

许可证号	起运国（地区） 日本		装货港 大阪	境内目的地 天津
批准文号	成交方式 FCA	运费 502/750/3	保费 502/820/3	杂费
合同协议号 TF200918	件数 20	包装种类 卷	毛重（公斤） 220	净重（公斤） 200
集装箱号	随附单据 B：T0908227			用途

标记唛码及备注　TIFERT
10MC1568
TIANJIN
NO.1-20

项号	商品编号	商品名称、规格型号	数量及单位	原产国（地区）	单价	总价	币制	征免
01	52093200	全棉梭织斜纹面料	1 000 米	日本	USD2.8	2 800	502	照章征税

税费征收情况

录入员　录入单位	兹声明以上申报无讹并承担法律责任	海关审单批注及放行日期（签章） 审单　　审价
报关员 单位地址	申报单位（签章）	征税　　统计
邮编	电话　　填制日期	查验　　放行

提 示 板

电子报检 Vs 电子转单

电子报检是指报检人使用报检软件通过检验检疫电子业务服务平台将报检数据以电子方式传输给检验检疫机构，经检验检疫业务管理系统和检务人员处理后，将受理报检信息反馈给报检人，实现远程办理出入境检验检疫报检的行为。

电子转单是指通过网络，将产地检验检疫机构和口岸检验检疫机构的相关信息相互连通，入境货物经入境口岸检验检疫机构签发入境货物通关单后的相关电子信息传输到目的地检验检疫机构实施检验检疫的监管模式。电子转单具有共享数据信息、简化操作程序、降低外贸成本、提高通关速度的优点。

资料库

国际货物托运书（SHIPPER'S LETTER OF INSTRUCTION，简称 SLI）是托运人委托承运人或其代理填写航空货运单的一种表单。货运代理与发货人达成运输意向后，可以向发货人提供航空公司的“国际货物托运书”，发货人发货时，首先填写托运书，加盖公章，作为货主委托代办货物出口航空运输的依据。

国际货物托运书
SHIPPER'S LETTER OF INSTRUCTION

TO:　　　　　　　　　　　　　　　　　　　　　　　　　　进仓编号：

<table>
<tr><td>托运人</td><td colspan="6"></td></tr>
<tr><td>发货人
SHIPPER</td><td colspan="6"></td></tr>
<tr><td>收货人
CONSIGNEE</td><td colspan="6"></td></tr>
<tr><td>通知人
NOTIFY
PARTY</td><td colspan="6"></td></tr>
<tr><td>起运港</td><td colspan="2"></td><td>目的港</td><td></td><td>运费</td><td></td></tr>
<tr><td colspan="2">标记唛头
MARKS</td><td>件数
NUMBER</td><td colspan="2">中英文品名
DESCRIPTION OF GOODS</td><td>毛重（公斤）
G. W (KGS)</td><td>尺码（立方米）
SIZE (M^3)</td></tr>
<tr><td colspan="2"></td><td></td><td colspan="2"></td><td></td><td></td></tr>
<tr><td colspan="4">1. 货单到达时间：</td><td colspan="2">2. 航班：</td><td>运价：</td></tr>
<tr><td colspan="4">电　话：
传　真：
联系人：
地　址：
托运人签字：</td><td colspan="3">★如改配航空公司请提前通知我司

制单日期：　　　　年　　月　　日</td></tr>
</table>

二、技能训练

（一）初级任务

天津NAMNO CO., LTD从新加坡CCD INTERNATIONALCO., LTD购买一批承载带，作为单证员请你依据下列资料拟订一份购货确认书（见样例 4–13），签章后寄送至 CCD INTERNATIONAL CO., LTD会签。

样例 4–13：购货确认书

买方：TIANJIN NAMNO CO., LTD
38 XIAOZHAN GONGYEYUAN, ERHAOLU JINNANQU, TIANJIN, CHINA
卖方：CCD INTERNATIONAL CO., LTD
50, WOODLANDS INDUSTRIAL PARK, E1 SINGAPORE 757746
货名：CARRIER TAPE（承载带）
数量及规格：1 000 ROLLS, SIZE: 16MM WIDTH, 42M LENGTH
单价：USD 10/ROLL CIF XINGANG, CHINA
包装：PP WOVEN BAGS, TRANSPORTED IN CONTAINER
支付方式：后T/T（T/T AFTER SHIPMENT）
装运港：SINGAPORE PORT
目的港：XINGANG PORT
装运期限：最迟不晚于2010年10月31日
分批装运：允许
转船：不允许
唛头：由买方确定
保险：由卖方按发票金额加一成投保一切险和战争险
单据：卖方提供下列单据

1. 签字的商业发票一式三份并注明合同号
2. 装箱单一式三份
3. 由卖方签发的质量和数量证明一式两份
4. 全套清洁、已装船海运提单，空白抬头、空白背书
5. 卖方应在货物发运后12小时之内将合同编号、商品名称、数量、毛重、净重、航次及日期电告买方

合同号：　NM101031
合同日期：2010/8/31

TIANJIN NAMNO CO.,LTD

38 XIAOZHAN GONGYEYUAN, ERHAOLU JINNANQU, TIANJIN, CHINA

PURCHASE　CONTRACT

THE SELLERS:	CONTRACT NO.: DATE:

THE SELLER AGREES TO SELL AND THE BUYER AGREES TO BUY THE UNDERMENTIONED COMMODITY ACCORDING TO THE TERMS AND CONDITIONS STATED BELOW:

1. NAME OF COMMODITY, SPECIFICATION:

2. UNIT PRICE & TOTAL VALUE:

3. QUANTITY:

4. PACKING:

5. COUNTRY OR ORIGIN AND/OR MANUFACTURED:

6. TERMS OF PAYMENT:

7. TIME OF SHIPMENT:

8. SHIPPING MARK:

9. PORT OF LOADING:

10. PORT OF DESTINATION:

11. TERMS OF SHIPMENT:

12. DOCUMENTS REQUIRED:

THE SELLER	THE BUYER

（二）中级任务

TIANJIN TRADING CO., LTD 从 KOREA INC 购买一批 PLASTIC SHEET，请根据购货合同（见样例 4–14）及补充信息，缮制入境货物报检单（见样例 4–15）。

样例 4–14：购货合同

PURCHASE CONTRACT

P　　P/C No.: TTCL1234

Date: MAY 10, 2010

The buyer: TIANJIN TRADING CO.,LTD
C1-8 INTERNATIOANL INDUSTRIAL CITY, XEDA, TIANJIN, CHINA
Fax: 00862285665233　　Tel. 00862285665235

The seller: KOREA INC
123 YEONNAM-DONG, MAPO-GU, SEOUL, KOREA

The seller and the buyer have confirmed this Contract with the terms and conditions stipulated below.

DESCRIPTIONS OF GOODS	QUANTITY	UNIT PRICE	AMOUNT
PLASTIC SHEET	3 000.00KGS	USD2.5.00/KG DDP TIANJIN	USD7 500.00
TOTAL VALUE: SAY US DOLLARS SEVEN THOUSAND FIVE HUNDRED ONLY			

PACKING: PACKED IN CARTONS OF 100 KGS EACH.
SHIPMENT: FROM　INCHEON TO TIANJIN
LATEST DATE OF SHIPMENT: JULY 30, 2010.
PATIAL SHIPMENT AND TRANSSHIPMENT: NOT ALLOWED
PAYMENT: 50% T/T IN ADVANCE , 50% D/P AT 30DAYS AFTER SIGHT
ACCEPTED BY:

Seller　　Buyer
KOREA , INC　　TIANJIN TRADE CO.,LTD

补充信息：
报检单位登记号：0987W
H.S.编码：8541.4000
运输工具名称：TODO VOY NO.2345E
到岸日期：2010 年 7 月 26
货物存放地点：天津市胜利路 113 号
用途：内销
贸易方式：一般贸易

样例 4–15：入境货物报检单

中华人民共和国出入境检验检疫
入境货物报检单

报检单位（加盖公章）： *编 号

报检单位登记号： 联系人： 电话： 报检日期： 年 月 日

收货人	（中文）	企业性质（划“√”）	□合资	□合作	□外资
	（外文）				
发货人	（中文）				
	（外文）				
货物名称（中/外文）	H.S.编码	原产国（地区）	数/重量	货物总值	包装种类及数量

运输工具名称号码			合同号		
贸易方式		贸易国别（地区）		提单／运单号	
到货日期		启运国家（地区）		许可证／审批号	
卸货日期		启运口岸		入境口岸	
索赔有效期至		经停口岸		目的地	
集装箱规格、数量及号码					
合同、信用证订立的检验检疫条款或特殊要求			货物存放地点		
			用 途		

随附单据（划“✓”或补填）		标 记 及 号 码	*外商投资资产（划“✓”）	□是□否
□合同	□到货通知		*检验检疫费	
□发票	□装箱单		总金额（人民币元）	
□提/运单	□质保书			
□兽医卫生证书	□理货清单			
□植物检疫证书	□磅码单		计费人	
□动物检疫证书	□验收报告			
□卫生证书	□			
□原产地证	□		收费人	
□许可/审批文件	□			

报检人郑重声明： 1. 本人被授权报检。 2. 上列填写内容正确属实。 签名：________	领 取 证 单	
	日期	
	签名	

注：有“*”号栏由出入境检验检疫机关填写 ◆国家出入境检验检疫局制

（三）高级任务

南京德华贸易有限公司从东京国际贸易有限公司进口一批手套，合同规定海运，采用电汇方式结算。请根据双方签订的采购合同（见样例 4–16）和相关资料，填写中国农业银行天津分行境外汇款申请书（见样例 4–17）和购买外汇申请书（见样例 4–18）。

样例 4–16：手套采购合同

NANJING DEHUA TRADING CO.,LTD

15 ZHANGSHAN ROAD, BAIXIA DISTRICT, NANJING, CHINA

FAX: +86 25 6278 9569 TEL: +86 25 6278 9099

采 购 合 同
PURCHASE CONTRACT

The Seller: TOKYO INTERNATIONAL TRADING CO., LTD
14/F, EMPIRE BUILDING, TOKYO, JAPAN
FAX: 0081499621121 TEL: 0081499621121

Contract No: F05127

Date: SEP 20, 2010

This contract is made by and between the buyer and seller , whereby the buyer agrees to buy and the seller agrees to sell the goods according to the under-mentioned and conditions.

Art. No.	Description	Quantity	Price	Amounts
FOB TOKYO				
1521A	Cotton Interlock Gloves	1 000 DOZS	USD4.47	USD4 470.00
2954C	PVC Dipped Gloves	1 200 DOZS	USD6.70	USD8 040.00
				USD12 510.00

Packaging: 1 DOZ IN A POLYBAG, 25 DOZS IN A EXPORT CARTON

Time of Delivery: FROM TOKOY TO NANJING NOT LATER THAN NOV.25,2010

Insurance: TO BE COVERED BY THE BUYER

Payment: THE BUYER SHALL PAY 100% OF THE PROCEEDS TO SELLER NOT LATER THAN OCT 31,2008 BY T/T IN ADVANCE

Remark: PARTIAL SHIPMENTS AND TRANSSHIPMENT NOT ALLOWED

THE SELLER	THE BUYER
TOKYO INTERNATIONAL TRADING CO.,LTD	NANJING DEHUA TRADING CO.,LTD
（出口商签字和盖章）	（进口商签字和盖章）

补充信息：

发票号：TIT-98765

收款银行：SUMITOMO MITSUI BANKING CORPORATION
2-3, HIBINO MIHAMA-KU, CHIBA-SHI, TOKYO, JAPAN

样例 4–17：境外汇款申请书

境外汇款申请书
APPLICATION FOR FUNDS TRANSFER (OVERSEAS)

致：
To:

（1）日期：
Date:

（2）□电汇 T/T □票汇 D/D □信汇 M/T	发报登记 Priority	□电汇 Normal	□电汇 Urgent
（3）申报号码 BOP Reporting No.	□□□□□□ □□□□ □□ □□□□□□ □□□□		
（4）20：银行业务编号 Bank Trans Ref. No.		（5）收电行/付款行 Receiver/Drawn on	
（6）32A：汇款币种及金额 Currency & Inter-bank Settlement Amount		金额大写 Amount in Words	
其中 （7）购汇金额		（10）账号 A/C	
其中 （8）现汇金额		账号 A/C	
其中 （9）其他金额		账号 A/C	
（11）50a：汇款人名称及地址 Remmiter's Name & Address			
（12）□对公 组织机构代码 Unit Code □□□□□□□□□	（13）□对私	□个人身份证号码 Individual ID No □中国居民个人 Resident Individual □中国非居民个人 Non-Resident Individual	
（14）54a/56a：收款银行之代理行名称及地址 Correspondent of Ben's Banker Name&Add			
（15）57a：收款人开户银行名称及地址 Ben's Bank Name & Add	（16）收款人开户银行在其代理行账号 Ben's Bank A/C No.		
（17）59a：收款人名称及地址 Ben's Bank Name & Add	收款人账号 Ben's A/C NO.		
（18）70：汇款附言 Remittance Information 只限 140 个字位 Not Exceeding 140 Characters	（19）71：国内外费用承担 All Bank's Charges If Any Are to Be Bone By □汇款人 OUR □收款人 BEN □共同 SHA		
（20）收款人常驻国家（地区）名称及代码 Ben. Resident Country/Region Name & Code □□□			
请选择：□预付货款 Advance Payment □货到付款 Payment against Delivery □退款 Refund □其他 Other			

（21）交易编码 BOP Trans. Code	□□□□ □□□□ □□□□	（22）相应币种及金额 Currency & Amount		（23）交易附言 Trans. Remark	
是否为进口核销项下付款		是□ 否□	合同号		
（24）外汇局批件/备案表号			（25）报关单位经营单位代码	□□□□□□□□□□	
（26）报关单号		（27）报关单币种及总金额		本次核注金额	

（28）银行专用栏 For Bank Use Only		（29）申请人签章 Applicant's Signature	（30）银行签章 Bank's Signature
购汇汇率 Rate@			
等值人民币 RMB Equivalent			
手续费 Comm.			
电报费 Cable Charges			
合计 Total Charges			
支付费用方式	□现金 by Cash □支票 by Check □账户		
核印 Sig. Ver		经办 Maker	复核 Checker

样例 4-18：购买外汇申请书

购买外汇申请书

<table>
<tr><td colspan="6">银行：
我公司现按国家外汇管理局有关规定向贵行提出购汇申请，并随附有关单证，请审核并按实际转账日牌价办理售汇。</td></tr>
<tr><td>单位名称</td><td colspan="2"></td><td>人民币账号</td><td colspan="2"></td></tr>
<tr><td>购汇金额
（大小写）</td><td></td><td>当日汇率</td><td>（不写）</td><td>折合人民币
（大小写）</td><td>（不写）</td></tr>
<tr><td>购汇支付方式</td><td colspan="5">☐支票 ☐银行汇票 ☐银行本票 ☐扣账 ☐其他</td></tr>
<tr><td>购汇用途</td><td colspan="5">☐进口商品 ☐从属费用 ☐索赔退款 ☐还贷 ☐其他</td></tr>
<tr><td>对外结算方式</td><td colspan="5">☐信用证 ☐代收 ☐汇款 （☐货到付款 ☐预付货款）</td></tr>
<tr><td rowspan="4">业务参考</td><td>商品名称</td><td colspan="2"></td><td>数量</td><td></td></tr>
<tr><td>合同号</td><td colspan="2"></td><td>发票号</td><td></td></tr>
<tr><td>合同金额</td><td colspan="2"></td><td>发票金额</td><td></td></tr>
<tr><td>核销单号</td><td colspan="2"></td><td>信用证号</td><td></td></tr>
<tr><td>进口商品类型</td><td colspan="5">☐一般进口商品
☐控制进口商品，批文随附如下：
☐进口证明 ☐许可证 ☐登记证明 ☐其他批文
批文号码： 批文有效有效期：</td></tr>
<tr><td>附件</td><td colspan="5">☐售汇通知单 ☐进口付汇核销单 ☐正本报关单
☐合同/协议 ☐发票 ☐正本运单
☐保险费收据 ☐运费单/收据 ☐佣金单
☐付款委托书 ☐开证申请书 ☐其他</td></tr>
<tr><td colspan="6">申请单位：

联系人： 电话： 年 月 日</td></tr>
<tr><td colspan="6">银行审核意见：

经办人： 复核人： 审批：

年 月 日</td></tr>
</table>

项目五　托收项下进口单证操作

任务 5.1　托收项下进口单证入门

案例导入

忽视海关监管条件变化造成进口巨额损失案

2009 年 10 月，阿尔法化工进出口有限公司与法国供货商就进口三丁基氧化锡达成一笔进口合同，数量 500 桶，鉴于双方有长久的业务合作关系，供货商同意采用 30%T/T 预付，70% D/P 即期付款，最迟交货期为 2009 年 12 月 30 日。进口商阿尔法化工进出口有限公司按照合同要求如期将 30%的货款电汇至供货商指定账号，供货商收妥预付款后抓紧投产，按照合同要求如期将 500 桶三丁基氧化锡备妥，并于 12 月 20 日将货装上“清河”轮，该载货船舶于 2010 年 1 月 10 日抵达天津港。进口商阿尔法化工进出口有限公司付清余款后，将全套单据交远洲货代公司委托其办理提货手续，但被告知海关不放行，原因是三丁基氧化锡 2010 年被列为入《中国严格限制进出口的有毒化学品目录》，自 2010 年 1 月 1 日起进口商应向环境保护部申请办理有毒化学品进口环境管理登记证和有毒化学品进口环境管理放行通知单，海关凭放行通知单放货。

为此，进口商不得不重新向环境保护部申请办理有毒化学品进口环境管理登记证和有毒化学品进口环境管理放行通知单，500 桶三丁基氧化锡被暂时存放在海关监管仓库，国内用货部门停工待料达一个月之久，进口商不仅支付了高额的仓储费，而且支付了一笔可观的罚金给国内厂家。通过上述案例，我们可以得到哪些启示？进口业务中如何避免发生类似的情况？

知识目标

1. 熟悉进口业务中托收付款的应用。
2. 了解托收项下进口商对外拒绝付款/拒绝承兑的处理的方法。

能力目标

1. 掌握托收项下进口单据审核方法和技巧。
2. 能够正确办理托收项下进口付汇、报检、报关等手续，并正确缮制进口单据。

在托收项下，出口商委托银行以向进口商交单为条件，向进口商收取货款或取得付款承诺。采用托收支付方式的货物买卖中，出口商交货后，把单据委托其当地的银行（托收行）转到进口商所在地的银行（代收行）时，代收行确定托收委托书及所附汇票与单据无误，如果接受托收行的委托，同意代为收款时，代收行会缮制进口来单代收通知书，凭以通知进口商验单付款或承兑。

一、知识导航

（一）进口业务中托收付款的应用

若代收行接受托收行的委托同意代收货款，就会缮制代收通知书，代收通知书一般一式四份，除代收行自留备查和作为回单寄托收行以外，还送交进口商两份，一联作为进口来单代收通知书，另一联作为进口来单代收确认书，与来单通知书一并交给进口商的还有一套单据复印件。进口商收到相关材料后，在办理对外付款/承兑手续时，应做好以下工作：

1. 审单

托收项下的进口单据，银行只是转交，没有审单的义务，所以进口商在接到代收行转来的单据复印件后，应该谨慎地审核单据以决定是否接受单据并对外付款或承兑。审单主要是看发票、运输单据上记载的货物是否一致，是否与合同要求的货物一致，转来的单据是否包含了进口清关所必需的应由出口商提供的全部文件；另外非常重要的就是判断运输单据的真伪，可以通过委托银行进行船情调查或向船公司在进口地的代理咨询提单上注明船只的动态。

2. 付款/承兑需提交的文件

如果进口商同意付款或承兑，应该在代收行的进口来单确认书上明确表示同意付款或者承兑，并加盖全套财务专用章或者其他约定印鉴，填写银行格式化的对外付款/承兑通知书，加盖银行预留的印鉴。除了这两份文件要交给银行以外，一并提交的还有进口合同（如为代理进口，还需要提交代理协议）以及其他可能要求的资料，如对外付款/承兑通知书、购汇申请书、进口付汇备案表、进口许可证、进口证明等。

3. 付汇赎单

付款交单（D/P）：以付款交单方式结算的，进口商在提交上述单据办妥付款手续后，即以其自有外汇支付的，代收行从其外汇账户中划款支付；使用银行贷款支付的，由银行有关信贷部门提供资金支付，核减进口商相应授信额度；需要银行售汇的，进口商将足额人民币购汇资金划至银行，按结售汇有关规定办理售汇支付。之后，进口商可以从银行索取全套进口货物单据进行清关提货。

远期付款交单（D/P AFTER SIGHT）：以远期付款交单方式结算的，进口商审单无误后，应向代收行做出在到期日付款的承诺，代收行在到期日前向进口商提示付款，进口商在付款后取得全套进口货物单据。

付款交单凭信托收据借单（D/P TRUST RECEIPT，简写为 D/P. T/R）：借取单据先行提货的做法，称为付款交单凭信托收据借单。信托收据，是一种书面信用担保文件，是进口商向代收行出具的表示愿意以代收行的受托人身份代为提货、报关、存仓、保险、出售并承诺货物的所有权仍属银行，并保证在汇票到期日向银行付清货款。凭信托收据借单也称进口押汇，在付款交单条件下，其做法是由进口商在承兑汇票后出具信托收据，凭以向代收行借取货运单据，并提取货物。货物售出后所得货款在汇票到期日偿还代收行，收回信托收据。使用信托收据借单，是代收行对于其资信较好的往来客户提供的一种融资安排，与出口商、托收行无关，不会改变付款交单的性质。如果代收行借出单据后，在汇票到期时不能收到货款，则代收行应对委托人承担全部责任。

承兑交单（D/A）：以承兑交单方式结算的，进口商在代收行交来的进口代收来单确认书上明确表明其同意承兑，加盖全套财务专用章或者约定印鉴并签署日期后交代收银行。来单中带有远期汇票的，进口商还要按照《中华人民共和国票据法》的规定，在远期汇票注明“无条件承兑”字样。在进口商承兑后，银行即向进口商交付全套进口货物单据，进口商即可办理入境报检报关提货等手续，待汇票到期代收行再次提示后即付款。

（二）托收项下进口商对外拒绝付款/拒绝承兑的处理方法

1. 审单时的拒付

进口商在审核单据后决定不予付款或者不予承兑以换取单据时，要在进口来单代收确认书上说明拒绝付款或者拒绝承兑的理由，加盖约定印鉴并签署日期后，在银行规定的时间内将确认书返回银行，以便代收行能根据托收委托书的指示以快捷的方式通知托收行。接到托收行退单指示后，代收行将全套正本单据退还托收行并收取银行费用，如遇下列不同情况则做相应处理：第一，如代收行发出付款人拒绝付款或拒绝承兑的通知60 天后仍未得到托收行关于处理单据的指示，代收银行可主动退单；第二，如托收行授权无偿放单，代收行应在计收有关费用后向进口商放单；第三，若进口商提出部分拒付，则须在取得托收行同意后，再按同意支付金额办理付款手续。

2. 提货后货物与合同不符的处理

托收项下进口商凭提单取货（或在空运、陆运、邮寄等其他运输方式下，凭相应机构的到货通知提货）后，如果发现货物质量与合同规定不符，在付款交单条件下，进口商只能根据合同向出口商提出索赔；在承兑交单条件下，尽管做了承兑，进口商仍然可以拒付。

二、技能入门

（一）机电产品进口许可证申领流程

我国进口机电产品较多，机电产品涵盖的种类比较多，有机械设备、电气设备、交通运输工具、电子产品、电器产品、仪器仪表、金属制品等及其零部件、元器件等，同时还有新旧机电之分。我国对机电产品进口实行分类管理，即分为禁止进口、限制进口和自由进口三类。禁止进口类是所有进口商都不允许进口的机电产品，商务部会同海关总署、质检总局等相关部门制定、调整并公布《禁止进口机电产品目录》。对限制进口类机电产品海关凭《机电产品进口证明》放行，对部分自由进口类机电产品海关凭《自动进口许可证》放行。不同的机电产品，发证机关不同，有市机电办、省机电办和国家机电办之分。申领机电产品进口许可证具体流程如下：

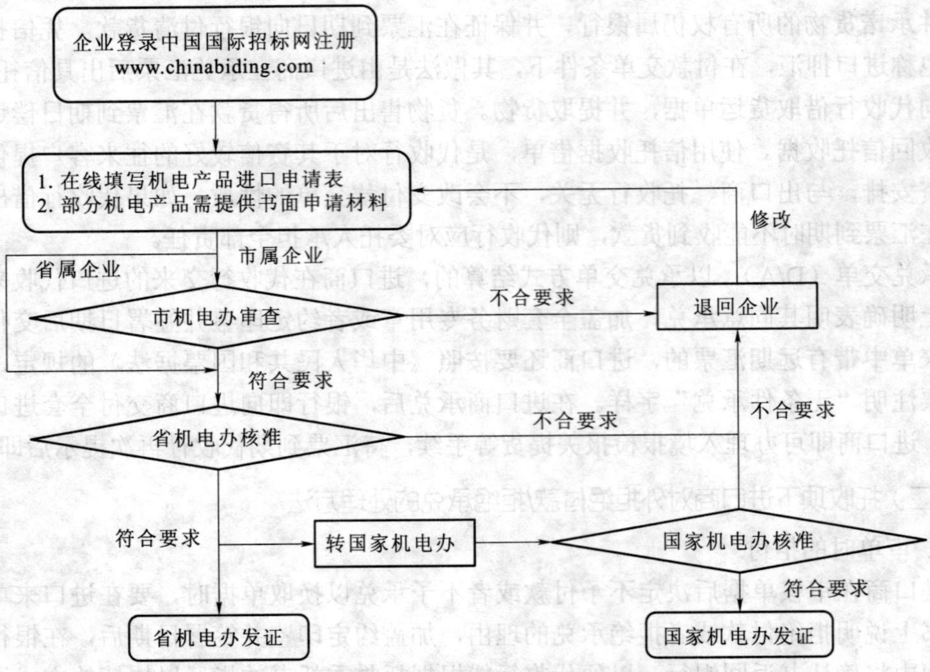

图 5–1 机电产品进口许可证申流程

（二）合同中常见的托收支付条款及释疑

（1）Under D/A terms of payment, just time (usance) draft is used. The draft usually ranges from 30 to 150 days.

【中文】在承兑交单项下，只使用远期汇票，汇票付款期限通常从 30 天到 150 天。

【释疑】承兑交单对于进口商而言可以承兑后即取得进口单据、提货，等远期汇票到期后再行付款，不占压资金，有利于资金融通。

（2）Upon first presentation the Buyer shall pay against documentary draft drawn by the Seller at sight. The Shipping documents are to be delivered against payment only.

【中文】买方应凭卖方开具的即期跟单汇票于见票时立即付款，付款后交单。

【释疑】采用即期付款交单时，买方应在代收行进行付款提示即见票时立即付款，随后取得全套货运单据。

（3）Shipment to be made subject to an advanced payment amounting ×× to be remitted in favour of seller by T/T or M/T with indication of S/C No. ×× and the remaining part on co11ection basis, documents will be released against payment at sight.

【中文】装运货物系以第××号合同规定的电汇或信汇方式向卖方提交预付金××为前提，其余部分采用托收，凭即期付款交单。

【释疑】采用汇付和托收相结合的付款方式，出运的前提条件是按照合同约定先收到××的电汇或信汇款，其余采用即期付款交单的方式，有利于控制收汇风险。

（4）50% of the value of goods by irrevocable letter of credit and remaining 50% on collection basis at sight, the full set of shipping documents are to accompany the collection item. All the documents are not to be delivered to buyer until full payment of the invoice value.

【中文】货款50%应开具不可撤销信用证，其余额50%见票付款交单，全套货运单据应附在托收部分项下，于到期时全数付清发票金额后方可交单。

【释疑】采用不可撤销信用证与跟单托收相结合的支付方式，其优点是：对进口商来讲，可减少开证保证金，用少数的资金可作大于投资几倍的贸易额，有利于资金的周转，而且可节约银行费用。对出口商来讲，部分使用信用证部分使用托收，虽然托收部分须承担一定的风险，但以信用证作保证，这是一种保全的办法。除此之外，还有保全措施，即全部货运单据须附在托收汇票项下，开证银行或付款银行收到单据与汇票时，由银行把住关口，须由进口商全部付清货款后才可把提单交给进口商，以策安全收汇，可防止进口商于信用证项下部分货款付款后，取走提单。

(5)Payment available by D/P at sight with a Stand-by L/C in favour of seller for the amount of ×× as undertaking. The stand-by L/C should bear the clause: In case the drawee of the documentary collection fails to honour the payment upon due date, the Beneficiary under credit No. ____ has the right to draw under this L/C by their draft with a statement stating the payment on collection was not honoured.

【中文】凭即期付款交单与备用信用证相结合为付款方式，在备用信用证中应列明以卖方为受益人，备用信用证列明如果跟单托收付款人到期拒付，备用信用证受益人有权凭本信用证签发汇票和出具证明书，收回托收所拒付的款项。

【释疑】采用备用信用证与跟单托收相结合的支付方式，是出口商为了防止跟单托收项下的货款一旦遭到进口商拒付时，可利用备用信用证的功能追回货款。

任务5.2 托收项下进口单证操作

任务背景

泰佛贸易有限公司拟进口一批硒鼓，公司业务员赵杰利用互联网和各种商务网站对国际及加拿大硒鼓市场进行调研，查阅了主要供应商的经营情况，收集各种信息，以便掌握产品的质量规格、供求信息及价格动态。经过与加拿大多家公司的充分沟通后，最终确定与CANADA TRADING CO., LTD订立购货合同，采用D/P AT 30 DAY'S AFTER SIGHT结算方式及海洋运输方式。

签订合同后，CANADA TRADING CO., LTD按时发货，并在当地加拿大皇家银行(ROYAL BANK OF CANADA)办理托收手续，代收行为上海浦东发展银行天津分行(SHANGHAI PUDONG DEVELOPMENT, TIANJIN BRANCH)。不久，公司收到进口来单代收通知书，在审单并确认无误后，向代收行做出在到期日付款的承诺，代收行在到期日前向公司提示付款，公司在付款后取得全套进口货物单据，办理报检、报关、提货等相关手续。

一、知识导航

CANADA TRADING CO., LTD 于2010年6月10日签发的形式发票见样例5–1。

样例 5–1：形式发票

CANADA TRADING CO., LTD

123，MAIN ROAD，VANCOUVER，CANADA

TEL: 001-03-3333-2053　　FAX: 001-03-3333-2793

PROFORMA INVOICE

（WITHOUT ENGAGEMENT）　　DATE: JUNE 10, 2010

CONSIGNEE：TIFERT TRADING COMPANY LTD

FROM　VANCOUVER,CANADA　　TO XINGANG，CHINA

DELIVERY：LATEST DATE OF SHIPMENT 100930

PARTIAL SHIPMETN ALLOWED TRANSSHIPMENT NOT ALLOWED

MARKS & NOS	DESCRIPTIONS OF GOODS	QUANTITY	UNIT PRICE	AMOUNT
T.T.C XINGANG C/NO 1-UP	SELENIUM DRUM S151090	1 000PCS	CIF XINGANG,CHINA USD90.00	USD90 000.00

SAY U.S. DOLLARS NINETY THOUSAND ONLY

PAYMENT TERMS: D/P AT 30 DAY'S AFTER SIGHT

THIS INVOICE IS SUPPLIED TO ENABLE YOU TO APPLY　　CANADA TRADING CO., LTD

FOR THE NECESSARY LICENCE TO BE VALID UP TO SEPT30, 2010

J.M.PARK

【第一步】我国硒鼓被列入《进口许可证管理货物分级发证目录》，进口前需要向许可证事务局等机关申领《进口许可证》。2010 年 6 月 18 日，泰佛贸易有限公司业务员赵杰向天津市商务委提出申请，在网上填写申请表，提交审批。市商务委在网上进行初审、复审。申请通过审批后，公司打印申请表（见样例 5–2），加盖企业公章，并带相关文件到天津市行政许可服务中心进行申领《进口许可证》（见样例 5–3）。

样例 5–2：进口许可证申请表

中华人民共和国进口许可证申请表

1. 进口商：泰佛贸易有限公司	3. 进口许可证号：
2. 收货人：泰佛贸易有限公司	4. 进口许可证有效截止日期： 年 月 日
5. 贸易方式：一般贸易	8. 出口国（地区）：加拿大
6. 外汇来源：银行购汇	9. 原产地国（地区）：加拿大
7. 报关口岸：新港海关	10. 商品用途：自营内销
11. 商品名称：硒鼓	商品编码：84439990

12. 规格、型号	13. 单位	14. 数量	15. 单价（USD）	16. 总值（USD）	17. 总值折美元
S151090	个	1 000	90	90 000	90 000
18. 总计：	个	1 000		90 000	90 000

19. 领证人姓名：赵杰 联系电话：022-85665679 申请日期：2010 年 6 月 18 日 下次联系日期：	20. 签证机构审批（初审）： 终审：

中华人民共和国商务部监制 第一联（正本）签证机构存档

中华人民共和国进口许可证申请表

1. 进口商：泰佛贸易有限公司	3. 进口许可证号：
2. 收货人：泰佛贸易有限公司	4. 进口许可证有效截止日期： 年 月 日
5. 贸易方式：一般贸易	8. 出口国（地区）：加拿大
6. 外汇来源：银行购汇	9. 原产地国（地区）：加拿大
7. 报关口岸：新港海关	10. 商品用途：自营内销
11. 商品名称：硒鼓	商品编码：84439990

12. 规格、型号	13. 单位	14. 数量	15. 单价（USD）	16. 总值（USD）	17. 总值折美元
S151090	个	1 000	90	90 000	90 000
18. 总计：	个	1 000		90 000	90 000

19. 领证人姓名：赵杰 联系电话：022-85665679 申请日期：2010 年 6 月 18 日 下次联系日期：	不能获准原因： 1. 公司无权经营； 2. 公司编码有误； 3. 到港不妥善； 4. 品名与编码不符； 5. 单价（高）低； 6. 币别有误； 7. 漏填第（ ）项； 8. 第（ ）项须补充说明函； 9. 第（ ）项与批件不符； 10. 其它。

中华人民共和国商务部监制　　　　第二联（副本）取证凭证

相关链接

表 5–1　　进口许可证缮制规范

项目顺序号	填写内容	要点提示
（1）我国对外成交单位	一般填写进口商名称	① 接受赠送、无偿捐赠、援助进口的货物，不论接受赠送的单位是外贸公司还是机关、企事业单位，在该项内都填写“赠送”，代码为“0000000000001” ② 其它贸易方式项下凭商务部和主管部门批准的资格审定证书填写13位代码编号。对于无进出口经营权的企业，企业代码应填写“9999+九位组织机构代码”
（2）收货单位	填写实际用货单位	实际批准进口用货单位，并应与批准的配额证明或批件一致
（3）进口许可证编号		由签证机关签证电脑程序在打印许可证时自动生成
（4）许可证有效期		按照商品不同，有效期长短不一，最长为6个月，但不得跨年度
（5）贸易方式	填写该项进口货物的贸易性质	包括一般贸易、易货贸易、进料加工、来料加工、国际租赁、许可贸易、劳务承包、国际招标、国际展销、国际拍卖、补偿贸易、协定贸易、边境贸易、外资企业进口、援助赠送等
（6）外汇来源	一般为银行购汇	包括银行购汇、贷款、不支付外汇（易货贸易项下）、赠送（含援助、捐赠、友好赠送、经贸往来赠送）、索赔、外资等
（7）到货口岸	填写进口货物到达我国规定开放的口岸	
（8）出口国（地区）	填写出口商所在地的国别（地区）名称	
（9）商品原产地	填写指商品进行实质性加工的国别（地区）	
（10）商品用途		包括自用、生产用、内销、外销、样品、维修等，只限填写一种
（11）唛头——包装件数	按照合同填写实际唛头	
（12）商品名称、商品编码	填写拟进口商品的名称及其海关编码	每份许可证只准填写同一种商品名称和H.S编码
（13）商品规格、型号、单位	填写具体进口商品规格、型号填写成交的计量单位	在一份许可证内，只允许填写同一编码商品不同规格型号的四种，多于四种型号者，另行填写申请表格，包括台、套、辆、条、公升、公斤、平方米

续表

项目顺序号	填写内容	要点提示
（14）数量	规定计量单位折算	最小数量单位是 0.1，最大位数为九位阿拉伯数字
（15）单价	填写订货时将要采用的货币 单价可以是估计价格	
（16）总值	总值合计	
（17）总值折美元	其他货币需折算成美元 若美元，留空	
（18）总计	数量和总值的合计	
（19）备注	填写其他需要说明的内容	
（20）发证机关盖章、发证日期	发证加盖公章、签署日期	

样例 5–3：进口许可证

中华人民共和国进口货物许可证
IMPORT LICENCE OF THE PEOPLE'S REPUBLIC OF CHINA

<table>
<tr><td colspan="3">（1）我国对外成交单位 编码
Importer 泰佛贸易有限公司</td><td colspan="3">（3）进口许可证编号
License No. B2-20100031</td></tr>
<tr><td colspan="3">（2）收货单位
Consignee 泰佛贸易有限公司</td><td colspan="3">（4）许可证有效期
Validity 2010 年 12 月 25 日</td></tr>
<tr><td colspan="3">（5）贸易方式
Terms of trade 一般贸易</td><td colspan="3">（8）出口国（地区）
Country/Region of exportation 、 加拿大</td></tr>
<tr><td colspan="3">（6）外汇来源
Terms of foreign exchange 银行购汇</td><td colspan="3">（9）商品原产地
Country of origin 加拿大</td></tr>
<tr><td colspan="3">（7）到货口岸
Port of destination 天津新港</td><td colspan="3">（10）商品用途
Use of commodity 自营内销</td></tr>
<tr><td colspan="3">（11）唛头——包装件数
Marks & numbers-number of packages</td><td colspan="3">T.T.C
XINGANG
C/NO 1-UP</td></tr>
<tr><td colspan="3">（12）商品名称
Description of commodity SELENIUM DRUM</td><td colspan="3">商品编码
Commodity No. 84439990</td></tr>
<tr><td>（13）商品规格、型号
Specification</td><td>单位
Unit</td><td>（14）数量
Quantity</td><td>（15）单价（USD）
Unit Price</td><td>（16）总值（USD）
Amount</td><td>（17）总值折美元
Amount in USD</td></tr>
<tr><td>S151090</td><td>个</td><td>1 000</td><td>90</td><td>90 000</td><td>90 000</td></tr>
<tr><td>（18）总计
Total</td><td>个</td><td>1 000</td><td></td><td>90 000</td><td>90 000</td></tr>
<tr><td colspan="3">（19）备注
Supplementary details</td><td colspan="3">（20）发证机关盖章
Issuing authority's stamp
发证日期
Signature Date 2010 年 6 月 25 日</td></tr>
</table>

商务部监制 本证不得涂改，不得转让

【第二步】2010 年 7 月 12 日泰佛贸易有限公司与 CANADA TRADING CO., LTD 签订购货合同（见样例 5–4）。

样例 5–4：进口采购合同

PURCHASE CONTRACT

The buyer: TIFERT TRADING COMPANY LTD.
NO.86, ZHUJIANG ROAD, TIANJIN, CHINA
Fax: 862285665678 Tel: 862285665679
The seller: CANADA TRADING CO., LTD
NO.123, MAIN ROAD,VANCOUVER, CANADA
TEL: 001-03-3333-2053 FAX: 001-03-3333-2793

CONTRACT NO.: TTC2010712
DATE: JULY 12, 2010

THE SELLER AGREES TO SELL AND THE BUYER AGREES TO BUY THE UNDERMENTIONED COMMODITY ACCORDING TO THE TERMS AND CONDITIONS STATED BELOW:

DESCRIPTIONS OF GOODS	QUANTITY	UNIT PRICE	AMOUNT
SELENIUM DRUM S151090	1 000PCS	CIF XINGANG,CHINA USD90.00	USD90 000.00
TOTAL VALUE：SAY U.S. DOLLARS NINETY THOUSAND ONLY			

1. COUNTRY OR ORIGIN AND/OR MANUFACTURED: CANADA TRADING CO., LTD
2. PACKING: PACKED IN ONE CARTON OF 4 PCS EACH.
   SHIPPING MARK: T.T.C
   XINGANG
   C/NO 1-UP
3.TERMS OF PAYMENT: BY D/P AT 30 DAYS AFTER SIGHT..
4. PORT OF LOADING: VANCOUVER, CANADA
5. PORT OF DESTINATION: XINGANG,CHINA
6. TERMS OF SHIPMENT: NOT LATER THAN SEPT30, 2010 WITH PARTIAL SHIPMENTS AND TRANSSHIPMENT ALLOWED.
7. INSURANCE:TO BE EFFECTED BY THE SELLER FOR 110% OF INVOICE VALUE COVERING ALL RISKS AND WAR RISK AS PER OCEAN MARINE CARGO CLAUSE OF PICC DATED 1/1/1981.
8. QUALITY/QUANTITY DISCREPANCY：IN CASE OF QUANLITY DISCREPANCY, CLAIM SHOULD BE FILED BY THE BUYER WITHIN 60 DAYS AFTER THE ARRIVAL OF THE GOODS AT PORT OF DESTIONATION. WHILE FOR QUANTITY DISCREPANCY, CLAIM SHOULD BE FILED BY THE BUYER WITHIN 30 DAYS AFTER THE ARRIVAL OF THE GOODS AT PORT OF DESTIONATION. IT IS UNDERSTOOD THAT THE SELLER SHALL NOT BE LIABLE FOR ANY DISCREPANCY OF THE GOODS SHIPPED DUE TO CAUSES FOR WHICH THE INSURANCE COMPANY, SHIPPING COMPANY OTHER THANSPORTATION ORGANAZATION ARE LIABLE.

THE SELLER SHALL NOT BE HELD LIABLE FOR FAILURE OF DELIVERY OF THE ENTER LOT OR A PORTION OF THE GOODS UNDER THIS CONTRACT IN CONSEQUENCE OF ANY FORCE MAJEURE INCIDENTS.

Seller	Buyer
CANADA TRADING CO., LTD	TIFERT TRADING COMPANY LTD.
J.M.PARK	赵强

【第三步】2010 年 8 月 30 日，CANADA TRADING CO., LTD 发货后于 9 月 8 日将商业发票（见样例 5–5）、装箱单（见样例 5–6）、提单（见样例 5–7）、保险单（见样例 5–8）和汇票（见样例 5–9）等全套单据备齐提交加拿大皇家银行委托收款，加拿大皇家银行将单据转寄浦东发展银行天津分行代为收款。2010 年 9 月 25 日，泰佛贸易有限公司收到浦东发展银行天津分行的进口来单通知书及单据复印件后进行认真谨慎地审核。

样例 5–5：商业发票

CANADA TRADING CO., LTD

NO.123, MAIN ROAD, VANCOUVER, CANADA

COMMERCIAL INVOICE

Invoice No.: CTL-CN063 **Date:** JULY 20, 2010

Contract No.: TTC2010712 **L/C No.:**

Seller: CANADA TRADING CO., LTD
NO.123, MAIN ROAD, VANCOUVER, CANADA

Buyer: TIFERT TRADING COMPANY LTD
NO.86, ZHUJIANG ROAD,TIANJIN, CHINA

From VANCOUVER, CANADA **To** XINGANG, CHINA

Marks and No.	Description of goods	Quantity	Unit Price	Amount
T.T.C XINGANG C/NO 1-250				CIF XINGANG, CHINA
	SELENIUM DRUM S151090	1 000PCS	USD90.00/PC	USD90 000.00
	TOTAL:	1000PCS		USD90 000.00

SAY TOTAL: US DOLLARS NINTY THOUSAND ONLY

CANADA TRADING CO., LTD

J.M.PARK

样例 5–6：装箱单

CANADA TRADING CO., LTD
NO.123, MAIN ROAD, VANCOUVER, CANADA

PANCKING LIST

Invoice No.: CTL-CN063　　**Date:** JULY 20, 2010

Seller: CANADA TRADING CO., LTD
NO.123, MAIN ROAD, VANCOUVER, CANADA

Buyer: TIFERT TRADING COMPANY LTD
NO.86, ZHUJIANG ROAD,TIANJIN, CHINA

From VANCOUVER, CANADA　　**To** XINGANG,CHINA

Marks and No.	Description of goods	Quantity	Package	G.W	N.W	Meas.
T.T.C XINGANG C/NO 1-250	SELENIUM DRUM S151090	1 000PCS	250CARTONS	6 250KGS	5 750KGS	$50M^3$
TOTAL:		1 000PCS	250CARTONS	6 250KGS	5 750KGS	$50M^3$

SAY TOTAL: FIVE HUNDRED CARTONS ONLY

CANADA TRADING CO., LTD

J.M.PARK

样例 5–7：提单

<table>
<tr><td colspan="2">1. Shipper Insert Name, Address and Phone

CANADA TRADING CO., LTD
NO.123, MAIN ROAD, VANCOUVER, CANADA</td><td rowspan="2">B/L No. 3456789007

中远集装箱运输有限公司
COSCO CONTAINER LINES

TLX: 33057 COSCO CN
FAX: +86(021) 6545 8984

ORIGINAL</td></tr>
<tr><td colspan="2">2. Consignee Insert Name, Address and Phone

TO ORDER</td></tr>
<tr><td colspan="2">3. Notify Party Insert Name, Address and Phone
(It is agreed that no responsibility shall attsch to the Carrier or his agents for failure to notify)

TIFERT TRADING COMPANY LTD.
NO.86, ZHUJIANG ROAD, TIANJIN, CHINA</td><td rowspan="6">Port-to-Port or Combined Transport
BILL OF LADING
RECEIVED in external apparent good order and condition except as other-Wise noted. The total number of packages or unites stuffed in the container, the description of the goods and the weights shown in this Bill of Lading are furnished by the Merchants, and which the carrier has no reasonable means of checking and is not a part of this Bill of Lading contract. The carrier has Issued the number of Bills of Lading stated below, all of this tenor and date, One of the original Bills of Lading must be surrendered and endorsed or signed against the delivery of the shipment and whereupon any other original Bills of Lading shall be void. The Merchants agree to be bound by the terms and conditions of this Bill of Lading as if each had personally signed this Bill of Lading.
SEE clause 4 on the back of this Bill of Lading (Terms continued on the back hereof, please read carefully).
*Applicable Only When Document Used as a Combined Transport Bill of Lading.</td></tr>
<tr><td>4. Combined Transport *</td><td>5. Combined Transport*</td></tr>
<tr><td>Pre - carriage by</td><td>Place of Receipt</td></tr>
<tr><td>6. Ocean Vessel Voy. No.
BIN BO V.991</td><td>7. Port of Loading
VANCOUVER,CANADA</td></tr>
<tr><td>8. Port of Discharge
XINGANG,CHINA</td><td>9. Combined Transport *</td></tr>
<tr><td></td><td>Place of Delivery</td></tr>
</table>

Marks & Nos. Container / Seal No.	No. of Containers or Packages	Description of Goods (If Dangerous Goods, See Clause 20)	Gross Weight Kgs	Measurement
T.T.C XINGANG C/NO 1-250	250CARTONS 1x40'CONTAINER FCL-FCL	SELENIUM DRUM S151090 FREIGHT COLLECT	6 250KGS	$50M^3$
UNHB122455		Description of Contents for Shipper's Use Only (Not part of This B/L Contract)		

10. Total Number of containers and/or packages (in words) TWO HUNDRED AND FIFTY CARTONS ONLY

Subject to Clause 7 Limitation

11. Freight & Charges	Revenue Tons	Rate	Per	Prepaid	Collect
Declared Value Charge					

Ex. Rate:	Prepaid at	Payable at	Place and date of issue
	VANCOUVER		AUG.30, 2010 VANCOUVER
	Total Prepaid	No. of Original B(s)/L	Signed for the Carrier,
		THREE(3)	**COSCO CONTAINER LINES AS CARRIER**

LADEN ON BOARD THE VESSEL

DATE		BY	

样例 5–8：保险单

PICC 中国人民财产保险股份有限公司温哥华分公司
PICC Property and Casualty Company Limited Vancouver Branch

货物运输保险单
CARGO TRANSPORTATION INSURANCE POLICY

发票号（INVOICE NO.） CTL-CN063
合同号(CONTRACT NO.) TTC2009712
信用证号(L/C NO.)

保单号次
POLICY NO. NO. 09405986

被保险人：
Insured: CANADA TRADING CO., LTD

中国人民保险公司（以下简称本公司）根据被保险人的要求，由被保险人向本公司缴付约定的保险费，按照本保险单承保险别和背面所列条款与下列条款承保下述货物运输保险，特立本保险单。

THIS POLICY OF INSURANCE WITNESSES THAT THE PEOPLE'S INSURANCE COMPANY OF CHINA(HEREIN AFTER CALLED"THE COMPANY")AT THE REQUEST OF THE INSURED AND INCONSIDERATION OF THE AGREED PREMIUM PAID TO THE COMPANY BY THE INSURED,UNDERTAKES TO INSURED THE UNDERMENTIONED GOODS IN TRANSPORTATION SUBJECT TO THE CONDITIONS OF THIS POLICY AS PER THE CLAUSES PRINTED OVERLEAF AND OTHER SPECIAL CLAUSES ATTACHED HEREON.

ORIGINAL

标 记 MARKS & NOS.	包装及数量 QUANTITY	保险货物项目 DESCRIPTION OF GOODS	保险金额 AMOUNT INSURED
T.T.C XINGANG C/NO 1-250	250CARTONS	SELENIUM DRUM	USD90 000.00

总保险金额：
TOTAL AMOUNT INSURED: US DOLLARS NINETY THOUSAND ONLY

保费： 启运日期 装载运输工具：
PREMIUM: AS ARRANGED DATE OF COMMENCEMENT AUG 30,2010 PER CONVEYANCE: BIN BO V.991

自 经 至
FROM VANCOUVER,CANADA VIA ______ TO XINGANG,CHINA

承保险别：
CONDITIONS:
COVERING ALL RISKS AND WAR RISK AS PER OCEAN MARINE CARGO CLAUSE OF PICC DATED 1/1/1981.

所保货物，如发生保险单项下可能引起索赔的损失或损坏，应立即通知本公司下述代理人查勘。如有索赔，应向本公司提交保单正本（保险单共有 两 份正本）及有关文件。如一份正本已用于索赔，其余正本自动失效。

IN THE EVENT OF LOSS OR DAMAGE WHICH MAY RESULT IN A CLAIM UNDER THIS POLICY,IMMEDIATE NOTICE MUST BE GIVEN TO THE COMPANY'S AGENT AS MENTIONED HEREUNDER.CLAIMS,IF ANY,ONE OF THE ORIGINAL POICY WHICH HAS BEEN ISSUED IN 2 ORIGINAL TOGETHER WITH THE RELEVENT DOCUMENTS SHALL BE SURRENDERED TO THE COMPANY.IF ONE OF THE ORIGINAL POLICY HAS BEEN ACCOMPLISHED,THE OTHERS TO BE VIOD.

PICC Property Casualty Company Limited Tianjin Branch
No.80, Qufu Road, Tianjin, China
TEL: 0086-022-23315678

中国人民保险公司温哥华分公司
The People's Insurance Company of China Vancouver Branch

赔款偿付地点
CLAIM PAYABLE AT XINGANG IN USD

出单日期
ISSUING DATE AUG. 28, 2010

诸然
Authorized Signature

保单顺序号：PICC NO. 02405986

样例 5–9：汇票

BILL OF EXCHANGE

No. CTL-CN063

For USD90 000.00 VANCOUVER SEPT 8, 2010

(amount in figure) (place and date of issue)

D/P At 30 DAYS AFTER sight of this FIRST Bill of exchange (SECOND being unpaid)

pay to ROYAL BANK OF CANADA, VANCOUVER BRANCH or order the sum of

US DOLLARS NINETY THOUSAND ONLY

(amount in words)

Value received for 250 CARTONS of SELENIUM DRUM

(quantity) (name of commodity)

Drawn under FOR COLLECTION

L/C No. dated

To: SHANGHAI PUDONG DEVELOPMENT,TIANJIN BRANCH

BLOCK D BOHAI DEVELOPMENT CENTER,
NO.9 BINSHUI ROAD, HEXI DISTRICT, TIANJIN

For and on behalf of

CANADA TRADING CO., LTD

J.M.PARK

(Signature)

【第四步】经审核，泰佛贸易有限公司发现单据存在一些不符点，填写审单记录（见样例 5–10）并通知出口商即刻修改并替换单证。

样例 5–10：进口来单审单记录

发票号 CTL-CN063	船名/航班 BIN BO V.991	提/运单号 3456789007
进口商 TIFERT TRADING COMPANY LTD		装运期 SEPT 30, 2010
付款方式 D/P AT 30DAYS SIGHT	金额 USD90 000.00	交单期

单据名称	汇票	发票	装箱单	保险单	产地证	检验证	GSP产地证	海关发票	船行证明	受益人证明	提单	提单副本	其他
单据份数	2	3	3	2							3		

续表

存在问题及处理意见	发票： 金额的大写叙述拼写不正确，九十大写叙述是 NINETY 而不是 NINTY		
	装箱单： 件数的大小写不符，小写是 250 箱，大写叙述为 500 箱		
	提单： 运费应该是已付，而不是到付，因为是 CIF 贸易术语 漏已装船批注，因为提单印就格式是收妥待运提单，必须变成已装船提单才能被接受		
	保险单： 保险金额漏加一成，金额的大小写均不正确		
	汇票： 付款人应该是进口商，而不是银行，托收属于商业信用		
其他应注意事项：			
单证员 罗洁	审单员 程虹	银行复核 万丽	付汇日期

【第五步】经再次审核，泰佛贸易有限公司确认 CANADA TRADING CO., LTD 所提交的进口单据无误，在 2010 年 9 月 30 日承兑汇票（见样例 5–11）。2010 年 10 月 30 日汇票到期，泰佛贸易有限公司填写购汇申请书购买外汇（见样例 5–12），办理对外付款手续，填写对外付款/承兑通知书（见样例 5–13），随后取得全套货物单据。

样例 5–11：承兑汇票

BILL OF EXCHANGE

No. CTL-CN063

For USD90 000.00 (amount in figure)

SEPT 8, 2010 VANCOUVER (place and date of issue)

D/P At 30 DAYS AFTER sight of this FIRST Bill of exchange (SECOND being unpaid)

pay to ROYAL BANK OF CANADA, VANCOUVER BRANCH or order the sum of

US DOLLARS NINETY THOUSAND ONLY

(amount in words)

Value received for 250 CARTONS (quantity) of SELENIUM DRUM (name of commodity)

Drawn under FOR COLLECTION

L/C No. dated

ACCEPTED SEPT30,2010

To: TIFERT TRADING COMPANY LTD
NO. 86, ZHUJIANG ROAD, TIANJIN, CHINA

For and on behalf of
CANADA TRADING CO., LTD

J.M.PARK

(Signature)

样例 5–12：购汇申请书

购买外汇申请书

<table>
<tr><td colspan="7">中国银行：
我公司现按国家外汇管理局有关规定向贵行提出购汇申请，并随附有关单证，请审核并按实际转账日牌价办理售汇。</td></tr>
<tr><td>单位名称</td><td colspan="3">泰佛贸易有限公司</td><td>人民币账号</td><td colspan="2">095013658101500</td></tr>
<tr><td>购汇金额
（大小写）</td><td>USD90 000.00</td><td>当日汇率</td><td></td><td>折合人民币
（大小写）</td><td colspan="2"></td></tr>
<tr><td>购汇支付方式</td><td colspan="6">□支票　□银行汇票　□银行本票　☑扣账　□其他</td></tr>
<tr><td>购汇用途</td><td colspan="6">☑进口商品　□从属费用　□索赔退款　□还贷　□其他</td></tr>
<tr><td>对外结算方式</td><td colspan="6">□信用证　☑代收　□汇款　（□货到付款　□预付货款）</td></tr>
<tr><td rowspan="4">业务参考</td><td>商品名称</td><td colspan="2">SELENIUM DRUM</td><td>数量</td><td colspan="2">250CARTONS</td></tr>
<tr><td>合同号</td><td colspan="2">TTC2009712</td><td>发票号</td><td colspan="2">CTL-CN063</td></tr>
<tr><td>合同金额</td><td colspan="2">USD90 000.00</td><td>发票金额</td><td colspan="2">USD90 000.00</td></tr>
<tr><td>核销单号</td><td colspan="2">5237411809</td><td>信用证号</td><td colspan="2"></td></tr>
<tr><td>进口商品类型</td><td colspan="6">□一般进口商品
☑控制进口商品，批文随附如下：
□进口证明　☑许可证　□登记证明　□其他批文
批文号码：B2-20090031　　批文有效有效期：2010 年 12 月 25 日</td></tr>
<tr><td>附件</td><td colspan="6">□售汇通知单　☑进口付汇核销单　□正本报关单
☑合同/协议　☑发票　□正本运单
□保险费收据　□运费单/收据　□佣金单
□付款委托书　□开证申请书　□其他</td></tr>
<tr><td colspan="7">申请单位：泰佛贸易有限公司

联系人：赵杰　　电话：022-85665679　　2010 年 10 月 20 日</td></tr>
<tr><td colspan="7">银行审核意见：

经办人：　　复核人：　　审批：

年　月　日</td></tr>
</table>

样例 5–13：对外付款/承兑通知书

对外付款/承兑通知书

银行业务编号：　　　　　　　　　　　　　　　　　　　　　　　　日期：2010-09-20

结算方式	□信用证　□保函　☑托收　□其他	信用证/保函编号			
来单币种及金额	USD90 000.00	开证日期			
索汇币种金额	USD90 000.00	期限	即期	到期日	2010-10-30
来单行名称	BANK OF CHINA, TIANJIN BRANCH	来单行编号			
收款人名称	CANADA TRADING CO., LTD				
收款行名称及地址	ROYAL BANK OF CANADA, VANCOUVER BRANCH 4639 ORKNEY BENCH RD, ORILLIA ON L3VGH7				
付款人名称	TIFERT TRADING COMPANY LTD.				
☑对公　组织机构代码　67895589-4		□对私	□个人身份证号码		
扣费币种及金额			□中国居民个人　□中国非居民个人		
合同号	TTC2009712	发票号	CTL-CN063		
提运单号	3456789007	合同金额	USD9 000.00		
银行附言（各银行可根据本行业务要求规定其内容及格式）					
申报号码	333311 111122 192345 G098	实际付款币种及金额	USD90 000.00		
付款编号	2222T123456578	若为购汇支出、购汇汇率			
收款人常驻国家名称及代码　加拿大　124		是否为进口核销项下付款	☑是　□否		
是否为预付款	□是　☑否	最迟装运期	090930	外汇局批件/备案表号	
付汇币种及金额	USD90 000.00	金额大写	玖万美圆整		
其中　购汇金额		账号			
其中　现汇金额		账号			
其中　其他金额		账号			
交易编码	204210	相应币种及金额	USD90 000.00	交易附言	
□同意即期付款 ☑同意承兑并到期付款 □申请拒付 联系人及电话 赵杰 022-85665679 申报日期 2010-09-30	付款人印鉴（银行预留印鉴） 泰佛贸易有限公司	银行业务章 经办　复核　负责人			

【第六步】泰佛贸易有限公司依据进口单据缮制入境货物报检单（见样例 5–14），自行办理货物报检，取得入境货物通关单（见样例 5–15）。随后填写进口货物报关单（见样例 5–16）自行办理进口报关及提货相关手续。

样例 5–14：入境货物报检单

中华人民共和国出入境检验检疫

入境货物报检单

报检单位（加盖公章）：泰佛贸易有限公司　　　　　*编　号

报检单位登记号：　　　　联系人：李然　电话：　　　　报检日期：2010　年 10 月 8 日

收货人	（中文）泰佛贸易有限公司	企业性质(划“√”)	□合资　□合作　□外资
	（外文）TIFERT TRADING COMPANY LTD.		
发货人	（中文）		
	（外文）CANADA TRADING CO., LTD		

货物名称(中/外文)	H.S.编码	原产国（地区）	数/重量	货物总值	包装种类及数量
SELENIUM DRUM	84439990	加拿大	1 000 个	84439990	250 箱

运输工具名称号码	BIN BO V.991 TTC2009712			合同号	TTC2010712
贸易方式	一般贸易	贸易国别（地区）	加拿大	提单/运单号	3456789007
到货日期	2010.09.30	启运国家（地区）	加拿大	许可证/审批号	B2-20100031
卸货日期	2010.09.30	启运口岸	温哥华	入境口岸	天津
索赔有效期至	2011.09.30	经停口岸		目的地	天津
集装箱规格、数量及号码	1×40’ CONTAINER　UNHB122455				
合同、信用证订立的检验检疫条款或特殊要求				货物存放地点	仓库
				用　　途	自营内销

随附单据（划“✓”或补填）		标 记 及 号 码	*外商投资资产（划“✓”）	□是□否
☑合同	□到货通知	T.T.C XINGANG C/NO 1-250	*检验检疫费	
☑发票	☑装箱单		总金额 （人民币元）	
☑提/运单	□质保书			
□兽医卫生证书	□理货清单			
□植物检疫证书	□磅码单		计费人	
□动物检疫证书	□验收报告			
□卫生证书	□			
□原产地证	□		收费人	
□许可/审批文件	□			

报检人郑重声明： 1. 本人被授权报检。 2. 上列填写内容正确属实。 签名：赵杰	领 取 证 单	
	日期	
	签名	

注：有“*”号栏由出入境检验检疫机关填写　　　　◆国家出入境检验检疫局制

样例 5–15：入境货物通关单

中华人民共和国出入境检验检疫
入境货物通关单

编号：XT100811

<table>
<tr><td colspan="2">1. 收货人
泰佛贸易有限公司</td><td colspan="2" rowspan="3">5. 标记及唛码
T.T.C
XINGANG
C/NO 1-250</td></tr>
<tr><td colspan="2">2. 发货人
CANADA TRADING CO., LTD</td></tr>
<tr><td>3. 合同/提（运）单号
3456789007</td><td>4. 输出国家或地区
加拿大</td></tr>
<tr><td>6. 运输工具名称及规格
BIN BO V.991</td><td>7. 目的地
天津</td><td colspan="2">8. 集装箱规格及数量
1×40’</td></tr>
<tr><td>9. 货物名称及规格
SELENIUM DRUM</td><td>10. H.S 编码
84439990</td><td>11. 申报总值
USD90 000</td><td>12. 数/重量、包装数量及种类
250CARTONS
1 000PCS
6 250KGS</td></tr>
<tr><td colspan="4">13. 证明
上述货物业已报检/申报，请海关予以放行。
日期：2010 年 10 月 12 日</td></tr>
<tr><td colspan="4">14. 备注</td></tr>
</table>

样例 5–16：进口货物报关单

中华人民共和国海关进口货物报关单

预录入编号：　　　　　　　　　海关编号：　3106547878

<table>
<tr><td>进口口岸
新港海关 0202</td><td colspan="2">备案号</td><td>进口日期
20101020</td><td>申报日期
20101015</td></tr>
<tr><td>经营单位
泰佛贸易有限公司
0387124555</td><td>运输方式
江河运输</td><td>运输工具名称
BIN BO V.991</td><td colspan="2">提运单号
3456789007</td></tr>
<tr><td>收货单位
泰佛贸易有限公司
0387124555</td><td>贸易方式
一般贸易</td><td colspan="2">征免性质
一般征免</td><td>征税比例</td></tr>
<tr><td>许可证号
B2-20090031</td><td>起运国（地区）
加拿大</td><td colspan="2">装货港
温哥华</td><td>境内目的地
天津</td></tr>
<tr><td>批准文号</td><td>成交方式
CIF</td><td>运费
502/1200/3</td><td>保费
502/40/3</td><td>杂费</td></tr>
<tr><td>合同协议号　TTC2009712</td><td>件数
250</td><td>包装种类
箱</td><td>毛重（公斤）
6 250</td><td>净重（公斤）
5 750</td></tr>
<tr><td>集装箱号
UNHB122455</td><td colspan="3">随附单据
A: XT100811</td><td>用途
自营内销</td></tr>
<tr><td colspan="5">标记唛码及备注
T.T.C
XINGANG　　　　　　1×40’CONTAINER
C/ NO 1-250</td></tr>
</table>

项号	商品编号	商品名称、规格型号	数量及单位	最终目的国（地区）	单价	总价	币制	征免
1	84439990	SELENIUM DRUM （硒鼓） S151090	1 000 件 6 250 千克	中国	90	90 000.00	美元	照章征税

<table>
<tr><td colspan="3">税费征收情况</td></tr>
<tr><td>录入员</td><td>录入单位</td><td>兹声明以上申报无讹并承担法律责任</td><td>海关审单批注及放行日期（签章）
审单　　　　审价</td></tr>
<tr><td colspan="3">报关员　李一
泰佛贸易有限公司
申报单位（签章）</td><td>征税　　　　统计</td></tr>
<tr><td colspan="3">单位地址　珠江道 86 号
邮编　300222　电话　022-85665679　填制日期　2010 年 10 月 14 日</td><td>查验　　　　放行</td></tr>
</table>

【**第七步**】泰佛贸易有限公司换单提货，填写贸易进口付汇核销单（一式三联）（见样例 5-17），到天津市外管局办理进口付汇核销手续。

样例 5-17：贸易进口付汇核销单

贸易进口付汇核销单（代申报单）

印单局代码：120107　　　　　　　　　　核销单编号：0985241137

单位代码：7864532034	单位名称　泰佛贸易有限公司	所在地外汇局名称：
付汇银行名称　中国银行天津分行	收汇人国别　加拿大	交易编码　101010
收款人是否在保税区：是□　否☑	交易附言	
对外付汇币种 USD　　对外付汇总额 USD90 000.00 其中：购汇金额 USD90 000.00　　现汇金额　　其他方式金额 人民币账号 095013658101500　　外汇账号		
付汇性质		
☑正常付汇 □不在名录　□90 天以上信用证　□90 天以上托收　□异地付汇 □90 天以上到货　□转口贸易 备案表编号		
预计到货日期　//2010-09-30	进口批件号	合同/发票号 TTC2010712
结算方式		
信用证　90 天以内□　90 天以上□　承兑日期　/ /　付汇日期　期限　天		
托收　90 天以内☑　90 天以上□　承兑日期　/ /　付汇日期 2010/10/30　期限 30 天		
汇款　预付货款□　货到付汇（凭报关单付汇）□　付汇日期　/ /		
报关单号　报关日期　/ /　报关单币种　金额 报关单号　报关日期　/ /　报关单币种　金额 报关单号　报关日期　/ /　报关单币种　金额 报关单号　报关日期　/ /　报关单币种　金额 报关单号　报关日期　/ /　报关单币种　金额 （若报关单填写不完，可另附纸。）		
其他□　付汇日期　/ /		
以下由付汇银行填写		
申报号码：□□□□□□□□□□□□□□□□□□□□□□		
业务编号：　审核日期：　/ /　（付汇银行签章）		

提 示 板

入境货物报检单 Vs 入境货物通关单

入境货物报检单是国家检验检疫部门根据检验检疫、鉴定工作的需要，为保证检验检疫工作规范化和程序化而设制的。它是报检人根据有关法律、行政法规或合同约定申请检验检疫机构对其某种货物实施检验检疫、鉴定意愿的书面凭证，它表明了申请人正式向检验检疫机构申请检验检疫、鉴定，以取得该批货物合法进口销售、使用的合法凭证。入境货物报检单同时也是检验检疫机构对出入境货物实施检验检疫启动检验检疫程序的依据。

入境货物通关单是我国出入境检验检疫管理制度中，对列入《法检目录》中属进境管理的商品在办理进口报关手续前，口岸检验检疫机构依照有关规定接受报检后签发的单据，同时也是进口报关的专用单据，是海关验放该类货物的重要依据之一。入境货物通关单实行“一批一证”制度，证面内容不得更改。

资料库

提货单（DELIVERY ORDER，简称 D/O）又称小提单，收货人凭正本提单或副本提单随同有效的担保向承运人或其代理人换取的，可向港口装卸部门提取货物的凭证。发放小提单时应做到：（1）正本提单为合法持有人所持有；（2）提单上的非清洁批注应转上小提单；（3）当发生溢短残情况时，收货人有权向承运人或其代理获得相应的签证；（4）运费未付的，应在收货人付清运费及有关费用后，方可放小提单。

提 货 单
DELIVERY ORDER

致：____________港区、场、站

收货人：____________________________

下列货物已办妥手续，运费结清，准予交付收货人。

船名	航次	起运港	目的港
提单号	交付条款	到付海运费	
卸货地点	到达日期	进库场日期	第一程运输

标记与集装箱号	货名	集装箱数	件数	重量（kgs）	体积（m^3）

请核对发货。

天津外轮代理公司

年　　月　　日

凡属于法定检验检疫进口商品，必须向有关监督机构申报。

收货人章 1	海关章 2	3	4
5	6	7	8

二、技能训练

（一）初级任务

BLUE STAR TRADING COMPANY LTD 拟向 SINGAPORE TRADING CORPORATION 进口一批扳手，并收到新加坡贸易公司传真的形式发票（见样例 5–18），进口商的代码为 3018712462，扳手的商品编码为 8204.1200，拟于 2010 年 3 月 10 日在浦江海关报关进境，支付扳手所需外汇从银行购汇，该批扳手在国内市场销售。请根据提供的形式发票，缮制进口许可证申请表（见样例 5–19）和进口许可证（见样例 5–20）。

样例 5–18：形式发票

SINGAPORE TRADING CORPORATION

#07-09 ORCHARD PLAZA 150 ORCHARD ROAD SINGAPORE，

PROFORMA INVOICE

（WITHOUT ENGAGEMENT）

CONSIGNEE：BLUE STAR TRADING COMPANY LTD

FROM SINGAPORE TO SHANGHAI, CHINA

DELIVERY：LATEST DATE OF SHIPMENT 100330

PARTIAL SHIPMETN ALLOWED TRANSSHIPMENT NOT ALLOWED

MARKS & NOS	DESCRIPTIONS OF GOODS	QUANTITY	UNIT PRICE	AMOUNT
BSTC	WRENCH		FOB SINGAPORE	
SHANGHAI	HEX DEYS WRECH	1 000SETS	USD10.00	USD10 000.00
C/NO 1-60	DOUBLE RING OFFSET WRENCH	1 500SETS	USD10.00	USD15 000.00
	CONBINATION WRENCH	2 000SETS	USD20.00	USD40 000.00
	ADJUSTABLE WRENCH	1 500SETS	USD20.00	USD30 000.00
				USD95 000.00

SAY U.S. DOLLARS NINETY FIVE THOUSAND ONLY

PACKING: 100SETS/CARTON

PAYMENT TERMS: D/P AT SIGHT

THIS INVOICE IS SUPPLIED TO ENABLE YOU TO APPLY FOR THE NECESSARY LICENCE TO BE VALID UP TO APR 15, 2010

SINGAPORE TRADING CORPORATION

DAVID

样例 5–19：进口许可证申请表

中华人民共和国进口许可证申请表

1. 进口商：	3. 进口许可证号：
2. 收货人：	4. 进口许可证有效截止日期： 年　　月　　日
5. 贸易方式：	8. 出口国（地区）：
6. 外汇来源：	9. 原产地国（地区）：
7. 报关口岸：	10. 商品用途：
11. 商品名称：	商品编码：

12. 规格、型号	13. 单位	14. 数量	15. 单价（USD）	16. 总值（USD）	17. 总值折美元
18. 总计：					

19. 领证人姓名： 联系电话： 申请日期： 下次联系日期：	20. 签证机构审批（初审）： 终审：

中华人民共和国商务部监制　　第一联（正本）签证机构存档

样例 5–20：进口许可证

中华人民共和国进口货物许可证
IMPORT LICENCE OF THE PEOPLE'S REPUBLIC OF CHINA

1. 我国对外成交单位　　编码 Importer	3. 进口许可证编号 License No.
2. 收货单位 Consignee	4. 许可证有效期 Validity　　年　月　日
5. 贸易方式 Terms of trade	8. 出口国（地区） Country/Region of exportation
6. 外汇来源 Terms of foreign exchange	9. 商品原产地 Country of origin
7. 到货口岸 Port of destination	10. 商品用途 Use of commodity
11. 唛头——包装件数 Marks & numbers-number of packages	
12. 商品名称 Description of commodity	商品编码 Commodity No.

13. 商品规格、型号 Specification	单位 Unit	14. 数量 Quantity	15. 单价（USD） Unit Price	16. 总值（USD） Amount	17. 总值折美元 Amount in USD
18. 总计 Total					

19. 备注 Supplementary details	20. 发证机关盖章 Issuing authority's stamp 发证日期 Signature Date　　年　　月　　日

商务部监制　　　　本证不得涂改，不得转让

（二）中级任务

上海进出口贸易公司从日本 INWAW TRADING CORPORATION 进口一批教育图书，请根据进口合同（见样例 5–21）和商业发票（见样例 5–22）、装箱单（见样例 5–23）、非木质包装证（见样例 5–24）、汇票（见样例 5–25）、空运单（见样例 5–26）等进口单据及补充信息，缮制入境货物报检单（见样例 5–27）和进口货物报关单（见样例 5–28）。

样例 5–21：进口合同

PURCHASE CONTRACT

P/C No.: TX2010523

DATE: AUG10, 2010

The Buyer: SHANGHAI IMPORT & EXPORT CORPORATION
1321 ZHOUSHAN ROAD SHANGHAI, CHINA
TEL: 021-65788877　　FAX: 021-65788876

The Seller: INWAW TRADING CORPORATION
82-324 OTOLI MACHI TOK YO, JAPAN
TEL: 081-548-742　　FAX: 081-548-743

Dear Sir or Madam:

We have faxed to you order for 89 books before. As follows are the terms details of the books.

Order No.	Description	Quantity	Amount
SK0626215	EDUCATIONAL BOOKS	89 SET	CIP SHANGHAI USD5 030.00

PACKING: Packed in 26 Cartons

AIRPORT OF DEPATURE: Osaka Airport

AIRPORT OF DESTINATION: Pudong Airport Shanghai, China

PARTIAL SHIPMENT: Not Allowed

TRANSHIPMENT: Not Allowed

TIME OF SHIPMENT: Latest Date of Shipment 100930

TERMS OF PAYMENT: 30% T/T in Advance, 70% D/P at sight.

INSURANCE: For 110 Percent of The Invoice Value Covering Air Transportation by the Seller

DOCUMENTS: The Seller Shall Present the following documents

1) Two Air Waybill
2) Three copies of signed Commercial Invoice indicating Contract Number.
3) Three copies of packing list.
4) Two copies of Certificate of Quality issued by manufacture.
5) Insurance Policy in 2 copies.

INSPECTION AND CLAIMS: within the guarantee period stipulated should the quality/weight and/or the specifications of the goods be found not in with the contracted stipulations, or should the goods prove defective for any reasons, including latent defect or the use of unsuitable materials, the Buyer shall arranges for an Inspection to be carried out by the Bureau and have the right to claim against the Sellers on the strength of the inspection certificate issued by the Bureau. And all claims shall be regarded as accepted if the Sellers fail to reply within 30 days after receipt of the Buyer's claim.

The BUYER:	THE SELLER:
SHANGHAI IMPORT & EXPORT TRADE CORPORATION	INWAW TRADING CORPORATION

样例 5–22：商业发票

INWAW TRADING CORPORATION

TEL:081-548-742 FAX: 081-548-743

COMMERCIAL INVOICE

INVOICE No.:IW00791

DATE: AUG.31, 2010

P/C No.: TX200523

CONSIGNEE:

SHANGHAI IMPORT & EXPORT CORPORATION
1321 ZHONGSHAN ROAD SHANGHAI CHINA
TEL: 021-65788877 FAX: 021-65788876

MARKS: N/M

FROM OSAKA AIRPORT JAPAN TO PUDONG AIRPORT SHANGHAI CHINA

GOODS OF DESRIPTION	QUANTITY	TOTAL AMOUNT
EDUCATIONAL BOOKS	89 SET	CIP PUDONG AIRPORT SHANGHAI USD5030.

INWAW TRADING CORPORATION

高田

AUTHORISED SIGNATORY

样例 5–23：装箱单

INWAW TRADING CORPORATION

TEL: 081-548-742 FAX: 081-548-743

PACKING LIST

CONSIGNEE:

SHANGHAI IMPORT & EXPORT CORPORATION
1321 ZHONGSHAN ROAD SHANGHAI CHINA
TEL: 021-65788877 FAX: 021-65788876

INVOICE No. IW00791
DATE: AUG. 31.2010
PAYMENT TERMS: 30% T/T IN ADCANCE, 70% D/P AT SIGHT

MARKS: N/M

SHIPPED FROM		SHIPPED TO		VESSEL/VOYAGE
OSAKA AIRPORT		PUDONG AIRPORT SHANGHAI		788-905 0945
PACKAGES	DESCRIPTION	QUANTITY	GROSS WEIGHT	MEASUREMENT
26CARTONS	EDUCATIONAL BOOKS P/C No.: TX200523	89 SET	96.99 KGS	$0.836M^3$

INWAW TRADING CORPORATION

高田

AUTHORISED SIGNATORY

样例 5-24：非木质包装证

Declaration of No-Wooden Packing Material

To The Service of China Entry & Exit Inspection and Quarantine:

It is declared that this shipment

EDUCATIONAL BOOKS (Commodity)

26 CARTONS /96.99 Kgs (Quantity/Weight)

Does not contain wood packing materials.

Name of Export Company:

(Stamp or Signature of Director)

INWAW TRADING CORPORATION

高田

Manager

样例 5-25：汇票

BILL OF EXCHANGE

No. IW00791

For USD3 521..00 OSAKA SEPT 15, 2010

(amount in figure) (place and date of issue)

D/P At *********** sight of this FIRST Bill of exchange (SECOND being unpaid)

pay to INDUSTRIAL BANK OF JAPAN,OSAKA BRANCH or order the sum of

US DOLLARS THREE THOUSAND FIVE HUNDRED AND TWENTY-ONE ONLY

(amount in words)

Value received for 26 CARTONS of ENDUCATIOANAL BOOKS

(quantity) (name of commodity)

Drawn under FOR COLLECTION

L/C No. dated

To: SHANGHAI IMPORT & EXPORT CORPORATION
1321 ZHOUSHAN ROAD SHANGHAI, CHINA

For and on behalf of

INWAW TRADING CORPORATION

(Signature)

样例 5–26：空运单

Shipper's Name and Address INWAW TRADING CORPORATION 82-324 OTOLI MACHI TOK YO, JAPAN	Shipper's Account Number 01458798-54	NOT NEGOTIABLE Air Waybill Issued by **JAPAN ASIA AIRWAYS COMPANY,LTD** 2411 TOHNKAWA HNKWA TOKYO JAPAN Copies 1, 2 and 3 of this Air Waybill are originals and have the same validity.
Consignee's Name and Address SHANGHAI IMPORT & EXPORT CORPORATION 1321 ZHOUSHAN ROAD SHANGHAI, CHINA TEL: 021-65788877	Consignee's Account Number	It is agreed that the goods described herein are accepted for carriage in apparent good order And condition (except as noted) and SUBJECT TO THE CONDITIONS OF CONTRACT ON THE REVERSE HEREOF. ALL GOODS MAY BE CARRIED BY AND OTHER MEANS INCLUDING ROAD OR ANY OTHER CARRIER UNLESS SPECIFIC CONTRARY INSTRUCTIONS ARE GIVEN HEREON BY THE SHIPPER. THE SHIPPER'S ATTENTION IS DRAWN TO THE NOTICE CONCERNING CARRIER'S LIMITATION OF LIABILITY. Shipper may increase such limitation of liability by declaring a higher value for carriage and paying a supplemental charge if required.
Issuing Carrier's Agent Name and City SINOTRANS AIR TRANSPORTATION 989 DONGFANG ROAD SHANGHAI P.R. OF CHINA		Accounting Information NOTIFY: SAME AS CONSIGNEE FREIGHT PREPAID
Agent's IATA Code 08321550	Account No.	
Airport of Departure (Addr. of First Carrier) and Requested Routing OSAKA AIRPORT JAPAN		

To	By First Carrier Routing and Destination	to	by	to	by	Currency	CHGS Code	WT/VAL PPD	WT/VAL COLL	Other PPD	Other COLL	Declared Value for Carriage	Declared Value for Customs
						USD		××		××		N.V.D	N.C.V

Airport of Destination	Flight/Date For carrier Use Only Flight/Date	Amount of Insurance	INSURANCE - If Carrier offers insurance, and such insurance is requested in accordance with the conditions thereof, indicate amount to be insured in figures in box marked "Amount of Insurance."
PUDONG,SHANGHAI	JAA0614		

Handing Information

(For USA only) These commodities licensed by U.S. for ultimate destination ……………………………Diversion contrary to U.S. law is prohibited

No of Pieces RCP	Gross Weight	Kg lb	Rate Class / Commodity Item No.	Chargeable Weight	Rate / Charge	Total	Nature and Quantity of Goods (incl. Dimensions or Volume)
26	96.99	K	S	96.99	AS ARRANGED		EDUCATIONAL BOOKS VOLUME=0.836CBM

Prepaid Weight Charge Collect		Other Charges
AS ARRANGED		
Valuation Charge		AWB FEE：50.00
Tax		
Total other Charges Due Agent		Shipper certifies that the particulars on the face hereof are correct and that **insofar as any part of the consignment contains dangerous goods, such part is properly described by name and is in proper condition for carriage by air according to the applicable Dangerous Goods Regulations.**
Total other Charges Due Carrier		OSAKA/AIR EXPORT ……………………………………………… Signature of Shipper or his Agent
Total Prepaid AS ARRANGED	Total Collect	SEPT.14,2010 OSAKA,JAPAN **JAPAN ASIA AIRWAYS COMPANY,LTD**
Currency Conversion Rates	CC Charges in Dest. Currency	……………………………………………… Executed on (date) at(place) Signature of Issuing Carrier or its Agent
For Carrier's Use only at Destination	Charges at Destination	Total Collect Charges 788-905-0945

补充信息：
到货日期：2010年9月14日
卸货日期：2010年9月14日
报检单位登记号：123456
入境货物通关单号码：XT2010811
净重：87KGS
货物存放地点：上海市胜利路123号
用途：自营内销
H.S编码：4901.9900
贸易方式：一般贸易

样例5–27：入境货物报检单

中华人民共和国出入境检验检疫
入境货物报检单

报检单位（加盖公章）： *编　　号
报检单位登记号：　　　联系人：　　　电话：　　　报检日期：　　年　　月　　日

<table>
<tr><td rowspan="2">收货人</td><td colspan="3">（中文）</td><td colspan="2">企业性质(划“√”)</td><td colspan="2">□合资　□合作　□外资</td></tr>
<tr><td colspan="7">（外文）</td></tr>
<tr><td rowspan="2">发货人</td><td colspan="7">（中文）</td></tr>
<tr><td colspan="7">（外文）</td></tr>
<tr><td colspan="2">货物名称（中/外文）</td><td>H.S.编码</td><td>原产国（地区）</td><td>数/重量</td><td>货物总值</td><td colspan="2">包装种类及数量</td></tr>
<tr><td colspan="2"></td><td></td><td></td><td></td><td></td><td colspan="2"></td></tr>
<tr><td colspan="2">运输工具名称号码</td><td colspan="3"></td><td>合同号</td><td colspan="2"></td></tr>
<tr><td>贸易方式</td><td></td><td>贸易国别（地区）</td><td></td><td>提单/运单号</td><td colspan="3"></td></tr>
<tr><td>到货日期</td><td></td><td>启运国家（地区）</td><td></td><td>许可证/审批号</td><td colspan="3"></td></tr>
<tr><td>卸货日期</td><td></td><td>启运口岸</td><td></td><td>入境口岸</td><td colspan="3"></td></tr>
<tr><td>索赔有效期至</td><td></td><td>经停口岸</td><td></td><td>目的地</td><td colspan="3"></td></tr>
<tr><td colspan="2">集装箱规格、数量及号码</td><td colspan="6"></td></tr>
<tr><td colspan="2" rowspan="2">合同、信用证订立的检验检疫条款或特殊要求</td><td colspan="2" rowspan="2"></td><td>货物存放地点</td><td colspan="3"></td></tr>
<tr><td>用　　途</td><td colspan="3"></td></tr>
<tr><td colspan="2">随附单据（划“✓”或补填）</td><td colspan="2">标 记 及 号 码</td><td colspan="3">*外商投资资产（划“✓”）</td><td>□是□否</td></tr>
<tr><td rowspan="4">□合同
□发票
□提/运单
□兽医卫生证书
□植物检疫证书
□动物检疫证书
□卫生证书
□原产地证
□许可/审批文件</td><td rowspan="4">□到货通知
□装箱单
□质保书
□理货清单
□磅码单
□验收报告
□
□
□</td><td colspan="2" rowspan="4"></td><td colspan="4">*检验检疫费</td></tr>
<tr><td colspan="2">总金额
（人民币元）</td><td colspan="2"></td></tr>
<tr><td colspan="2">计费人</td><td colspan="2"></td></tr>
<tr><td colspan="2">收费人</td><td colspan="2"></td></tr>
<tr><td colspan="4" rowspan="3">报检人郑重声明：
1. 本人被授权报检。
2. 上列填写内容正确属实。
签名：________</td><td colspan="4">领 取 证 单</td></tr>
<tr><td>日期</td><td colspan="3"></td></tr>
<tr><td>签名</td><td colspan="3"></td></tr>
</table>

注：有“*”号栏由出入境检验检疫机关填写　　　◆国家出入境检验检疫局制

样例 5–28：进口货物报关单

中华人民共和国海关进口货物报关单

预录入编号：　　　　　　　　　　　　　　　　　　　　　　　　海关编号：

进口口岸	备案号	进口日期	申报日期	
经营单位	运输方式	运输工具名称	提运单号	
收货单位	贸易方式	征免性质	征税比例	
许可证号	起运国（地区）	装货港	境内目的地	
批准文号	成交方式	运费	保费	杂费
合同协议号	件数	包装种类	毛重（公斤）	净重（公斤）
集装箱号	随附单据	用途		
标记唛码及备注				

项号	商品编号	商品名称、规格型号	数量及单位	原产国（地区）	单价	总价	币制	征免

税费征收情况

录入员　　录入单位	兹声明以上申报无讹并承担法律责任	海关审单批注及放行日期（签章） 审单　　　审价
报关员 申报单位（签章）		征税　　　统计
单位地址		查验　　　放行
邮编　　电话　　填制日期		

（三）高级任务

MALAYSIAN SUGAR TRADING CO., LTD 与 TIFERT TRADING COMPANY LTD 于 2010 年 7 月 15 日签订了白糖进口合同（见样例 5–29），请依据进口合同谨慎审核泰佛贸易有限公司收到的商业发票（见样例 5–30）、装箱单（见样例 5–31）、原产地证（见样例 5–32）、提单（见样例 5–33）、分析证（见样例 5–34）、汇票（见样例 5–35）等进口单据，如果发现单据有纰漏之处，请填写进口来单审核记录（见样例 5–36）并要求出口商进行必要改正。

样例 5–29：进口合同

MALAYSIAN SUGAR TRADING CO., LTD

123, MAIN ROAD, SEBERAND PERAL, PENANG, MALAYSIA

TEL: 04-3913722　　FAX: 04-3919233

PURCHASE CONTRACT

Contract No.: MS100715

Date: July 15, 2010

THE BUYER: TIFERT TRADING COMPANY LTD
NO.86, ZHUJIANG ROAD, TIANJIN, CHINA

THE SELLER: MALAYSIAN SUGAR TRADING CO., LTD
123, MAIN ROAD, SEBERAND PERAL, PENANG, MALAYSIA

This Contract is made by and between the Sellers and the Buyers, whereby the sellers agree to sell and buyers agree to buy the under-mentioned goods according to the terms and conditions stipulated below:

MARKS & NOS	DESCRIPTIONS OF GOODS	QUANTITY	UNIT PRICE	AMOUNT
GULA BERAT PXX 50KG NET PRAI (IN CIRCLE) PENANG	WHITE REFINED SUGAR	100 M/T	CFR XINGANG,CHINA USD200.00 Free Out In Containers	USD20 000

1. QUANTITY: About 100 (ONE HUNDRED) Metric Tons.
2. QUALITY: White refined sugar with minimum polarization 99 degrees, maximum moisture 0.08%, maximum ash 0.05%, maximum invert 0.07% and maximum color 45 ICUMSA. All are final at time of shipment.
3. ORIGIN: Malaysia.
4. PACKING: in new sound polythene-lined polypropylene bags of about 50kgs net weight, suitable for export and with or without Seller's/factory markings in the Seller's option.
5. SHIPMENT: From PENANG, MALAYSIA TO XINGANG CHINA .Shipment before 30th September 2010. Partial shipment allowed and transshipment not allowed.
6. PAYMENT: D/P AT 30 DAY'S AFTER B/L DATE
7. DOCUMENTS:

1) Commercial invoice
2) Certificate of Origin
3) Certificates of net weight, quantity, quality and packing.
4) Shipped "on board" Bills of lading issued to order, blank endorsed and marked "freight prepaid"
5) Certificate of Analysis

8. REMARKS: 5% more or less both in quantity and amount allowed.

The sellers:
MALAYSIAN SUGAR TRADING CO., LTD

The Buyers
TIFERT TRADING COMPANY LTD
This deal is conclude and signed in Tianjin
on July 15th, 2010 in Tianjin

样例 5–30：商业发票

MALAYSIAN SUGAR TRADING CO., LTD

123，MAIN ROAD, SEBERAND PERAL, PENANG, MALAYSIA

Telephone 020 7972 6600 Facsimile 020 7972 6699

COMMERCIAL INVOICE

INVOICE NUMBER: X 6710

INVOICE DATE: 20th AUGUST 2010

INVOICE TO:

TIFERT TRADING COMPANY LTD

NO.86, ZHUJIANG ROAD, TIANJIN, CHINA

VESSEL: MV. "Sea Beta" V. 017/S DATE: 15th September 2010

SHIPMENT: From Penang, Malaysia to Xingang China.

CONTRACT NO: MS100715

Description of Goods:

100 Metric Ton White Refined Sugar

Minimum Polarisaton 99.Degrees,

Maximum Moisture 0.08 Pct,

Maximum Ash 0.05Pct,

Maximum Colour 45 Icumsa

All Final at time of shipment.

Packing in new sound polythene-lined polypropylene bags of 50kg net weight each.

At Unit Price of USD 200.00 per net metric ton FOB free out in containers Xingang, China

Invoice Amount: USD 20,000,000

Total Gross Weight:	100,275.00 Kgs	Bag Marks
Total Net Weight:	102,000.00Kgs	GULA BERAT
Total Tare Weight:	275.00 Kgs	Pxx 50 Kg Net
Total Number of Bags:	2 040 Bags	Prai (In Circle)
		PENANG

E. & O.E. **for and on behalf of**

MALAYSIAN SUGAR TRADING CO., LTD

样例 5–31：装箱单

MALAYSIAN SUGAR TRADING CO., LTD

123, MAIN ROAD, SEBERAND PERAL, PENANG, MALAYSIA

Telephone 020 7972 6600 Facsimile 020 7972 6699

20TH AUGUST 2010

PACKING LIST

SHIPMENT OF 6CONTAINERS=100METRIC TONS WHITE REFINED SUGAR

EX M/V /"SEA BETA"V.017/S" FROM PENANG, MALAYSIA TO XINGANG

MARKS
GULA BERAT
PXX 50 KG NET
PRAI (IN CIRCLE)
PENANG
BEST REFINED CANE SUGAR
FOR EXPORT ONLY

6*20' CONTAINERS= 2 000 BAGS
100 METRIC TON WHITE REFINED SUGAR

MINIMUM POLARISATON 99 DEGREES
MAXIMUM MOISTURE 0.08 PCT
MAXIMUM ASH 0.05PCT
MAXIMUM COLOUR 45 ICUMSA
ALL FINAL AT TIME OF SHIPMENT
PACKING IN SOUND POLYTHENE-
LINED POLYTHENE BAGS
OF 50KG NET WEIGHT EACH.
LOADED INTO 5* STANDARD 20 FT
CONTAINERS EACH CONTAINING 340 BAGS

Each Bag Gross Weight	Each Bag Tare Weight	Each Bag Net Weight
50.13 Kgs.	0.13 Kgs.	50.00 Kgs.

7 500 Bags * 50.13 Kgs. Gross	= 102 265.20 Kgs.	= 102.265 2 Metric Tons
7 500 Bags *0.13 Kgs. Tare	= 365.20 Kgs.	= 0.365 2 Metric Tons
7 500 Bags * 50 Kgs.Nett	= 102 000.00 Kgs.	= 102.000 Metric Tons

MALAYSIAN SUGAR TRADING CO., LTD

样例 5–32：原产地证书

Exporter (Name & Address) MALAYSIAN SUGAR TRADING CO., LTD 123, MAIN ROAD, SEBERAND PERAL, PENANG, MALAYSIA	Certificate of Origin No
Consignee (Name, Address & Country) TO ORDER Notify Party (Name & Address) TIFERT TRADING COMPANY LTD NO.86, ZHUJIANG ROAD, TIANJIN, CHINA	CERTIFICATE OF ORIGIN **MICCI** Founded In 1837 Member Of International Chamber Of Commerce, (ICC), Paris **ISSUED BY** **MALAYSIAN INTERNATIONAL CHAMBER OF COMMERCE & INDUSTRY (16841 V)** P.O. Box 12921, 50792 Kuala Lumpur, Malaysia, & Offices in Ipoh, Penang, Johor Bahru, Malacca and kota Kinabaiu
Vessel/Aircraft: MV "SEA BETA" V. 017/S	B/L Number /AWB Number	
Port of Loading PENANG, MALAYSIA	Date of Departure 18/09/2010	
Port/Airport of Discharge XINGANG, CHINA	
Country of Final destination CHINA	Country of Origin of Goods MALAYSIA

Marks & Numbers	Number of Packages & Quantity	Description of Goods	Gross Weight and/or Measurement	Invoice Number and Date
MARKS GULA BERAT PXX 50 KG NET PRAI (IN CIRCLE) PENANG	2,040 BAGS	WHITE REFINED SUGAR PACKING IN NEW SOUND POLYTHENE-LINED POLYPROPYLENE BAGS OF 50KG NET WEIGHT EACH.	TOTAL GROSS WEIGHT: 102.265 M/TONS NET WEIGHT: 102.00M/TONS	

(FOR CHAMBER USE ONLY) 10/09876

Certification:

Certified to the best of our knowledge and belief to be correct, and without prejudice.

Signature of Authorised Officer……………………….

Authorised Officer……………………………………

Date and Seal of Certifying Authority

马来西亚国际工商总会

MALAYSIAN INTERNATIONAL CHAMBER OF COMMERCE & INDUSTRY

21 SEP.2010

样例 5–33：提单

<table>
<tr><td colspan="2" rowspan="2">SHIPPER:
MALAYSIAN SUGAR TRADING CO., LTD
123, MAIN ROAD, SEBERAND PERAL,PENANG, MALAYSIA</td><td>BOOKING NO
PNG/PKL/CNXNG</td><td colspan="2">BILL OF LADING NO.
GOSUPNG612078</td></tr>
<tr><td colspan="3">EXPORT REFERENCES</td></tr>
<tr><td colspan="2">CONSIGNEE:
TO ORDER</td><td colspan="3">FORWARDING AGENT F.M.C.NO</td></tr>
<tr><td colspan="2">NOTIFY:
TIFERT TRADING COMPANY LTD
NO.86, ZHUJIANG ROAD, TIANJIN, CHINA</td><td colspan="3">REMARKS/EXPORT OR OTHER INSTRUCTIONS</td></tr>
<tr><td>PRE CARRIAGE BY (MODE)</td><td>PORT OF LOADING
PENANG CY, MALAYSIA</td><td colspan="3">PORT OF RECEIPT OF GOODS</td></tr>
<tr><td>OCEAN VESSEL / VOYAGE NO.
BERLIN EXPRESS V. 06W01</td><td>PORT OF DESTINATION
XINGANG CY, CHINA</td><td colspan="3">FINAL DESTINATION</td></tr>
<tr><td>MKS& NOS./CONT NO.</td><td colspan="2">DESCRIPTION OF GOODS</td><td>WEIGHT (KG)</td><td>MEASUREMENT (CBM)</td></tr>
<tr><td>GULA BERAT
PXX 50 KG NET
PRAI (IN CIRCLE)
PENANG
6 CONT
GSLU 2180772 D-8147123 340
GLDU 2003216 D-246370 340
GLDU 3746890 D-234567 340
CLHU 4212010 D-703644 340
CLHU 8879 240 D-703645 340
CLHU 9412772 D-703646 340</td><td colspan="2">2040 BAGS
102 METRIC TON WHITE REFINED SUGAR
FREIGHT COLLECT (AS ARRANGED)
SHIPPER'S LOAD STOWAGE & COUNT</td><td>102.265</td><td>157.6</td></tr>
<tr><td colspan="5">TOTAL NO. OF CONTAINERS OR PACKAGES (IN WORDS): SAY TWO THOUSAND AND FIFTY BAGS ONLY</td></tr>
<tr><td rowspan="3">DETAILS</td><td colspan="2">NO. OF ORIGINAL B/Ls
3</td><td colspan="2">FREIGHT PAYBALE AT
PENANG</td></tr>
<tr><td colspan="2">ON BOARD DATE
18-SEP-2010</td><td colspan="2">PLACE & DATE OF ISSUE
PENANG,18-SEP-2010</td></tr>
<tr><td colspan="4">SIGNED BY:
AS AGENT FOR THE CARRIER</td></tr>
</table>

样例 5–34：分析证

MALAYSIAN SUGAR TRADING CO., LTD
123, MAIN ROAD, SEBERAND PERAL, PENANG, MALAYSIA

CERTIFICATE OF ANALYSIS

PRODUCT : WHITE REFINED SUGAR
GRADE : PXX
DATE OF PACKING : 07/09/2010

PARAMETERS		THIS CONSIGNMENT	SPECIFICATIONS
MOISTURE,%	:	0.018	0.040 MAX
POLARISATION, ° Z	:	99.95	99.90 MIN
COLOUR,I.U.	:	12	20 MAX
MEAN APERTURE,MM	:	0.61	0.50-0.70

样例 5–35：汇票

BILL OF EXCHANGE

No. ______

For USD20 000 (amount in figure)　　PENANG SEP 19, 2010 (place and date of issue)

D/P At 30 DAYS AFTER sight of this FIRST Bill of exchange (SECOND being unpaid)

pay to HSBC BANK PLC, MALAYSIA BRANCH or order the sum of

US DOLLARS TWENTY THOUSAND ONLY
(amount in words)

Value received for 2 000 BAGS (quantity) of WHITE REFINED SUGAR (name of commodity)

Drawn under MS100715

L/C No. ______ dated ______　　ACCEPTED SEP30,2010

To: TIFERT TRADING COMPANY LTD
NO.86, ZHUJIANG ROAD,TIANJIN, CHINA

For and on behalf of
MALAYSIAN SUGAR TRADING CO., LTD
GOD
(Signature)

样例 5–36：进口来单审核记录

发票号				船名/航班						提/运单号			
进口商										装运期			
付款方式				金额						交单期			
单据名称	汇票	发票	装箱单	保险单	产地证	检验证	GSP产地证	海关发票	船行证明	受益人证明	提单	提单副本	其他
单据份数													
存在问题及处理意见													
其他应注意事项：													
单证员			审单员				银行复核			付汇日期			

项目六 信用证项下进口单证操作

任务 6.1 信用证项下进口单证入门

案例导入

信用证项下进口货物发生风险争议案

我国某进出口公司从德国某贸易公司进口一批冻肥牛肉。合同规定贸易术语采用 CIF 天津，17 公吨，12 月 1 日前装运，即期信用证付款。德国贸易公司收到我方公司通过银行开出的信用证后，及时办理装运并取得信用证规定的全套单据，随后向议付行办理了议付。此时，我方得知该载货班轮的航线区域内发生了飓风，经查询得知载货船只在航行途中正好受到飓风影响导致部分货物受损，于是通知银行拒绝接单付款，等货到港鉴定损失后再考虑是否付款。

在本例中，我方的要求是否合理？如果不合理，在实际业务中我方又该如何处理？通过上述案例，我们可以得到哪些启示？进口业务中又该如何弥补货物损失？

知识目标

1. 了解开证申请书的概念、开立信用证的基本程序。
2. 熟悉申请开证和改证的流程。
3. 掌握开证申请书和改证申请书格式中的主要内容，掌握其缮制规范和技巧。

能力目标

1. 准确翻译合同中的支付条款。
2. 能根据进口合同独立、正确填写开证申请书并办理申请开证手续。
3. 能根据出口商的改证函或进口商自身的改证需求，填写信用证修改申请书并办理改证手续。

我国进口业务中，当进口商为了避免预付货款的风险或出口商认为收款存在一定风险时，双方往往会考虑采用信用证支付方式，这样可以在一定程度上保障双方的利益。在信用证支付方式下，进口商必须按照合同规定的开证时间向出口商开出符合合同要求的信用证，否则要承担由此产生的违约责任。开立信用证是进口商履行信用证项下进口合同的第一步。

一、知识导航

（一）开立信用证

1. 开证申请书的概念

开证申请书（Documentary Credit Applicant）是银行开立信用证的依据，是申请人与开证行之间明确彼此权利与义务关系的契约。申请书包括两部分：第一部分是请求银行开出信用证的内容；第二部分是进口企业对开证行的承诺书，用以明确双方的责任。

2. 开立信用证的基本程序

进口商应该在合同规定的开证时间内向出口商可接受的本地银行申请开立信用证。如合同规定开证日期，进口商应在规定期限内开立信用证；如合同只规定了装运期的起止日，则应保证受益人在装运期开始前收到信用证；如合同只规定了最晚装运日期，则应在合理时间内开证，以使出口商有足够的时间备货出运。开证日期通常控制在交货期前一个月至一个半月左右。

（1）填写开证申请书，提交相关文件

进口商根据银行规定的开证申请书格式，依据合同规定及惯例填写开证申请书，一般一式三份，分别用于银行结算部门留存，银行信贷部门留存，开证申请人留存。进口商填写开证申请书时，应该写明对信用证的各项要求，内容要明确、完整，所列内容应与买卖合同条款一致，不得将与信用证无关的内容和合同中过细的条款填写到开证申请书中，不能将不确切的、可做弹性解释的或有争议的内容填写到申请书中。各银行印制的开证申请书格式和内容大同小异。

开证申请书的背面是信用证开证申请人承诺书，是开证申请人对开证行的声明，用以明确双方责任。

为了最大限度地回避风险，除了开证申请书外，银行还会要求开证申请人提供有关合同的副本等相关文件。

一般来说进口商须要向银行提交以下文件：买卖双方签署的进口合同副本、进口业务批文（如进口配额许可类证明、机电产品进口登记证明等）、外管部门规定的有关文件（如购汇申请书、进口付汇核销单、进口付汇备案表等）、与贷款相关的文件等。首次办理开立信用证业务还须提供经营进出口业务的批文和工商营业执照等，办理保证金账户的开立手续。

（2）开证申请人提交保证金或抵押品

开证行首先对开证申请书的内容进行审核，审查其各类项目是否齐全有无矛盾等。在此基础上，对开证申请人的资信（包括开证申请人的经营状况、收益状况、资金实力及经营作风等）做仔细的调查，根据开证申请人的资信情况和货物的市场情况确定其缴纳保证金的数额，有时高达 90%～100%，有时仅百分之几，甚至不收保证金。如企业在一段时间内进行多笔交易，将要多次开证，为了避免每笔业务都开展资信调查的麻烦，银行往往会根据资信调查情况规定一个授信额度，此额度是免保开证的最高限额。有了授信额度之后，若开证申请人申请开证的金额小于授信额度，则不须交付保证金或抵押品；若开证金额大于授信额度，则对超额部分向开证申请人收取保证金或抵押品。

保证金和抵押品可以是如下几类：① 现金做押，即向开证行交付一定的押金或者从存款账户中扣存；② 提供不动产、动产及财产权利等抵押品；③ 提交由其他银行或金融机构出具的保函。实务中多是要求以现金做押，国外银行对保证金通常不计利息。

（3）开证申请人向开证行支付开证费用

申请人须按开证金额的一定比例向开证行支付开证手续费，在开证当日按当天牌价（中间价）折算成人民币支付，一般为开证金额的1.5‰。

（4）开证行开立信用证

开证行应该严格按照开证申请书开立信用证。开证申请书是开证行开证的基础。信用证开立后，开证行的有关人员须认真审证。审证无误后，由相应级别的有权签字人签发信用证。最后，根据开证申请书的要求，选择开证方法——电开或信开。

（5）通知行通知信用证

通知行收到开证行开立的信用证后，首先从总体上审核信用证，在辨别信用证真实无误的前提下及时将信用证通知出口商。

3. 开立信用证注意事项

（1）信用证的内容应是完整的、自足的。信用证内容应严格以合同为依据，对于应在信用证中明确的合同中的贸易条件，必须具体列明，不能使用“按××号合同规定”等类似的表达方式。因为信用证是一个自足文件，有其自身的完整性和独立性。不应参照或依附于其他契约文件。

（2）关于保兑和可转让信用证。我国银行原则上不开立保兑信用证，对可转让信用证也持谨慎态度。对此，进口商在签订合同时应予注意，说服国外出口商免除保兑要求，以免开证时被动。

（3）信用证内容必须准确无误，应明确规定各类单据的出单人（商业单据、保险、货运单据除外），明确规定各单据应表述的内容。

（4）不准分批、不准转运、不接受第三者装运单据，均应在信用证中明确规定，否则将被认为允许分批、允许转运、接受第三者装运单据。

（5）由于信用证业务中，银行是凭单付款，所以为使货物质量符合合同规定，进口商可以在合同和信用证中要求出口商提供商品检验机构出具的装船前检验证明，并明确规定货物的规格品质，指定检验机构。

（6）国外通知行一般由开证行指定，但如果出口商坚持指定通知行，进口商可在开证申请书上注明，供开证行在选择通知行时参考。

（二）修改信用证

1. 修改信用证的原因

信用证开立后，开证申请人可能因为以下原因需要修改信用证：

（1）受益人已经接受了信用证，但履行业务中发生特殊情况，如不能按期交货、装货数量或港口发生变化，需要增加金额等。这时受益人希望开证申请人能够对信用证中的装运期、有效期等相关条件做出修改。作为开证申请人可以接受，也可拒绝，主要考虑双方贸易关系或市场情况等因素。

（2）信用证条款不符合合同规定，或存在受益人不能接受的条件，受益人在审证时发现，立即表示反对，要求修改。开证申请人未按合同开证，应承担相应责任，同意修改。

（3）由于合同条款理解上存在差异，导致卖方审证时提出异议，要求修改。这种情况属于正常的理解沟通和协商的范畴。

（4）开证申请人因市场需要，要求修改，增加商品数量或者金额，需征得受益人同意后，方可向开证行提出改证申请。

2. 修改信用证注意事项

（1）尽量避免多次修改信用证，所有不符点应该一次性向开证行提出。

（2）常见的修改内容有展期等，修改申请书中已列出，只需选择和填写。对于没有列明的修改内容可在“其他栏目”一一列出。

（3）费用承担声明。信用证修改手续费的承担及如何支付应予以明确。通常由于受益人原因作出的信用证修改，费用由受益人承担，反之则由开证申请人承担。

（4）若信用证修改涉及金额增加并且数额较大时，银行会要求申请人相应增加保证金或满足其他条件，这需要开证人与银行重新协商。

二、技能入门

（一）开立信用证流程图

进出口商双方经过友好洽商同意采用信用证付款方式，为执行合同进口商应该按照合同要求及时到开证行申请开证，开立信用证具体流程见图 6–1。

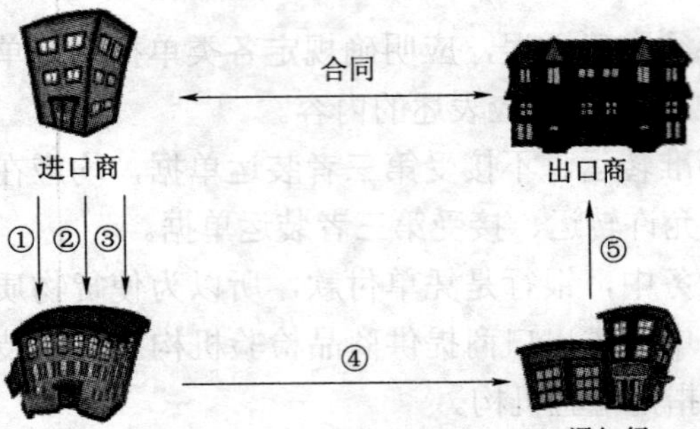

图 6–1　信用证开立流程图

说明：① 进口商申请开立信用证，填写开证申请书，提供相关文件。

② 进口商向开证行缴纳保证金或抵押品。

③ 开证申请人向开证行支付开证手续费。

④ 开证行开立、审核并签发信用证。正本寄送通知行，副本交进口商。

⑤ 通知行收到信用证后进行审核，如无误及时将信用证通知一并交付出口商。

（二）修改信用证流程图

出口商收到通知行转递的信用证后，经审核认为信用证的有些条款与合同条款不符不能接受，则要求进口商到开证行对信用证做相应修改；或进口商事后发现有些条款有问题，也可主动修改信用证，具体修改流程见图 6–2。

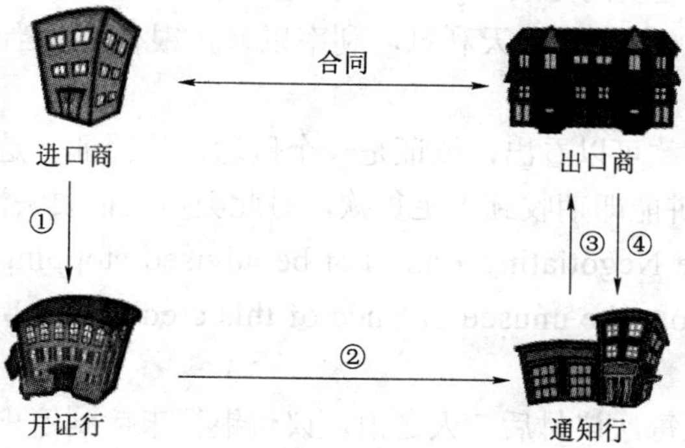

图 6–2　修改信用证流程图

说明：① 申请人提交信用证修改申请书（Application for Amendment），交纳修改手续费。各银行都有其固定的修改申请书格式，内容大同小异。

② 开证行据原信用证副本进行对照审核，审核无误后根据修改申请书的要求，按原信用证的传递路线向出口商发出信用证修改通知书。

③ 通知行收到修改通知书后，鉴别其真实性并进行必要审核，如无误通知受益人。

④ 受益人收到修改通知书后，应提供接受或拒绝的通知。

（三）合同中常见的信用证支付条款及释疑

（1）At the request of the Issuing Bank，we (an advising Bank) have been requested to add our confirmation to this credit and we hereby undertake that all drafts drawn by you in accordance with the terms of the credit will be duly honoured by us.

【中文】我们（通知银行）受开证银行的委托，对信用证加以保兑，并在此保证，凡提交贵公司依信用证条款签发的汇票，可由本行兑付。

【释疑】从此条款可以看出，该证是一个保兑信用证，对受益人来讲是双保险，与新客户或资信不好的客户做业务，最好采用保兑信用证，这样收汇比较安全，不利之处有可能要承担额外的保兑费用。

（2）We open this Irrevocable Documentary Credit favouring yourselves for a sum not exceeding a total of USD×××available against your draft at sight drawn on us by negotiation.

【中文】本银行开立不可撤销跟单信用证，以你方为受益人，总金额不得超过××美元整，凭你签发的以开证行为付款人的即期汇票议付。

【释疑】从此条款可以看出，该证是一个不可撤销的、即期的、议付信用证，这是一种比较常用的信用证支付条款，注意信用证不允许超证支付。

（3）Credit available by your drafts on Issuing Bank at (90) days after sight honoured at presentation. Kindly note that drafts are payable with interest for up to (90) days calculated at ×× Bank rate per annual prevailing at the date of acceptance，such interest being for Buyer's account.

【中文】凭贵方签发的见票后（90）天，以开证银行为付款人的汇票，于交单日付款。请注意汇票付款时加付（90）天利息，利率以××银行承兑当日公布的为准，利息由买方承担。

【释疑】从此条款可以看出，该证是一个假远期信用证，是开证行给予进口商的资金融通，对受益人来讲能即期收到十足货款，对此类信用证要关注利息的负担问题。

（4）Should the Negotiating Bank not be advised stopping renewal with seven days after each negotiation, the unused balance of this credit shall be increased to the original amount.

【中文】信用证每次议付后 7 天之内，议付银行未接到停止循环的通知时，本信用证项下尚未用完的余额，加至原金额中使用。

【释疑】从此条款可以看出，该证是一个循环信用证并且是自动循环和金额可累加的，该证特别适用于买卖双方长期有稳定的业务，对执行订单带来很大的便利。

（5）This letter of credit is transferable in China only, in the event of a transfer, a letter from the first beneficiary must accompany the documents for negotiation.

【中文】本信用证仅在中国可转让，如实行转让，由第一受益人发出的书面证明须连同单据一起议付。

【释疑】从此条款可以看出，该证是一个可转让信用证，但限制在中国转让。为了降低转让信用证带来的风险，开证行要求一旦信用证被转让，要求第一受益人出具一个信函证明该证确实被转让，该信函作为议付货款的单据之一。

任务 6.2　信用证开立和修改操作

任务背景

经过友好洽商，泰佛贸易有限公司与德国哈罗德有限公司签订了购买 150 吨废纸的进口合同，合同号为 TIFERT080515，金额为 USD10 500.00，双方同意信用证支付方式，泰佛贸易有限公司于 6 月 3 日到中国银行天津分行办理开证手续，把填写好的开证申请书、合同副本及相关文件提交银行。银行审核通过后，泰佛贸易有限公司向银行缴纳 20% 的开证保证金和 1.5‰的开证手续费。

德意志银行（Deutsche Bank）作为通知行将信用证通知并转交给出口商德国哈罗德有限公司，出口商进行审核后发现几处与合同条款不相符合的地方，因此要求进口商修改信用证。进口商再次将申请改证所需的信用证修改申请书及相关文件提交中国银行天津分行，办理申请改证手续，并缴纳改证费。

一、操作范例

【第一步】废纸作为固体废物在我国被列入《自动进口许可管理货物目录》，为防范洋垃圾入境，我国对废纸进口有严格规定，不仅国外供货商需要向中华人民共和国质量监督检验检疫总局办理供货商注册登记手续（见样例 6–1），国内收货人也需要向中华人民共和国质量监督检验检疫总局办理进口废物原料国内收货人登记手续（见样例 6–2），同时还要申领固体废物自动进口许可证（见样例 6–3）。

（一）国外供货商申请注册登记应当提供的材料

（1）注册登记申请书；

（2）经公证的税务登记文件，有商业登记文件的还需提供经公证的商业登记文件；

（3）组织机构、部门和岗位职责的说明；

（4）标明尺寸的固定办公场所平面图，有加工场地的，提供加工场地平面图，能全面展现上述场地实景的视频文件或者 3 张以上照片；

（5）ISO9001 质量管理体系或者 RIOS 体系等认证证书彩色复印件及相关作业指导文件。

提交的文字材料，须用中文或者中英文对照文本。

样例 6–1：进口可用作原料的固体废物国外供货商注册登记证书

进口可用作原料的固体废物国外供货商
注册登记证书

经审核，你公司符合进口可用作原料的固体废物国外供货商注册登记条件，准予注册登记。

证书编号：A5468901

供货商名称：HAROLD COMPANY LIMITED

国别/地区：德国

公司地址：NO.28 HAROLD STREET，HAMBURG, GERMANY

AQSIQ

注册登记废物原料种类：
回收（废碎）未漂白牛皮纸、瓦楞纸或纸板

证书有效期：2009 年 1 月 15 日至 2012 年 1 月 14 日

中华人民共和国质量监督检验检疫总局

（二）国内收货人申请注册登记应当提供的材料

（1）注册登记申请书；

（2）工商营业执照及其复印件；

（3）组织机构代码证书及其复印件；

（4）《对外贸易经营者备案注册登记证》等进出口资质许可文件及其复印件；

（5）收货人的组织机构、部门和岗位职责；

（6）进口废物原料质量控制、员工培训情况、不合格货物处置等质量管理制度文件或质量体系认证证书（彩色复印件）；

（7）近两年从事进口废物原料（种类、数量及环保质量）的相关说明；没有经营过进口废物原料的申请企业需提供没有经营的声明；

（8）相应的境外供货企业的《进口废物原料境外供货企业注册证书》（复印件），复印件上必须加盖该境外供货企业的印章和法人的签名；

（9）所代理的国内加工利用企业的进口委托文件、组织机构代码证书（复印件）和《进口可用作原料的固体废物利用单位备案表》。

样例 6–2：进口废物原料国内收货人登记证书

进口废物原料国内收货人
登 记 证 书

经审核，你企业符合进口废物原料国内收货人登记条件，准予登记。

注册证书编号：
B41057836

企业名称：
泰佛贸易有限公司
（TIFERT TRADING COMPANY LTD）

企业地址：
天津市珠江道 86 号

所代理的价格利用企业：
天津大通纸业有限公司

证书有效期：
2009 年 2 月 1 日至 2014 年 1 月 31 日

中华人民共和国质量监督检验检疫总局

样例 6–3：自动进口许可证

中华人民共和国自动进口许可证 No 315568
AUTOMATIC IMPORT LICENCE OF THE PEOPLE'S REPUBLIC OF CHINA

1. 进口商 Importer 泰佛贸易有限公司	3. 自动进口许可证号 Automatic import licence No. 10-5-W01806
2. 进口用户 Consignee 天津大通纸业有限公司	4. 自动进口许可证有效截止日期 Automatic import licence expiry date 2010 年 6 月 30 日
5. 贸易方式 Terms of trade 一般贸易	8. 贸易国（地区） Country/Region of exportation 德国
6. 外汇来源 Terms of foreign exchange 银行购汇	9. 原产国（地区） Country/Region of origin 德国
7. 报关口岸 Place of clearance 天津海关	10. 商品用途 Use of goods 生产用

11. 商品名称 Description of goods	商品编码 Code of goods	商品状态 Status of goods
回收（废碎）未漂白牛皮纸、瓦楞纸或纸板	4707100000	

12. 规格、型号 Specification	13. 单位 Unit	14. 数量 Quantity	15. 单价（USD）Unit price	16. 总值（USD）Amount	17. 总值折美元 Amount in USD
一级	吨	150	70	10 500	
18. 总计 Total		150		10 500	

19. 备注 Supplementary details	20. 发证机关签章 Issuing authority's stamp 21. 发证日期 Issuing date 2010 年 3 月 1 日

【第二步】泰佛贸易有限公司与德国哈罗德有限公司签订的废纸进口合同（见样例 6–4）如下：

样例 6–4：购货合同

购 货 合 同
PURCHASE CONTRACT

P/C No.: TIFERT100315
Date: March 15, 2010

The buyer: TIFERT TRADING COMPANY LTD.
NO.86, ZHUJIANG ROAD, TIANJIN, CHINA
Fax: 00862285665678 Tel. 00862285665679 Email: TIFERT@trade.com

The seller: HAROLD COMPANY LIMITED
NO.28 HAROLD STREET, HAMBURG, GERMANY
Fax: 004924245656 Tel. 004924245658 Email: HAROLD@trade.net

The seller and the buyer have confirmed this Contract with the terms and conditions stipulated below.

DESCRIPTIONS OF GOODS	QUANTITY	UNIT PRICE	AMOUNT
WASTE PAPER PROHIBITIVE MATERIALS≤2% MOISTURE≤12% OUT-THROWS≤1%	150MTS 10% more or less, at Seller's option	USD 70/MT CFR XINGANG	USD10 500.00
TOTAL VALUE: SAY US DOLLARS TEN THOUSAND AND FIVE HUNDRED ONLY			

1. Packing: EXPORT STANDARD PACKING IN CONTAINER SHIPMENT
The seller shall be liable for any damage of the commodity and expenses incurred on account of importer packing or inadequate and importer protective measures taken by the seller in regard to the packing, shipping marks as follows:
N/M
2. Time of shipment: NOT LATER THAN MAY 31, 2010
3. Port of shipment: HAMBURG, GERMANY
4. Port of destination: TIANJIN, CHINA
5. Partial shipment: ALLOWED
6. Transshipment: LLOWED
7. Insurance: FOR 110 PERCENT OF THE INVOICE VALUE COVERING ALL RISKS BY THE BUYER.
8. Payment: BY IRRVOCABLE DOCUMENTARY CREDIT AT SIGHT

Seller　　　　Buyer
RONALD　　　　王丽

【第三步】2010 年 4 月 5 日进口商泰佛贸易有限公司业务员王丽根据购货合同和其他信息填写开证申请书（见样例 6–5）及签署开证申请人声明（见样例 6–6），并到中国银行天津分行办理开证手续。

相关链接

表 6–1 开证申请书缮制规范

项目顺序号	填写内容	要点提示
(1)开证行 Issuing Bank	开证行名称	
(2)申请日期 Date	进口商申请开立信用证的日期	按英文习惯填写
(3)开立方式 Credit to be issued by	可选择空邮、简电、特快专递和电传等方式	尽量选择交易双方均可接受的方式
(4)有效期及到期地点 Date and place of expiry	根据业务情况如实填写	有效期一般较最迟装运期晚10～15天，到期地点一般在受益人所在国
(5)通知行 Advising bank	通知行名称	此部分一般由银行填写
(6)受益人 Beneficiary	填写受益人名称及地址	应与合同中卖方名称地址一致
(7)开证申请人 Applicant	填写开证申请人名称及地址	应与合同中买方名称地址一致
(8)总值 Currency code and amount	根据合同填写小写金额和大写金额	注明币别并保持大小写一致，一般不低于合同金额
(9)分批装运和转船 Partial shipment & transshipment	是否允许	应与合同一致
(10)装运港(地)、目的港(地)和装运期 From…to… Latest date and shipment	填写装运港(地)、目的港(地)名称及装运期	根据合同约定填写
(11)具体兑付方式及兑付时间 Credit available with	需要选择即期付款、承兑付款、议付或延期付款，是否使用受益人汇票、填写汇票金额、付款期限和付款人	此部分应按照信用证付款惯例填写，并与合同条款保持一致
(12)贸易术语 Trade term	选择贸易术语	根据合同约定进行选择或填写
(13)信用证种类 Form of L/C	选择是否可转让	根据合同约定进行选择
(14)保兑 Confirmation	选择是否加保兑	根据合同约定进行选择
(15)单据条款 Documents required	选择并填写所需要单据种类、份数、具体要求等	根据实际进口要求，填写并选择需要由出口商提供的单据
(16)货物描述 Description of the goods	填写商品名称、规格、数量、单价、包装等内容	根据合同约定进行填写
(17)额外指示条款 Additional conditions	填写其他需要的条款或指示	可根据贸易惯例和业务情况合理填写
(18)开证人签字盖章 Signature and seal of the applicant	开证人签字及盖章	
(19)银行使用 For bank user only	银行填写栏	

样例 6-5：开证申请书

IRREVOCABLE DOCUMENTARY CREDIT APPLICATION

(Please mark x in appropriate boxes)

(1) TO: BANK OF CHINA TIANJIN Branch　　(2) Date: APRIL.5, 2010

(3) Credit to be issued by
☒ Full Teletransmission
☐ Airmail
☐ With A Preliminary Advice by Teletransmission

Irrevocable Documentary Credit No.
(4) Date and Place of Expiry　Date: JUNE 20, 2010
Place: IN CHINA

(5) Advising Bank
DEUTSCHE BANK, HUMBURG

(6) Beneficiary (Name and Address)
HAROLD COMPANY LIMITED
NO.28 HAROLD STREET，HAMBURG,，GERMANY

(7) Applicant (Name and Address)
TIFERT TRADING COMPANY LTD.
NO.86，ZHUJIANG ROAD，TIANJIN，CHINA

(8) Currency Code and Amount
In Figures　USD10 500.00
In Words　SAY US DOLLARS TEN THOUSAND AND FIVE HUNDRED ONLY

(9) Partial Shipments
☒ allowed ☐ not allowed

Transshipment
☐ allowe ☒ not allowed

(10) Loading on board/dispatch/taking in charge
at /from　HAMBURG, GERMANY
For transportation to　TIANJIN, CHINA
Latest Date of Shipment　MAY 31, 2010

(11) Credit available with
☒ any bank　☐ Issuing Bank
☐ by sight payment ☐ by acceptance ☒ by negotiation　☐ by deferred payment
Against presentation of the documents detailed herein and ☒ beneficiary's draft for 100 % of invoice value
At ☒ sight ☐ days sight ☐ days after date of shipment
drawn on　☒ Issuing Bank

(12) Trade Term: ☐ FOB　☒ CFR　☐ CIF
☐ other term (please specify):

(13) Form of L/C
☐ Transferable
☒ Not Transferable

(14) Confirmation
☐ Confirm
☒ Without

(15) Documents Required: (marked with x)
1. ☒ Signed Commercial Invoice in _5_ originals and _2_ copies indicating L/C No. and Contract No.
2. ☒ Full set ☐2/3 set (including _3_ originals and ___ non-negotiable copies) of clean on board ocean Bills of Lading made out to order and blank endorsed, marked Freight　☐ Collect　☒ Prepaid, notifying
☒ Applicant with full name and address ☐
3. ☐ Airway Bill consigned to ☐ Applicant　☐ Issuing Bank and notify　☐ Applicant ☐ Issuing Bank, marked Freight ☐ Collect ☐ Prepaid and indicating actual flight date
4. ☐ Railway Bill showing Freight　☐ Collect　☐ Prepaid and consigned to
5. ☐ Full set (including ____ originals and ____ copies) of Insurance Policy/Certificate for at least 110% of the invoice value showing claims payable in China in currency of the draft, blank endorsed, covering ☐ ocean marine transportation ☐ air transportation ☐ overland transportation all risks, war risks and
6. ☒ Packing List/Weight Memo in _5_ originals and _2_ copies indicating ____
7. ☐ Certificate of Quantity in ____ originals and ____ copies issued by ____ indicating ____
8. ☐ Certificate of Origin in ____ originals and ____ copies issued by ____
9. ☒ Certificate of Quality in ____ originals and _3_ copies issued by beneficiary　indicating ____
10. ☒ Beneficiary's Certified Copy of Fax/E-mail dispatched to the applicant within _24_ hours after shipment advising name of vessel /~~flight No./wagon No.~~, B/L No., loading port/~~airport of departure~~, date of shipment, contract No., L/C No., commodity, quantity, weight and value of shipment
11. ☐ Beneficiary's Certificate certifying that extra copies of all documents required in this Credit have been sent to the Applicant within ____ days after shipment.
12. ☐ Other documents:

(16) Description of the goods:
COMMODITY：WASTE PAPER
PROHIBITIVE MATERIALS≤2%
MOISTURE≤12%
OUT-THROWS≤1%
QUANTITY：150MTS (+/-10PCT)
UNIT PRICE：USD 70/MT CFR TIANJIN, CHINA　TOTAL AMOUNT：USD10 500.00
CONTRACT NO. TIFERT100315
PACKING：IN CONTAINER SHIPMENT

(17) Additional Conditions
1. ☒ All Banking charges and interest, if any, outside Issuing Bank and our reimbursement charge are for account of the Beneficiary.
2. ☒ Documents to be presented within _5_ days after the date of shipment but within the validity of the Credit.
3. ☐ Third party as shipper/consignor in transport documents not acceptable.
4. ☒ Short form/blank back B/L not acceptable.
5. ☒ Both quantity and amount _10_% more or less are allowed.
6. ☒ All documents should be forwarded to the Issuing Bank in one lot by courier.
7. ☒ All documents must be issued in English.
8. ☐ Other terms:

(18) Signature and Seal of the Applicant
Contact Person: 王丽
Tel. No. 022-85665678　Fax No. 022-85665678

(19) For bank user only

样例 6–6：开证申请人声明

开证申请人声明

中国银行：

我公司已办妥一切进口手续，现请贵行按我公司申请书内容开出不可撤销跟单信用证。我公司声明如下：

一、我公司同意贵行依照国际商会第 600 号出版物《跟单信用证统一惯例》办理该信用证项下一切事宜，并同意承担由此产生的一切责任。

二、我公司保证按时向贵行支付该证项下的货款费、手续费、利息及其他一切费用等所需的外汇和人民币资金。

三、我公司保证在贵行单到通知书中规定的期限之内通知贵行办理对外付款/承兑，否则贵行可以认为我公司已接受单据，同意付款/承兑。

四、我公司保证在单证表面相符的条件下办理有关付款/承兑手续。如因单证有不符之处而拒绝付款/承兑，我公司保证在贵行单到通知书规定的日期之前将全套单据如数退还贵行并附书面拒绝理由，由贵行按国际惯例确定能否对外拒付。如贵行确定我公司所提拒付理由不成立，或虽然拒付理由成立，但我公司未能退还全套单据，贵行有权主动办理对外付款/承兑，并从我公司账户中扣款。

五、该信用证及其项下业务往来中如因邮、电传递发生遗失、延误、错漏，贵行当不负责。

六、该信用证如需修改，由我公司向贵行提出书面申请，由贵行根据具体情况确定能否办理修改。我公司确认所有修改当由信用证受益人接受时才能生效。

七、我公司在收到贵行开出的信用证、修改副本后，保证及时与原申请书核对，如有不符之处，保证在接到副本之日起，两个工作日内通知贵行。如未通知，当视为正确无误。

八、如因申请书字迹不清或词意含混而引起的一切后果由我公司负责。

（签字盖章）王丽

【第四步】开证行中国银行天津分行依据泰佛贸易有限公司提交的开证申请书开立证号为 L/C20100405 的信用证（见样例 6–7）。

样例 6–7：跟单信用证

2010APR05LOGICAL TERMINAL

MT 700		**ISSUE OF A DOCUMENTARY CREDIT**	PAGE 00001
SEQUENCE OF TOTAL	27	1 / 1	
FORM OF DOC. CREDIT	40 A	IRREVOCABLE	
APPLICABLE RULES	40E	UCP LATEST VERSION	
DOC. CREDIT NUMBER	20	L/C20100405	
DATE OF ISSUE	31 C	100405	
EXPIRY	31 D	DATE 100620 PLACE CHINA	
APPLICANT	50	TIFERT TRADING COMPANY LTD. NO.86, ZHUJIANG ROAD, TIANJIN, CHINA	

BENEFICIARY	59	HAROLD COMPANY LIMITED NO.28 HAROLD STREET, HAMBURG, GERMANY
AMOUNT	32 B	CURRENCY USD AMOUNT 10500.00
POS./NEG.TOL. (%)	39 A	10/10
AVAILABLE WITH/BY	41 D	ANY BANK IN GERMANY BY NEGOTIATION
DRAFTS AT	42C	AT SIGHT FOR 100PCT OF THE INVOICE VALUE.
DRAWEE	42 A	BANK OF CHINA TIANJIN BRANCH
PARTIAL SHIPMTS	43 P	ALLOWED
TRANSSHIPMENT	43 T	NOT ALLOWED
LOADING IN CHARGE	44 A	HAMBURG
FOR TRANSPORT TO…	44 B	TIANJIN
LATEST SHIPMENT	44 C	100531
GOODS DESCRIPTION.	45 A	COMMODITY: WASTE PAPER PROHIBITIVE MATERIALS≤2%, MOISTURE≤12%, OUT-THROWS≤1% QUANTITY：150MTS (+/-10PCT) UNIT PRICE：USD 70/MT CFR TIANJIN, CHINA TOTAL AMOUNT：USD10 500.00 CONTRACT NO. TIFERT100315 PACKING：IN CONTAINER SHIPMENT
DOCS REQUIRED	46 A	+ SIGNED COMMERCIAL INVOICE IN 5 ORIGIANALS AND 2 COPIES INDICATING L/C NO. AND CONTRACT NO. + FULL SET OF CLEAN ON BOARD MARINE BILL OF LADING IN 3 ORIGINALS MADE OUT TO ORDER OF SHIPPER, MARKED FREIGHT PREPAID AND NOTIFY APPLICANT. +PACKING LIST/WEIGHT LIST IN 5 ORIGIANALS AND 2 COPIES +CERTIFICATE OF QUALITY IN 3 COPIES ISSUED BY BENEFICIARY +BENEFICIARY'S CERTIFICATE COPY OF FAX/EMAIL DISPATCHED TO APPLICANT WITHIN 24 HOURS AFTER SHIPMENT ADVISING NAME OF VISSEL, B/L NO, LOADING PORT, DATE OF SHIPMENT, CONTRACT NO., L/C NO., COMMODITY, QUANTIT, WEIGHT AND VALUE OF SHIPMENT
ADDITIONAL CONDITION	47 A	+BOTH QUANTITY AND AMOUNT 10 PCT MORE OR LESS ARE ALLOWED +ALL DOCUMENTS MUST BE ISSUED IN ENGLISH. +ALL DOCUMENTS SHOULED BE FORWARDED TO THE ISSUING BANK IN ONE LOT BY COURIER. + SHORT FORM /BLANK BACK B/L NOT ACCEPTABLE

DETAILS OF CHARGES	71 B	ALL BANK CHARGES AND INTEREST OUTSIDE ISSUING BANKS ARE FOR ACCOUNT OF BENEFICIARY.
PRESENTATION PERIOD	48	DOCUMENTS TO BE PRESENTED WITHIN 5 DAYS AFTER THE SHIPMENT DATE BUT WITHIN THE VALIDITY OF L/C.
CONFIRMATION	* 49	WITHOUT
INSTRUCTIONS	78	DISCREPANT DOCUMENTS, IF ACCEPTABLE, WILL BE SUBJECT TO A DISCREPANCY HANDLING FEE OF USD 50.00 OR EQUIVALENT WHICH WILL BE FOR ACCOUNT OF BENEFICIARY.
SEND. TO REC. INFO.	72	THIS CREDIT IS ISSUED SUBJECT TO I.C.C.PUBLICATIONS NO.600
TRAILER		ORDER IS <MAC:> <PAC:> <ENC:> <CHK:> <TNG:> <PDE:> MAC: 23456789 CHK: 24681357

【第五步】受益人德国哈罗德有限公司收到上述信用证后，经审核认为有三处条款不符合合同约定或不太妥当，发邮件给泰佛贸易有限公司要求对信用证做如下修改。

（1）31D：信用证到期地点改为德国。

（2）43 T：禁止转运改为允许转运。

（3）48：交单期太紧，由装运后 5 天改为 15 天。

2010 年 4 月 10 日，王丽填写信用证修改申请书（见样例 6–8），并向中国银行天津分行办理申请改证手续。

相关链接

表 6–2　　信用证修改申请书缮制规范

项目顺序号	填写内容	要点提示
（1）改证申请书抬头 To	填写开证行名称	如实填写
（2）修改信用证号码 Amendment to documentary credit no	本栏目填写原信用证号码	如实填写
（3）修改日期 Date of amendment	填写修改信用证的日期	如实填写
（4）修改次数 No. of amendment	填写修改次数	此部分填写阿拉伯数字，如 01
（5）开证申请人 Applicant	填写开证申请人名称及地址	如实填写
（6）通知行 Advising bank	填写原信用证通知行名称、地址及 SWIFT 号码	如实填写

续表

项目顺序号	填写内容	要点提示
（7）修改前受益人 Beneficiary（before this amendment）	填写原信用证的受益人名称和地址	如实填写
（8）金额 Amount	填写原信用证的大小写金额	确保大小写一致并注明币别
（9）修改内容	填写需要修改的信用证内容	修改内容应尽量一次性提出
（10）银行费用 Banking charge	填写改证费用由谁负担	通常由开证申请人承担
（11）签章 Signature	由开证申请人填写准确后，盖章、签名	

样例 6–8：信用证修改申请书

信 用 证 修 改 申 请 书

APPLICATION FOR AMENDMENT

(1) To:	BANK OF CHINA	(2) Amendment to Our Documentary Credit No.	L/C20100405
(3) Date of Amendment:	APRIL 10, 2010	(4) No. of Amendment:	01

(5) Applicant TIFERT TRADING COMPANY LTD. NO.86, ZHUJIANG ROAD, TIANJIN, CHINA	(6) Advising Bank DEUTSCHE BANK, HAMBURG
(7) Beneficiary (before this amendment) HAROLD COMPANY LIMITED NO.28 HAROLD STREET, HAMBURG, GERMANY	(8) Amount USD10 500.00 SAY US DOLLARS TEN THOUSAND AND FIVE HUNDRED ONLY

(9) The above mentioned credit is amended as follows:

☐ Shipment date extended to ________________

☐ Expiry date extended to ________________

☐ Amount increased/decreased by ________________ to ________________

☐ Other terms:

① PLACE OF EXPIRY SHOULD BE IN GERMANY INSTEAD OF IN CHINA

② TRANSHIPMETN SHOULD BE ALLOWE INSTEAD OF NOT ALLOWED

③ DOCUMENTS SHOULD BE PRESENTED FOR NEGOTIATION WITHIN 15 DAYS AFTER SHIPMENT INSTEAD OF 5 DAYS.

(10) Banking charges:

All other terms and conditions remain unchanged. (11) *Authorized Signature* (*s*)

This Amendment is Subject to Uniform Customs and Practice for Documentary Credits International Chamber of Commerce Publication No.600.

【**第六步**】中国银行天津分行向泰佛贸易有限公司开立信用证修改书（见样例 6–9）。

样例 6–9：信用证修改

MT 700	**AMENDMENT TO A DOCUMENTARY CREDIT**
SENDER: BANK OF CHINA TIANJIN BRANCH	
RECEIVER: DEUTSCHE BANK, HUMBURG	
SENDER'S REFRENCE	20: 111L/C100410
RECEIVER'S REFRENCE	21: NON
DATE OF ISSUE	31C: 100405
DATE OF AMENDMENT	30: 100410
NUMBER OF AMENDMENT	26E: 01
BENEFICIARY （BEFORE THIS AMENDMENT）	59: HAROLD COMPANY LIMITED NO.28HAROLD STREET, HUMBURG, GERMANY
NEW DATE AND PLACE OF EXPIRY	31E: 100620 PLACE GERMANY
NEW DOCUMENTARY CREDIT AMOUNT AFTER AMENDMENT	34B: USD10500.00
LATEST DATE OF SHIPMENT	44C: 100531
NARRATIVE	79: FOR FIELD 31D, PALCE OF EXPIRY IS GERMANY; FIELD 43, TRANSSHIPMENT IS ALLOWED; FIELD 48, PERIOD OF PRESENTATION IS 15 DAYS AFTER SHIPMENT OTHER TERMS AND CONDITIONS REMAIN UNCHANGED. SUBJECT TO UCP (2007 REVISION) ICC PUB. NO. 600

二、技能训练

（一）初级任务

长城贸易有限公司与加拿大温哥华贸易有限公司签订了一份彩色电视机购货合同，采用即期跟单信用证付款，业务员于 2010 年 6 月 5 日前往中国建设银行天津分行办理开立信用证业务，请根据采购合同（见样例 6–10）及补充信息完善开证申请书未缮制的部分内容（见样例 6–11）。

样例 6–10：采购合同

采 购 合 同

合同号：GWM050831

日期：2010 年 3 月 10 日

买方：GREAT WALL TRADING CO., LTD
NO.123, VOTORY ROAD, TIANJIN, CHINA
TEL：022-87654321 FAX: 022-87651818

卖方：VANCOUVER TRADING CO., LTD
NO.100 FLOWER STREET, VANCOUVER, CANADA
TEL：03-3333-2053 FAX：03-3333-2759

品名：48 英寸彩色电视机

单价：每台 1 000 美元 CIF 天津

数量：100 台

包装：每台装一纸箱

总价：100 000 美元
装运时间：2010 年 8 月 31 日前，不准分批装运和转运
装运港：加拿大温哥华
目的港：中国天津
支付：电开不可撤销即期跟单信用证
保险：按发票金额加一成投保一切险和战争险
单据条款：商业发票一式五份，注明合同号/信用证号
装箱单一式四份
全套清洁已装船正本提单，做成空白抬头、空白背书，并注明运费预付
检疫检验机构出具的品质检验证书一份
保险单正本一式两份，空白背书
备注：开户行及账号——中国建设银行 1357926480

样例 6–11：中国建设银行开证申请书

中国建设银行
CHINA CONSTRUCTION BANK
APPLICATION FOR IRREVOCABLE DOCUMENTARY CREDIT

TO：CHINA CONSTRUCTION BANK TIANJIN BRANCH | **L/C NO.**

Date: JUNE 5，2010

Subject to the Uniform customs and Practice for Documentary Credits (2007 Revision)ICC Publication No600,and to the terms and condition overleaf, please issue an irrevocable documentary credit with term stated below by (please mark "X" in ☐)

☒Fullteletransmission ☐Mail/Airmail
☐Brief teletransmission followed by mail confirmation

Expiry Date and Place

Advising Bank (if blank, any bank at your option)	Applicant	
Beneficiary (full name address) GREATWALL TRADING COMPANY NO.123 SHENGLI ROAD, TIANJIN, CHINA	Amount (in figures and words)	
Shipment from to TIANJIN Latest date of shipment AUG 31, 2010 Price term: ☐ FOB ☐ CFR ☒CIF ☐	Partial shipments ☐ allowed ☒not allowed	Transshipment ☐ allowed ☒not allowed
Credit available by ☐ negotiation ☐ acceptance ☐ sight payment ☐ by deferred payment with ____		
Draft (s) drawn on issuing bank at sight for % of invoice value. Documents required: ☐ Signed Commercial Invoice in copies indicating L/C No. and Contract No. ☐ Signed Packing List in copies ☐ Full set of clean on board ocean Bill (s) of Lading marked "☐ Freight Prepaid ☐ Freight Collect" made out to order of, notifying ☐ applicant ☐ ☐ Clean Air Waybills showing "☐ Freight Prepaid ☐ Freight Collect" and consigned to notifying ☐ applicant ☐ ☐ Rail Waybills showing "Freight Prepaid" and consigned to ☐ Insurance Policy / Certificate in duplicate blank endorsed for 110% of the invoice value showing claims payable at destination in currency of the draft, covering All Risks and War Risks and ☐ Certificate of Origin in copies issued by ☐ Other documents required: Description of Goods: (Brief description without excessive detail)		
Additional instructions: ☐ All banking charges outside the Issuing Bank including reimbursing charges are for account of Beneficiary. ☐ Documents must be presented with ____ days after the date of issuance of the transport documents but within the validity of this credit. ☐ Both credit amount and shipment quantity ____% more or less are allowed. ☐ Third party as shipper is not acceptable. ☐ Short Form / Blank Back B/L is not acceptable ☐ Other terms and conditions (if any):		

（二）中级任务

东方贸易公司从日本国际贸易有限公司进口一批电动叉车，采用即期信用证付款，请根据下列合同（见样例 6–12）填写中国银行开证申请书（见样例 6–13）。

样例 6–12：采购合同

PURCHASE CONTRACT

RP/C NO. ET100605

DATE: JUNE 5, 2010

THE BUYER: EAST TRADING COMPANY CTD

ADDRESS:NO.456, XIANGGANG ROAD, TIANJIN, CHINA

THE SELLER: TOKYO INTERNATIONAL TRADING CO., LTD

ADDRESS: RM203, SATSUKI SOU, HORIKIRI, KATSUSHIKA-KU

NAME OF COMMODITY: FORKLIFT TRUCK

SPECIFICATIONS: B30SW

QUANTITY: 4 PCS

PACKING: PACKED IN CARTON OF 1PC EACH

PRICE TERM: FOB TOKOY   USD 17 800.00/CARTON

PARTIAL SHIPMENTS AND TRANSSHIPMENT ARE PROHIBITTED

SHIPPING MARK: ST

NO.1-UP

TIME OF SHIPMENT: BEFORE JULY 15, 2010

PLACE AND DATE OF EXPIRY: CHINA, JULY 30, 2010

PORT OF SHIPMENT: TOKOY

PORT OF DESTINATION: XINGANG PORT, CHINA

INSURANCE: TO BE COVERED BY BUYER.

PAYMENT: BY IRREVOCABLE FREELY NEGOTIABLE L/C AGAINST SIGHT DRAFTS FOR 100PCT OF INVOICE VALUE AND THE DOCUMENTS DETAILED HEREUNDER.

DOCUMETNS:

1. INVOICE IN TRIPLICATE
2. PACKING LIST IN TRIPLICATE
3. FULL SET OF CLEAN ON BOARD BILL OF LADING MADE OUT TO ORDER AND BLANK ENDORSED NOTIFYING THE APPLICANT WITH FULL NAME AND ADDRESS MARKED FREIGHT COLLECT.
4. CERTIFICATE OF ORIGIN IN DUPLICATE
5. BENEFICIARY'S CERTIFIED COPY OF FAX TO THE APPLICANT WITHIN 1 DAY AFTER SHIPMENT ADVISING GOODS, NAME OF VESSEL, INVOICE VALUE, DATE OF SHIPMENT, QUANTITY AND WEIGHT.

OTHER TERMS AND CONDITIONS:

1. L/C TO BE ISSUED BY TELETRANSMISSION.
2. THE BUYER SHALL BEAR ALL BANKING CHARGES INCURRED INSIDE THE ISSUING BANK.
3. ALL DOCUMENTS MUST BE MAILED IN ONE LOT TO THE ISSUING BANK BY COURIER SERVICE.
4. PRESENTATION PERIOD: WITHIN 10 DAYS AFTER THE DATE OF SHIPMENT.

样例 6–13：中国银行开证申请书

IRREVOCABLE DOCUMENTARY CREDIT APPLICATION

TO: BANK OF CHINA Date:

Beneficiary (full name and address)		L/C NO. Ex-Card No. Contract No.
		Date and place of expiry of the credit
Partial shipments ☐ allowed ☐ not allowed	Transshipment ☐ allowed ☐ not allowed	☐ Issue by airmail ☐ With brief advice by teletransmission ☐ Issue by express delivery ☐ Issue by teletransmission (which shall be the operative instrument)
Loading on board / dispatch / taking in charge at / from Not later than for transportation to		Amount (both in figures and words)
Description of goods:		Credit available with ☐ by sight payment ☐ by acceptance ☐ by negotiation ☐ by deferred payment at against the documents detailed herein ☐ and beneficiary's draft for % of the invoice value At on
Packing:		☐ FOB ☐ CFR ☐ CIF ☐ or other terms

Documents required: (marked with x)

1. ( ) Signed Commercial Invoice in copies indicating invoice no., contract no.
2. ( ) Full set of clean on board ocean Bills of Lading made out to order and blank endorsed, marked "freight ( ) to collect / ( ) prepaid ( ) showing freight amount" notifying
3. ( ) Air Waybills showing "freight ( ) to collect / ( ) prepaid ( ) indicating freight amount" and consigned to _____
4. ( ) Memorandum issued by ________________ consigned to __________
5. ( ) Insurance Policy / Certificate in copies for % of the invoice value showing claims payable in China in currency of the draft, blank endorsed, covering ( ) Ocean Marine Transportation / ( ) Air Transportation / ( ) Over Land Transportation) All Risks, War Risks.
6. ( ) Packing List / Weight Memo in copies indicating quantity / gross and net weights of each package and packing conditions as called for by the L/C.
7. ( ) Certificate of Quantity / Weight in copies issued an independent surveyor at the loading port, indicating the actual surveyed quantity / weight of shipped goods as well as the packing condition.
8. ( ) Certificate of Quality in copies issued by ( ) manufacturer / ( ) public recognized surveyor / ( )
9. ( ) Beneficiary's certified copy of FAX dispatched to the accountee with days after shipment advising ( ) name of vessel / ( ) date, quantity, weight and value of shipment.
10. ( ) Beneficiary's Certificate certifying that extra copies of the documents have been dispatched according to the contract terms.
11. ( ) Shipping Companys Certificate attesting that the carrying vessel is chartered or booked by accountee or their shipping agents:
12. ( ) Other documents, if any:
    a) Certificate of Origin in copies issued by authorized institution.
    b) Certificate of Health in copies issued by authorized institution.

Additional instructions:

1. ( ) All banking charges outside the opening bank are for beneficiary's account.
2. ( ) Documents must be presented with days after the date of issuance of the transport documents but within the validity of this credit.
3. ( ) Third party as shipper is not acceptable. Short Form / Blank Back B/L is not acceptable.
4. ( ) Both quantity and amount % more or less are allowed.
5. ( ) prepaid freight drawn in excess of L/C amount is acceptable against presentation of original charges voucher issued by Shipping Co. / Air line / or it's agent.
6. ( ) All documents to be forwarded in one cover, unless otherwise stated above.
7. ( ) Other terms, if any:

Advising bank:

Account No.: with ______________________________ (name of bank)
Transacted by: Applicant: name, signature of authorized person)
Telephone no.: (with seal)

（三）高级任务

大连吉庆贸易公司从 J.C.B.销售有限公司 J.C.B. SALES COMPANY LIMITED 进口 1 000 套编织机（KNITTING MACHINES），采用远期信用证付款，大连吉庆贸易公司到招商银行进行申请开立信用证（见样例 6–15）。请你根据双方的订购合同（见样例 6–14）对开证申请书进行审核，找到错误之处，并予以改正。

样例 6–14：订购合同

<table>
<tr><td colspan="2">大连吉庆贸易公司
DALIAN JIQING TRADING COMPANY LTD
NO.101 XIAOBO ROAD, ZHONGSHAN DISTRICT, DALIAN, CHINA
订 购 合 同
PURCHASE CONTRACT</td></tr>
<tr><td>卖方：
The Sellers：
J.C.B. SALES LIMITED COMPANY
ROCESTER, STAFFORDSHIRE, ENGLAND ST 14 JP</td><td>合同号码：
Contract No.：10JQ198
地点：　日期：
Place：DALIAN　Date：MAY 18, 2010</td></tr>
<tr><td colspan="2">经同意按照下列条款由卖方出售，买方购进下列货物：
The seller agrees to sell and the buyer agrees to buy the undermentioned commodity according to the terms and conditions stated bellowed：</td></tr>
<tr><td colspan="2">1. 商品名称及规格
Name of commodity, specifications：
1000 SETS KNITTING MACHINES NO.KM-205
2. 单价及总值
Uint price：GBP 349.17/SET FOB LONDON
Total value：GBP 349 170.00
3. 包装
Packing：IN STRONG WOODED CASES OF ONE SET EACH
4. 生产国别及制造厂商
Country origin and/or Manufactured：ENGLAND
5. 付款条件
Terms of payment：BY L/C AT 45 DAYS SIGHT
6. 保险
Insurance：TO BE COVERED BY THE BUYER
7. 装运时间
Time of shipment：WITHIN 60 DAYS AFTER RECEIPT OF THE RELATIVE L/C WITH PARTIAL SHIPMENTS AND TRANSHIPPMENT ALLOWED.
8. 装运唛头
Shipping mark：TIFERT/ KM-205/ DALIAN/ CTN NO.1-UP
9. 装运口岸
Port of loading：LONDON
10. 目的口岸
Port of destination：DALIAN</td></tr>
<tr><td>卖方（The sellers）
J.C.B. SALES CO., LTD
JOHN SMITH</td><td>买方（The buyers）
DALIAN JIQING TRADING COMPANY LTD
张驰</td></tr>
</table>

样例 6–15：招商银行开证申请书

APPLICATION FOR IRREVOCABLE DOCUMENTARY CREDIT

致：招商银行

To：China Merchants Bank

Mark "X" in appropriate boxes

Date：MAY 30, 2010

Please issue by ☒Teletransmission ☐ Brief teletransmission ☐ Airmail an IRREVOCABLE CREDIT as follows:	Expiry date: AUG. 10, 2010 Place for presentation: LONDON
Applicant (name and address) J.C.B. SALES COMPANY LIMITED ROCESTER, STAFFORDSHIRE, ENGLAND ST 14 JP	Beneficiary (name and address) DALIAN JIQING TRADING COMPANY LTD NO.101 XIAOBO ROAD, ZHONGSHAN DISTRICT, DALIAN, CHINA
Advising Bank	Amount in figures: GBP 349 170.00 Amount in words: GBP THREE HUNDRED FORTY THOUSAND ONE HUNDRED AND SEVENTY ONLY

Credit available with Nominated Bank:

☒by payment at sight

☐ by deferred payment at:

☐ by acceptance of drafts at: ________

☒by negotiation

against the following documents ☒and beneficiary's drafts drawn on ISSUING BANK for 100 % invoice value accompanied by the following documents.

Partial shipments	Transshipments	Transferable	Confirmation of credit
☐ allowed	☒ allowed	☐ transferable	☐ requested
☒ not allowed	☐ not allowed	☒ not transferable	authorized if requested by beneficiary

Shipment from LONDON for transportation to DALIAN via________not later than JULY 31, 2010

Goods description in brief

1000 SETS KNITTING MACHINES NO.KM-205

GBP 349.17/SET FOB LONDON, TOTAL GBP 349170.00

PACKED IN STRONG WOODED CASES OF ONE SET EACH

Price Terms: ☐ CIF ☐ CIP ☒ FOB ☐ CFR ☐ others as per INCOTERMS

☒ All banking charges including relative reimbursement/payment charges, outside/inside issuing bank are for account of beneficiary.

☒ Documents to be presented within 15 days after shipment date but within the validity of the credit.

☐ Please debit our account for your commission, charges and usance interest (the interest rate is LIBOR + ( ) BPs), if any. Our account No. :________

This page is an integral part of the application which consists of the first page, the second page and attachment (s), if any.

CONTRACT NO.: 10JQ198 CONTRACT AMT: GBP 349 170.00

To be continued on the second page.

APPLICATION FOR IRREVOCABLE DOCUMENTARY CREDIT

致：招商银行

To：China Merchants Bank

Documents required:

☒Signed commercial invoice in 5 original (s) and 3 copy (ies) indicating this L/C No.and Contract No.

☒Packing list in 5 original (s) and 3 copy (ies).

☒Full set of clean on board marine Bill of Lading marked "Freight Prepaid" made out to order and blank endorsed notifying the applicant with full name and address.

☐2/3 set of clean on board marine Bill of Lading marked "Freight Prepaid" made out to order and blank endorsed notifying the applicant with full name and address.

☐ Full set of clean on board multimodal transport document marked "Freight Prepaid" made out to order and blank endorsed notifying the applicant with full name and address.

☐ 2/3 set of clean on board multimodal transport document marked "Freight Prepaid" made out to order and blank endorsed notifying the applicant with full name and address.

☐ Clean Air Waybill indicating actual flight date consigned to ________ and notifying __________ marked "Freight Prepaid".

☐ Clean Rail Waybill indicating actual departure date consigned to ________ and notifying ________ marked "Freight Prepaid".

☐ Forwarding agent cargo receipt consigned to ________ and notifying ____________ marked "Freight Prepaid".

☐ Full set of insurance policy /certificate blank endorsed for full CIF value plus 10pct with claims if any, payable at destination in the currency of this credit covering. Institute Cargo Clauses A Instute War Clauses Institute Strikes Clause from warehouse to warehouse.

☒Certificate of origin in 1 original (s) and 1 copy (ies) issued by chamber of commerce in ____.

☒Certificate of quality in 1 original (s) and 1 copy (ies) issued by chamber of commerce in ____.

☐ Certificate of quantity in original (s) and ____ copy (ies) issued by chamber of commerce in _____.

☐ Beneficiary's certificate certifying that one set of non-negotiable documents including 1/3 set of original B/L has been sent to the applicant directly by courier/speed post and the postal receipt is required for negotiation.

Special terms and conditions:

☐ ________ percent more or less are allowed on both credit amount and quantity.

☐ Third party as shipper is acceptable.

☒ Third party as shipper is not acceptable.

☐ We hereby instruct you or any third party authorized by you to pay the usance draft (s) on sight basis, the relevant interest and charges will be for account of us.（申请开立假远期信用证时，需选择此项）

This page is an integral part of the application which consists of the first page, the second page and attachment (s), if any.

不可撤销信用证申请书

授信编号：

招商银行 ______分（支）行（部）

兹向贵行正式申请开立不可撤销跟单信用证，请贵行按本申请书正面英文部分对外开立。我公司特此承诺如下：

1. 保证遵守及全面履行与贵行签订的《授信协议》/《国际贸易融资授信协议》中我公司应承担的一切责任和义务；

2. 保证遵守及全面履行我公司向贵行所出具的《开立信用证承诺书》中我公司应承担的一切责任和义务；

3. 向账号为　　　　　　的保证金账户内存入　　　币　　　　　　元的保证金，为本信用证项下我公司的债务（包括因贵行开证、根据我公司申请办理该信用证项下进口押汇、提货担保等业务而形成的债务）提供质押担保。本项保证金质押担保为独立性担保，不因《授信协议》或本项开证存在效力瑕疵（如有）而受影响。

4. 如因汇率波动造成保证金账户余额不足，我公司有义务在接到贵行补款通知之日起三个工作日内将相应款项补存入保证金账户。

5. 贵行在信用证项下办理对外付款时，有权不通知我公司迳行扣划前述保证金并办理购汇/外汇买卖手续（在保证金与付汇币种不同时）。

6. 如果由于我公司在信用证到期日前未备足款项而导致贵行最终垫款的，我公司有义务在贵行垫款之日起 30 日内偿还贵行的垫款本息及一切费用，在此期间垫款的利率为　　　，超过此期限的，对未偿部分贵行有权改按　　　　　　的利率向我公司计收利息。

申请单位（公章）：

有权签字人（签字或盖名章）：

联系电话：

联 系 人：

年　　月　　日

开证申请书需要修改之处：

____

____

____

____

____

____

任务 6.3 信用证项下进口单证操作

案例导入

卖方提交货物与单据不符的违约案

我国A进出口公司与日本B跨国钢铁公司签订了一份进口1.5万公吨拔丝盘条(Wire Rod For Drawing)的采购合同，付款采用提单日后60天付款远期信用证，以SGS(瑞士日内瓦通用鉴定公司)验货报告连同发票、装箱单和提单等单据为付款依据，以AQSIQ(中国国家质量监督检验检疫总局)检验报告为索赔依据。

合同签订后不久，A公司按时开立了信用证，B公司也依据合同及时出运货物，并将全套单据提交开证行，并催促A公司承兑。A公司在审单时，发现了一些不符点，对从信任对方的角度相信货物质量没有问题，于是接受了单据，并指示银行承兑。然而货到港A公司接货时发现货物外观及包装极差。港务局理货时还发现，货物件数与单据所称件数不符，缺少近200件。天津AQSIQ验货后，出证表明实际所交货物少于合同约定250公吨，材质虽与合同相符，但仍存在多处缺陷。

经过多次沟通后，B公司认为件数短少是保险公司责任，至于短重认为是AQSIQ检测方法不合理，并称他们所供货物与合同相符。A公司对此答复深为不满，最终向法院提起诉讼申请，理由是：货物与合同不符，完全无法使用，明显存在欺诈行为。案件审理过程中B公司仍表示拒不理赔，A公司无奈之下向法院申请保全，并请法院签发止付令，要求开证行暂停支付该案项下全部货款。法院仔细审核了双方往来的相关文件后，向开证行出具了止付令。至此，B公司态度开始好转，积极与A公司协商，就货物质量问题B公司委托天津SGS会同双方进行三方共同验货，其结果与AQSIQ检测结果基本相同。于是双方重新谈判并达成协议：B公司同意退货60%，其余货物每公吨降价60美元了结此案。

此案例中我们应该吸取哪些经验和教训？如何处理进口业务中卖方提交货物和单据不符的问题？

知识目标

1. 了解进口单证审单的概念，掌握审单的依据、原则方法和作用。
2. 熟悉单据常见的问题，并根据问题性质提出处理意见。
3. 积累和掌握不同地区对结汇单据的特殊要求。

能力目标

1. 准确理解信用证单证条款，掌握各种单据缮制的规范。
2. 能根据信用证掌握对出口商提交单据的审核方法及技巧。

3. 能结合进口业务风险和公司利益，进行信用证业务的对外付汇操作。

一、知识导航

（一）信用证项下进口单证审核

进口业务采用信用证付款情况下，当全套付汇单据经出口地银行转交至我进口地开证行时，开证行和进口商要对全套付汇单据进行审核，一般由开证行负责初审，进口商负责复审。银行审单无误后才能向出口商付款或者向议付行偿付，银行审单侧重于单据表面相符，强调单单一致、单证一致，至于单据上记载的货物是否与合同一致，单据是否伪造等，银行概不负责，而这些对进口商来说却至关重要。因此，作为最终的赎单人，进口商（开证申请人）收到开证行转来的进口信用证到单通知及复印的进口单据后，必须对单据进行认真的审核，除了银行审单要注意的事项外，进口商还可以按照行业做法与商品特性来审查单据的真伪。

进口商如果拒付，则应该在信用证到单通知上明确表示拒绝接受，并列出单据的不符点，加盖财务专用章或其他约定印鉴，在银行限定的时间内退还给银行。对开证行及自行审出的不符点，进口商应慎重对待，应视不符点性质、国际惯例等因素综合考虑以确定是接受还是拒绝。

如进口商审单无误决定付款赎单时，应在规定时间内向银行提交对外付款/承兑通知书，贸易进口付汇核销单，进口合同、进口许可证或登记表（如需）等相关文件，按即期或远期规定的付款日向开证行购汇或使用现汇支付。

（二）进口单证审单的依据和方法

在信用证付款项下，审单的主要依据是信用证、《跟单信用证统一惯例》600 号出版物（以下简称 UCP600）和《关于审核跟单信用证项下单据的国际标准银行实务》（简称 ISBP）。信用证业务中，必须按照“相符交单”原则，做到“单证相符、单单相符”。以信用证为基础的审核目的是做到“单证相符”，以商业发票为中心对其他单据审核目的是做到“单单相符”。审单的方法有：

1. 纵向审核法

纵向审核法是指以信用证或合同（在非信用证付款条件下）为基础对规定的各项单据进行一一审核，要求有关单据的内容严格符合信用证的规定，做到“单证相符”。

2. 横向审核法

横向审核法在纵向审核的基础上，以商业发票为中心审核其他规定的单据，使有关的内容相互一致，特别注意共有项目是否相一致，做到“单单相符”。

在审单过程中如果发现单据的数字比较集中时，可以先将各种单据的所有数字，如单价、数量、毛净重、尺码、包装件数等，进行全面的复核，然后，再采用纵横审单法对其他内容进行审核。

（三）进口单证审核的期限及不符点单据的处理

根据《UCP600》的规定，开证行从收到提示单据的翌日起最多不超过 5 个银行工作日的时间以确定是否构成相符。因此，银行审单不超过 5 个工作日，实际业务中，一般进口商审单不超过 3 个工作日，必须在银行规定时间内决定提示是否构成相符，如保持沉默，开证行将对外履行付款或承兑义务。

在审单过程中发现进口单据存在不符点时，银行和进口商应根据不符点的性质，做出适当处理，选择拒绝或接受单据。不符点单据的处理方式主要有：

1. 更正单据或拒付

当进口单据出现的不符点对我方不利，甚至影响我方的报关、核销等环节，将使我方遭受损失，如货名出错、受益人名称拼错等，在时间允许的条件下我方可以要求出口商更正单据。如条件不允许或者不符点比较严重，我方可以要求银行拒绝接受单据。根据《UCP600》规定，开证银行和开证申请人（进口商）的拒付必须做到：（1）在合理的时间内做出拒付通知；（2）该通知必须列明拒收单据的所有不符点，一次性提出；（3）该通知必须说明是否留存单据听后处理或已将单据退还。

2. 放弃不符点

当进口单据出现一些不符点，但对我方利益无损，如开证申请人或受益人地址遗漏字母，我方可以放弃不符点，付款赎单。开证行及开证申请人有权接受不符单据，但不能延长《UCP600》规定的审单期限。因此我国的开证行在接到国外交单行寄来的单据后，一般都是复印一份连同进口信用证到单通知书及进口信用证来单确认书一并交给开证申请人，限期三天内做出答复，以便开证行有时间对外发出通知。

二、技能入门

（一）信用证项下进口单证审核流程

为了提高单证工作的质量，除了要求单证人员在工作时思想必须高度集中之外，也要讲究工作方法以求得事半功倍的效果。信用证项下进口单证审核流程可以概括为以信用证为核心的纵向审核和以发票为核心的横向审核。前者主要从全套单据的角度出发审核是否存在“单证不符，单单不符”，后者主要从每个单据的角度出发审核是否存在内容错误、份数短少、项目或签章遗漏等问题。信用证项下进口单证审核流程见图 6–3。

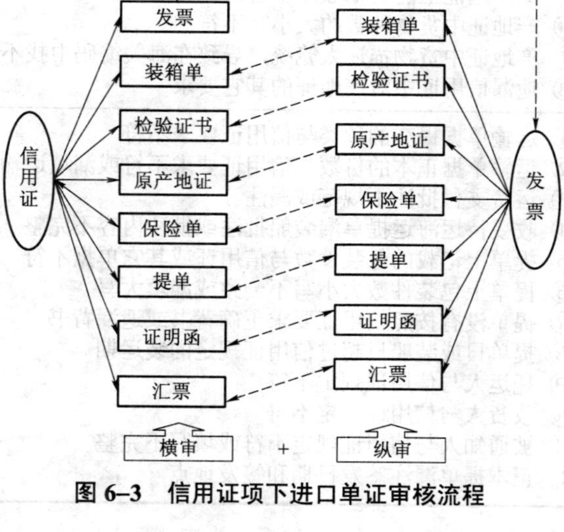

图 6–3　信用证项下进口单证审核流程

（二）信用证项下进口单证常见的差错

表 6–3　　信用证项下进口单证常见差错一览表

单据种类	常见差错
商业发票 Commercial Invoice	① 发票名称与信用证规定不符 ② 发票的抬头人与信用证要求不符 ③ 发票上启运港或目的港与提单不一致 ④ 发票的货描与信用证的货描不符或拼写错误 ⑤ 发票中的数量、单价和金额没有如实反映所装运的货物 ⑥ 发票上的金额超过信用证规定的金额或不在允许增减的机动幅度内 ⑦ 对佣金和折扣的处理不符合信用证的规定 ⑧ 发票上遗漏信用证要求表明和证明的内容，或缮制发票时机械照搬信用证中的证明词，没有作相应的变更
包装单据 Packing List	① 装箱单据的名称不符合信用证规定 ② 装箱单据的各项内容与发票、提单内容不符 ③ 装箱单据中误现单价和总金额，泄露了进口商的底价 ④ 装箱单的日期填写不合理 ⑤ 装箱单的内容与货物实际包装内容不完全相符 ⑥ 装箱单据的具体缮制要求不符合信用证规定
商检证书 Inspection Certificate	① 检验证书的种类不符合信用证要求 ② 检验证书的出证机构不符合信用证要求 ③ 检验证书的商品名称、数量与发票、提单等其他单据不符 ④ 唛头与信用证或其他单据不符 ⑤ 检验结果有瑕疵者不符合信用证或合同规定的要求 ⑥ 检验日期晚于提单日期，鲜活、易腐易烂商品检验过早 ⑦ 漏授权人签署或漏检验部门签章 ⑧ 附页漏盖骑缝章 ⑨ 证书更改处漏“更改章”及授权人签字
原产地证书 Certificate of Origin	① 产地证的出证机构不符合信用证要求 ② 产地证出口商不符合信用证要求 ③ 产地证收货人不符合信用证要求 ④ 原产地标准引用不正确 ⑤ 原产地证上的日期顺序不合理 ⑥ 产地证中货物件数的大小写不符 ⑦ 产地证中货物描述太笼统，导致在海关编码中找不到对应的编码 ⑧ 遗漏信用证中对产地证的其它要求
海运提单 Ocean Bill of Lading	① 运输单据提交的种类与信用证要求不符 ② 运输单据正本的份数与信用证要求不符或漏填运输单据正本的份数 ③ 运费支付批注不规范或漏注 ④ 收妥待运海运提单漏装船批注或批注内容不完整 ⑤ 提单上记载的包装件数与信用证或其它单据不符 ⑥ 提单上包装件数大小写不一致或漏填大写 ⑦ 提单没有按照信用证要求正确背书或遗漏背书 ⑧ 提单日或装船日超过信用证规定的装运期 ⑨ 托运人与信用证规定不符 ⑩ 收货人与信用证规定不符 ⑪ 被通知人与信用证规定不符或填写不完整 ⑫ 正本提单漏注签发日期和签发地点

续表

单据种类	常见差错
保险单 Insurance Policy	① 保险单据的种类与信用证要求不符 ② 保险单抬头人填写有误 ③ 保险金额不符合信用证规定 ④ 保险金额大小写不一致或大写金额不正确 ⑤ 保险金额所使用货币与信用证金额所使用货币不一致 ⑥ 保险单的投保险别与信用证规定险别不符或有遗漏 ⑦ 保险单上的船名与发票或提单上的船名不相符 ⑧ 保险单的出单日期晚于提单日期 ⑨ 漏注赔付地点或赔付货币 ⑩ 遗漏背书或背书错误
其他单据 Other Documents	① 单据的名称与信用证要求不符 ② 单据的内容不详尽 ③ 单据的出单日期不符合信用证或惯例规定 ④ 证明文句的内容照抄信用证原句 ⑤ 遗漏签署
汇票 Bill of Exchange	① 汇票的金额与发票或信用证规定不符 ② 汇票上金额大小写不一致或大写金额填写不正确、不规范 ③ 汇票上货币币别与信用证上货币币别不相符 ④ 汇票上付款期限不符合信用证或合同规定或即期、远期的填写不规范 ⑤ 汇票漏出票人签汇票 ⑥ 汇票的出票条款内容与信用证不符 ⑦ 汇票的付款人与信用证规定不符 ⑧ 汇票提交的份数不正确

任务背景

泰佛贸易有限公司按照德国哈罗德有限公司要求对信用证进行了修改，随后德国哈罗德有限公司如期将150吨废纸出运，泰佛贸易有限公司与中国人民财产保险股份有限公司天津分公司签订了预约保单，待收到发货通知后通知保险公司保单正式生效。2010年5月30日收到中国银行天津分行进口来单通知后，经审核虽发现有不符点，鉴于双方的友好合作关系且急需货，决定放弃不符点同意付款赎单。最后办妥相应的报验及通关手续，自行将150吨废纸从天津港提出，并卸至公司仓库，圆满完成该笔交易。

三、操作范例

【第一步】为转嫁运输途中的风险，泰佛贸易有限公司与中国人民财产保险股份有限公司天津分公司办理进口货物运输预约保险。2010年4月20日，泰佛贸易有限公司与中国人民财产保险股份有限公司天津分公司签订预约保险合同（见样例6-16）。

样例 6–16：预约保险合同

进口货物运输预约保险合同

合同号：OP1234　　　　　　　　　　　　　　　　　　　　　　2010 年 4 月 20 日

甲方：泰佛贸易有限公司

乙方：中国人民财产保险股份有限公司天津分公司

双方就进口货物的运输预约保险拟定各条以资共同遵守：

一、保险范围

甲方从国外进口全部货物，不论运输方式，凡贸易条件规定由买方办理保险的，都属于本合同范围之内。甲方应根据本合同规定，向乙方办理投保手续并支付保险费。

乙方对上述保险范围内的货物，负有自动承保的责任，在发生本合同规定范围内的损失时，均按本合同的规定，负责赔偿。

二、保险金额

保险金额以货物的到岸价格（CIF）即货价加运费加保险费为准（运费可用实际运费，亦可由双方协定一个平均运费率计算）。

三、保险险别和费率

各种货物需要投保的险别由甲方选定并在投保单中填明。乙方根据不同的险别规定不同的费率。现暂定如下：

货物种类	运输方式	保险险别	保险费率
废纸	海运	一切险	0.8‰

四、保险责任

各种险别的责任范围，按照所属乙方制定的“海洋货物运输保险条款”、“海洋运输货物战争险条款”、“海运进口货物国内转运期间保险责任扩展条款”、“航空运输一切险条款”和其他有关条款的规定为准。

五、投保手续

甲方一经掌握货物发运情况，即应向乙方寄送起运通知书，办理投保。通知书一式五份，由保险公司签认后，退回一份。如不办理投保，货物发生损失，乙方不予理赔。

六、保险费

乙方按照甲方寄送的起运通知书照前列相应的费率逐笔计收保费，甲方应及时付费。

七、索赔手续和期限

本合同所保货物发生保险责任范围内的损失时，乙方应按制定的“关于海运进口保险货物残损检验的赔款给付方法”和“进口货物施救整理费用支付方法”迅速处理。甲方应尽力采取防止货物扩大受损的措施，对已遭受损失的货物必须积极抢救，尽量减少货物的损失。向乙方办理索赔的有效期限，以保险货物卸离海港之日起满一年终止。如有特殊需要可向乙方提出延长索赔期。

八、合同期限

本合同自 2010 年 4 月 20 日起开始生效。

甲方　　　　　　　　　　　　　　　　　　乙方

泰佛贸易有限公司　　　　　　　　　　中国人民财产保险股份有限公司天津分公司

2010 年 5 月 15 日，泰佛贸易有限公司收到德国哈罗德有限公司发出的装船通知，然后转发给中国人民财产保险股份有限公司天津分公司，保险公司根据进口货物运输预约保险合同的规定保险自动生效。

【第二步】 2010 年 5 月 30 日，泰佛贸易有限公司接到中国银行天津分行到单通知（见样例 6–17）及商业发票（见样例 6–18）、装箱单（见样例 6–19）、提单（见样例 6–20）、质量证明（见样例 6–21）、装运通知（见样例 6–22）、汇票（见样例 6–23）等单据复印件。

样例 6–17：进口信用证到单通知

<table>
<tr><td colspan="6">进口信用证到单通知
ADVICE OF BILL ARRIVAL</td></tr>
<tr><td>To:
致</td><td colspan="3">TIFERT TRADING COMPANY LTD
泰佛贸易有限公司</td><td>Date:
日期</td><td>2010- 05- 30</td></tr>
<tr><td>Contract No.
合同号</td><td colspan="2">TIFERT100315</td><td>Draft Amount
汇票金额</td><td colspan="2">USD10 500.00</td></tr>
<tr><td>L/C No.:
信用证号</td><td colspan="2">L/C20100405</td><td>AB No.:
到单编号</td><td colspan="2">AB NO.453423879</td></tr>
<tr><td>Tenor Type:
即期/远期</td><td colspan="2">AT SIGHT</td><td>Maturity Date:
到期日</td><td colspan="2">2010-06-20</td></tr>
<tr><td>Negotiating Bank:
议付行</td><td colspan="5">DEUTSCHE BANK, HAMBURG</td></tr>
<tr><td>Doc. Mail Date:
寄单日期</td><td colspan="5">2010-5-23</td></tr>
<tr><td colspan="6">PLEASE FIND HEREWITH ENCLOSED THE FOLLOWING DOCUMENTS SENT FROM NEGOTIATING BANK AND ACKNOWLEDGE RECEIPT BY SIGNING AND RETURENING US.
兹附奉议付行寄来的下列单据，请查收。</td></tr>
<tr><td>DRAFT</td><td>B/L</td><td>INVOICE</td><td>P/L</td><td>C/Q</td><td>SHIPING ADVICE</td></tr>
<tr><td>1</td><td>3/3</td><td>5</td><td>5</td><td>3</td><td></td></tr>
<tr><td colspan="6">DISCREPANCIES (IF ANY)
单据不符点：</td></tr>
<tr><td colspan="6">REMARKS
备注（客户）</td></tr>
<tr><td colspan="6">NOTE:
1. 该单据将于上述付款日对外付款，请贵公司于接本通知后三日内将所附《对外付款/承兑通知书》签署意见及核销单一式三联填妥加盖公章后交我行，以便及时对外付款。否则，我行将于上述付款日对外付款，不再另行通知。
2. 如贵公司因单据不符需拒付，请于接本通知后三日内将所附的拒付通知交我行，并退回全套单据。

（银行盖章）</td></tr>
</table>

样例 6–18：商业发票

Shipper / Exporter HAROLD COMPANY LIMITED NO.28 HAROLD STREET, HAMBURG, GERMANY	**商 业 发 票** **COMMERCIAL INVOICE** **ORIGINAL**	
For Account & Risk of Messer TIFERT TRADING COMPANY LTD. NO.86, ZHUJIANG ROAD, TIANJIN, CHINA	No.: INV NO. 20100415	Date: APR. 15, 2010
Transport Details FROM HAMBURG TO TIANJIN BY SEA	S/C No. TIFERT100315	L/C No. L/C20100405
	Terms of payment L/C AT SIGHT	

Marks and numbers	Number and kind of packages, Description of goods	Quantity	Unit Price	Amount
NO MARK 6x40FT CONTAINER	WASTE PAPER PROHIBITIVE MATERIALS≤2% MOISTURE≤12% OUT-THROWS≤1%	140MTS	USD 70/MT CFR TIANJIN	USD9 800.00

HAROLD COMPANY LIMITED, GERMANY

样例 6–19：装箱单

<table>
<tr><td colspan="2">Shipper / Exporter
HAROLD COMPANY LIMITED
NO.28, HAROLD STREET, HAMBURG, GERMANY</td><td colspan="2">装 箱 单
PACKING LIST</td></tr>
<tr><td colspan="2">For account & risk of Messer
TIFERT TRADING COMPANY LTD.
NO.86, ZHUJIANG ROAD, TIANJIN, CHINA</td><td>No.:
INV NO. 20100415</td><td>Date:
APR. 15, 2010</td></tr>
<tr><td>Marks and Numbers</td><td colspan="2">Number and kind of package
Description of goods</td><td>Gross Weight</td></tr>
<tr><td>NO MARK
6x40FT CONTAINER
MUSU123456
MUSU234567
MUSU876543
MUSU678654
MUSU368765
MUSU528769

SEAL NO.68213
SEAL NO.68217
SEAL NO.68214
SEAL NO.68215
SEAL NO.68337
SEAL NO.68554</td><td colspan="2">WASTE PAPER

PROHIBITIVE MATERIALS≤2%
MOISTURE≤12%
OUT-THROWS≤1%

S/C No. TIFERT080315
L/C No. L/C20080405</td><td>24 500.00KGS
25 040.00KGS
22 340.00KGS
23 880.00KGS
23 800.00KGS
20 440.00KGS

TOTAL:140 000.00KGS</td></tr>
<tr><td colspan="4">HAROLD COMPANY LIMITED, GERMANY</td></tr>
</table>

样例 6–20：提单

Shipper HAROLD COMPANY LIMITED NO.28, HAROLD STREET, HAMBURG, GERMANY	B/L No. SINOB100515
Consignee or order TO ORDER OF SHIPPER	中国外运天津公司 **SINOTRANS TIANJIN COMPANY** **OCEAN BILL OF LADING**
Notify address TIFERT TRADING CO., LTD NO.86, ZHUJIANG ROAD, TIANJIN,CHINA	SHIPPED on board in apparent good order and condition (unless otherwise indicated) the goods or packages specified herein and to be discharged at the mentioned port of discharge or as near thereto as the vessel may safely get and be always afloat. The weight, measure, marks and numbers, quality, contents and value, being particulars furnished by the Shipper, are not checked by the Carrier on loading. The Shipper, Consignee and the Holder of this Bill of Lading hereby expressly accept and agree to all printed, written or stamped provisions, exceptions and conditions of this Bill of Lading, including those on the back hereof. IN WITNESS whereof the number of original Bills of Lading stated below have been signed, one of which being accomplished the other (s) to be void.

Pre-carriage by	Port of loading HAMBURG,GERMANY
Vessel SHUNFENG V.0827	Port of transshipment
Port of discharge TIANJIN, CHINA	Final destination

Container. seal No. or marks and Nos.	Number and kind of package	Description of goods	Gross weight (kgs.)	Measurement (m^3)
NO MARK MUSU123456 MUSU234567 MUSU876543 MUSU678654 MUSU368765 MUSU528769 SEAL NO.68213 SEAL NO.68217 SEAL NO.68214 SEAL NO.68215 SEAL NO.68337 SEAL NO.68554	6 CONTAINERS	WASTE PAPER FREIGHT PREPAID	140 000KGS	$155M^3$

Freight and charges			REGARDING TRANSHIPMENT INFORMATION PLEASE CONTACT
Ex. rate	Prepaid at HAMBURG	Freight payable at	Place and date of issue TIANJIN, CHINA, MAY 15, 2010
	Total prepaid	Number of original Bs/L THREE	Signed for or on behalf of the Carrier SINOTRANS TIANJIN COMPANY 李明远 As Agent

样例 6–21：质量证明

HAROLD COMPANY LIMITED
NO.28, HAROLD STREET, HAMBURG, GERMANY
TEL: 004924245658 FAX: 004924245656 EMAIL: TIFERT@TRADE.COM

DATE: MAY 10, 2010

CERTIFICATE OF QUALITY

VESSEL: SHUNFENG V.0827
INVOICE NO.
DESCRIPTION OF GOODS: WASTER PAPER
QUANTITY: 140 000.00MTS

WE HEREBY CERTIFY THAT GOODS CONFORM TO THE STIPULATIONS OF THE L/C.
—MOISTURE: 10.2PCT
—OUT-THROWS 0.9PCT
—PROHIBITIVE MATERIALS 1.5PCT

HAROLD COMPANY LIMITED

HAROLD COMPANY LIMITED
NO. 28 HAROLD STREET, HAMBURG, , GERMANY
TEL: 004924245658 FAX: 004924245656 EMAIL: TIFERT@TRADE.COM

DATE: MAY 16, 2010

样例 6–22：装运通知

SHIPPING ADVICE

DEAR SIR,
WE ARE PLEASED TO INFORM YOUR ESTEMED COMPANY THAT THE FOLLOWING MENTIONED GOODS WILL BE SHIPPED OUT ON THE MAY 15, 2008, FULL DETAILS WERE SHOWN AS FOLLOWS:
1. INVOICE NO.: 20100415
2. BILL OF LADING NO.: SINOB100515
3. OCEAN VESSEL: SHUNFENG V.0827
4. PORT OF LOADING: HAMBURG
5. DATE OF SHIPPMENT: MAY 15, 2010
6. PORT OF DESTINATION: TIANJIN
7. DESCRIPTION OF GOODS: WASTE PAPER
8. MARKS AND NUMBER ON B/L: N/M
9. L/C NO.: L/C20100405

HAROLD COMPANY LIMITED

样例 6–23：汇票

BILL OF EXCHANGE			
Drawn under	BANK OF CHINA, TIANJIN BRANCH	L/C NO.	L/C20100405
Dated	APRIL 5, 2010	Payable with interest@	%
NO. 20100415	Exchange for USD9 800.00	HUMBURG	MAY 20, 2010
At *******	Sight Of this FIRST of Exchange (Second of Exchange being		
Unpaid) Pay to the order of	DEUTSCHE BANK, HUMBURG		
SAY US DOLLARS NINE THOUSAND AND EIGHT HUNDRED ONLY			
To:	BANK OF CHINA, TIANJIN BRANCH TIANJIN, CHINA	HAROLD COMPANY LIMITED (Authorized Signature)	

【第三步】开证行根据信用证 L/C20100405 及其修改、《UCP600》的条款，按照“单证相符、单单相符”的原则，对以上单据进行审核，发现有一些不符点，同时将不符点通知进口商泰佛贸易有限公司。鉴于双方的友好合作关系，同时考虑到急需该批货，泰佛贸易有限公司表示放弃不符点，付款赎单。2010 年 6 月 2 日泰佛贸易有限公司同意支付信用证项下的汇票，保留全套货物单据。同时填写对外付款/承兑通知书（见样例 6–24）和购汇申请书（见样例 6–25）等办理对外付款手续。

样例 6–24：对外付款/承兑通知书

对外付款/承兑通知书

银行业务编号：111P1234567891　　日期：2010-06-02

结算方式	☑信用证 □保函 □托收 □其他		信用证/保函编号		L/C20100405
来单币种及金额	USD9 800.00		开证日期		100405
索汇币种金额	USD9 800.00		期限	即期 | 到期日	2010-06-20
来单行名称	DEUTSCHE BANK, HAMBURG		来单行编号		HAVBKKSERXXX
收款人名称	BANK OF CHINA, TIANJIN BRANCH				
收款行名称及地址	NO. 80 JIEFANG BEI ROAD, HEPING DISTRICT, TIANJIN, CHINA				
付款人名称	TIFERT TRADING COMPANY LTD.				
对公 组织机构代码 67148768-3			□对私	□个人身份证号码	
扣费币种及金额				□中国居民个人 □中国非居民个人	
合同号	TIFERT100315		发票号	20100415	
提运单号	SINOB100515		合同金额	USD10 500.00	
银行附言（各银行可根据本行业务要求规定其内容及格式）					
申报号码	220211 000212 081521 G987		实际付款币种及金额		USD9 800.00
付款编号	111P1234567891		若为购汇支出、购汇汇率		
收款人常驻国家名称及代码	德国 276		是否为进口核销项下付款		☑是 □否
是否为预付款	□是 ☑否	最迟装运期	080531	外汇局批件/备案表号	
付汇币种及金额	USD9 800.00		金额大写	玖仟捌佰美圆整	
其中 购汇金额			账号		
其中 现汇金额			账号		
其中 其他金额			账号		
交易编码	0000000	相应币种及金额	USD9 800.00	交易附言	
☑同意即期付款 □同意承兑并到期付款 □申请拒付 联系人及电话 王丽 022-85665679 申报日期 2010-06-02		付款人印鉴（银行预留印鉴） 泰佛贸易有限公司		银行业务章 经办 复核 负责人	

样例 6–25：购汇申请书

购买外汇申请书

中国银行： 我公司现按国家外汇管理局有关规定向贵行提出购汇申请，并随附有关单证，请审核并按实际转账日牌价办理售汇。					
单位名称	泰佛贸易有限公司		人民币账号	059010150013658	
购汇金额（大小写）	USD9 800.00	当日汇率		折合人民币（大小写）	
购汇支付方式	□支票 □银行汇票 □银行本票 ☑扣账 □其他				
购汇用途	☑进口商品 □从属费用 □索赔退款 □还贷 □其他				
对外结算方式	☑信用证 □代收 □汇款 （□货到付款 □预付货款）				
业务参考	商品名称	WASTE PAPER	数量	140MTS	
	合同号	TIFERT100315	发票号	20100415	
	合同金额	USD10 500.00	发票金额	USD9 800.00	
	核销单号	4113709852	信用证号	L/C20100405	
进口商品类型	☑一般进口商品 □控制进口商品，批文随附如下： □进口证明 □许可证 □登记证明 □其他批文 批文号码： 批文有效有效期：				
附件	□售汇通知单 □进口付汇核销单 □正本报关单 □合同/协议 □发票 □正本运单 □保险费收据 □运费单/收据 □佣金单 □付款委托书 □开证申请书 □其他				
申请单位：泰佛贸易有限公司 联系人：王丽 电话：022-85665679 2010 年 06 月 02 日					
银行审核意见： 经办人： 复核人： 审批： 年 月 日					

泰佛贸易有限公司另外附上合同等相关文件，委托银行办理付汇。当日泰佛贸易有限公司将付汇所需的人民币资金转入其在开证行的账户，开证行对信用证项下即期汇票按照当日牌价兑换外币支付。至此，泰佛贸易有限公司完成进口付汇，取得全套进口单据。6 月 10 日，公司接到中国外运天津公司发出的到货通知书，通知其进口货物预计于 6 月 15 日到港。6 月 17 日泰佛贸易有限公司到中国外运天津公司，办理换单手续，即用正本提单换取提货单。

【第四步】根据我国商品检验检疫的规定，废纸属于法检商品，于是进口商泰佛贸易有限公司缮填入境货物报检单（见样例 6–26）向入境口岸的天津检验检疫部门报检，同时提供《进口可用作原料的固体废物国外供货商注册登记证书》（复印件）、《进口可用作原料的固体废物国内收货人注册登记证书》（复印件）、废物原料进口许可证（检验检疫联）以及合同、商业发票、装箱单、提单等必要的纸质单证接受检验检疫。天津出入境检验检疫局对泰佛贸易有限公司所提交的资料进行审核，并实地查验，确认属实后，于2010年6月18日在提货单上加盖放行章，并签发入境货物通关单（见样例6–27）。

样例 6–26：入境货物报检单

中华人民共和国出入境检验检疫

入境货物报检单

报检单位（加盖公章）：泰佛贸易有限公司　　　　　　　　*编　　号

报检单位登记号：2719617666　联系人：王丽　电话：022-85665679　报检日期：　2010年6月15日

收货人	（中文）	泰佛贸易有限公司	企业性质（划"√"）	□合资　□合作　□外资
	（外文）	TIFERT TRADING COMPANY LTD		
发货人	（中文）	哈罗德有限公司		
	（外文）	HAROLD COMPANY LIMITED		

货物名称（中/外文）	H.S.编码	原产国（地区）	数/重量	货物总值	包装种类及数量
废纸 WASTE PAPER	47043000	德国	140 公吨	9 800 美元	6 个集装箱

运输工具名称号码	SHUNFENG V.0827			合同号	TIFERT100315
贸易方式	一般贸易	贸易国别（地区）	德国	提单/运单号	SINOB100515
到货日期	2010-06-15	启运国家（地区）	德国	许可证/审批号	
卸货日期	2010-06-15	启运口岸	汉堡	入境口岸	天津
索赔有效期至		经停口岸		目的地	天津
集装箱规格、数量及号码	6×40' CONTAINER MUSU123456/234567/876543/678654/368765/528769				
合同、信用证订立的检验检疫条款或特殊要求				货物存放地点	天津泰安路60号
				用　　途	自营自销

随附单据（划"✓"或补填）		标 记 及 号 码	*外商投资资产（划"✓"）	□是☑否
☑合同	☑到货通知	N/M	*检验检疫费	
☑发票	☑装箱单		总金额 （人民币元）	
□提/运单	□质保书			
□兽医卫生证书	□理货清单		计费人	
□植物检疫证书	□磅码单			
□动物检疫证书	□验收报告			
□卫生证书	□		收费人	
□原产地证	□			
□许可/审批文件	□			

报检人郑重声明： 1. 本人被授权报检。 2. 上列填写内容正确属实。 签名：王丽	领 取 证 单	
	日期	
	签名	

注：有"*"号栏由出入境检验检疫机关填写　　　◆国家出入境检验检疫局制

样例 6–27：入境货物通关单

[1-2 (2000.1.1)]

中华人民共和国出入境检验检疫
入境货物通关单

编号：T4229156

1. 收货人 泰佛贸易有限公司			5. 标记及唛码 N/M
2. 发货人 HAROLD COMPANY LIMITED			
3. 合同/提（运）单号 SINOB100515	4. 输出国家或地区 德国		
6. 运输工具名称及规格 SHUNFENG V.0827	7. 目的地 天津		8. 集装箱规格及数量 1×40’
9. 货物名称及规格 WASTE PAPER	10. H.S 编码 47043000	11. 申报总值 USD9 800	12. 数/重量、包装数量及种类 140 公吨 6*40FT 集装箱
13. 证明 上述货物业已报检/申报，请海关予以放行。 日期：2010 年 6 月 18 日			
14. 备注			

【第五步】泰佛贸易有限公司办妥报检登记手续后，随即缮制进口货物报关单（见样例 6–28），并随附相关文件向天津海关办理进口报关手续。

样例 6–28：进口货物报关单

中华人民共和国海关进口货物报关单

预录入编号：　　　　　　　　　　海关编号：　020220080618025687

进口口岸　新港海关 0202	备案号	进口日期 20100615	申报日期 20100618
经营单位　泰佛贸易有限公司 0387124555	运输方式 江海运输2	运输工具名称 SHUNFENG V.0827	提运单号 SINOB100515
收货单位　泰佛贸易有限公司 0387124555	贸易方式 一般贸易	征免性质 一般征免	征税比例
许可证号	起运国（地区） 德国	装货港 汉堡	境内目的地 天津
批准文号　4113709852	成交方式 CFR	运费 502/330/3	保费	杂费
合同协议号　TIFERT080315	件数 0	包装种类	毛重（公斤） 140 000.00KGS	净重（公斤） 140 000.00KGS
集装箱号　MUSU123456	随附单据 A:T4229156		用途 自营内销

标记唛码及备注

N/M　MUSU1234567　MUSU876543　MUSU678654　MUSU368765　MUSU528769

项号	商品编号	商品名称、规格型号	数量及单位	最终目的国（地区）	单价	总价	币制	征免
01	47043000	废纸	140 000.00KGS	中国	70.00	9 800.00	美元	照章

税费征收情况

录入员　　录入单位	兹声明以上申报无讹并承担法律责任。	海关审单批注及放行日期（签章）
		审单　　　　审价
报关员　王丽	泰佛贸易有限公司 申报单位（签章）	征税　　　　统计
单位地址　天津市珠江道 86 号		查验　　　　放行
邮编　300270　电话　022-85665679	填制日期	

2010 年 6 月 18 日，泰佛贸易有限公司自理报关，海关审核通过该公司的申报材料后，海关开具进口关税缴款书。泰佛贸易有限公司业务员到海关指定银行缴纳税费后，将已缴费凭据交海关，海关安排 6 月 20 日查验。查验当日，天津出入境检验检疫局工作人员在监管仓库对申报货物进行开箱抽查，经查验，货物属实无误，海关在报关单上加盖放行章。

【第六步】最后，泰佛贸易有限公司在中国外运天津分公司的协助下完成港区提货手续，自行提取货物，并卸至公司仓库，填写进口付汇核销单（见样例 6–29），此项进口业务顺利完成。

相关链接

表 6–4　　　　贸易进口付汇核销单缮制规范

项目顺序号	填写内容	要点提示
（1）印单局代码	印制本核销单的六位外汇局代码	
（2）核销单编号	各印制本核销单的外汇局自行编制	
（3）单位代码	应根据国家技术监督局颁发的组织机构代码填写	
（4）所在地外汇局名称	付汇单位所在地外汇局名称	
（5）付汇银行名称	通常为进口地银行	
（6）收汇人国别	该笔对外付款的实际收款人常驻国家	一般为出口国家，如“JAPAN”
（7）交易编码	应根据本笔对外付汇交易的性质对应外汇局国际收支交易编码表填写	常用编码为：0101 一般贸易 0102 国家间、国际组织无偿援助和赠送的物资 0103 华侨、港澳台、外籍华人捐赠物资 0104 补偿贸易 0105 来料加工装配贸易……201 预付货款等
（8）交易附言	付款人对该笔对外付款用途的描述	可不填
（9）对外付汇币种、报关单币种	应按币种的英文缩写填写	如：EUR
（10）对外付汇金额、购汇金额、现汇金额等	合同金额	用阿拉伯数字填写
（11）人民币账号、外汇账号	填写所支付外汇或购买外汇的账户的账号	如付款系从现汇账户中支出，则在“外汇账户”栏填写现汇账户的账号；如所附款项系从银行购得的外汇，则在人民币账号栏填写用于购汇的人民币账户的账号
（12）付汇性质	依据合同或者信用证选择适当的付汇性质打 √。除“正常付汇”之外的各付汇性质在标注 √ 时，均应对应填写备案表编号。	其中正常付汇是指不在名录、90 天以上信用证、90 天以上托收、异地付汇、90 天以上到货、转口贸易、境外工程使用物资、真实性审查以内无须办理进口付汇备案业务的付款业务（90 天以上信用证、90 天以上托收均指付汇日期距承兑日期在 90 天以上的对外付汇业务）

续表

项目顺序号	填写内容	要点提示
（13）结算方式	依据合同或者信用证选择适当的结算方式打√。结算方式为货到付汇时，应同时填写“报关单号”“报关日期”“报关单币种”“金额”	其中90天以内信用证、90天以内托收的付汇日期距该笔付汇的承兑日期均小于90天且含90天；90以上信用证、90天以上托收的付汇日期距该笔付汇的承兑日期均大于90天
（14）申报号码	共22位。第1至6位是地区标识码，第7至10位是银行标识码，第11至12位是金融机构顺序号，第13至18位是该笔贸易进口付汇的付汇日期或申报日期，最后四位是银行营业部门的当日业务流水码	
（15）其他各栏	均应按栏目对应填写	

样例6–29：货物进口付汇核销单

贸易进口付汇核销单（代申报单）

（1）印单局代码：120107　　　　（2）核销单编号：4113709852

（3）单位代码：2034786453　　单位名称 泰佛贸易有限公司　　（4）所在地外汇局名称 ：

（5）付汇银行名称 中国银行天津分行　　（6）收汇人国别　　（7）交易编码 101010

收款人是否在保税区：是☐　否☑　　（8）交易附言

（9）对外付汇币种 USD　　（10）对外付汇总额 USD9 800.00

其中：购汇金额 USD9 800.00　　现汇金额　　其他方式金额

（11）人民币帐号 059010150013658　　外汇帐号

（12）付汇性质

☑正常付汇

☐不在名录　　☐90天以上信用证　　☐90天以上托收　　☐异地付汇

☐90天以上到货　　☐转口贸易

备案表编号

预计到货日期 //2010-06-15　　进口批件号　　合同/发票号 TIFERT080315

（13）结算方式

信用证　90天以内☑　　90天以上☐　　承兑日期 / /　　付汇日期 2010/06/02　　期限 0 天

托收　90天以内☐　　90天以上☐　　承兑日期 / /　　付汇日期 / /　　期限 天

汇款	预付货款☐	货到付汇（凭报关单付汇）☐	付汇日期 / /	
	报关单号	报关日期 / /	报关单币种	金额
	报关单号	报关日期 / /	报关单币种	金额
	报关单号	报关日期 / /	报关单币种	金额
	（若报关单填写不完，可另附纸。）			

其他☐　　付汇日期 / /

以下由付汇银行填写

（14）申报号码：☐☐☐☐☐☐ ☐☐☐☐ ☐☐ ☐☐☐☐☐☐ ☐☐☐☐

业务编号：　　审核日期： / /　　（付汇银行签章）

提示板

进口关税 Vs 进口环节税

进口关税是指海关以进境货物和物品为课税对象所征收的一种流转税。2006 年，我国进口关税按计征标准分为从价税、从量税和复合税。其中以从价税为主要进口税计征标准。

进口货物和物品在办理海关手续放行后，进入国内流通领域与国内货物同等对待，所以征收国内税。目前，由海关代为征收进口环节税有进口增值税和消费税两种。

进口增值税，是指进口环节征缴的增值税，属于流转税的一种。不同于一般增值税对在生产、批发、零售等环节的增值额为征税对象，进口增值税是专门对进口环节的增值额进行征税的一种增值税。我国税法规定，纳税人进口货物，按照组成计税价格和规定的增值税税率计算应纳税额，不得抵扣任何税额（在计算进口环节的应纳增值税税额时，不得抵扣发生在我国境外的各种税金）。需要注意的是，进口货物增值税的组成计税价格中已包括已纳关税税额，如果进口货物属于消费税应税消费商品，其组成计税价格中还要包括进口环节已纳消费税税额。

消费税是以消费品或消费行为的流转额作为课税对象而征收的一种流转税。进口环节的消费税由海关征收，其他环节的消费税由税务机关征收。

资料库

进口信用证项下到单通知书

进口信用证项下到单通知书（NOTICE OF ARRIVAL OF DOCUMENTS UNDER L/C），又称到单联系单。开证行所开立的信用证项下的单据由国外议付行或寄单行将单据寄抵开证行后，开证行需要认真审核信用证项下的单据是否单证相符、单单相符，同时也要通知开证申请人，特别是存在单证不符的情况下，开证行要征询开证申请人对单证的处理意见，保证在 5 个工作日内妥善处理信用证项下的单据。每个银行的到单通知书格式不尽相同，但内容大体相似。

进口信用证项下到单通知书

致：

我行信用证编号：＿＿＿＿＿＿＿＿　　我行来单编号：＿＿＿＿＿＿＿＿

兹附上贵司在我行申请开立的信用证项下进口单据一套，细节如下，请查收。

（请贵公司在于我行联系时务必引用上述编号）

单据金额	国外银行费用	索汇总额
到单日期	付款到期日	贵司合同号
付款期限：		
寄单行：		

单据类型	单据份数	
	第一次寄单	第二次寄单
Draft		
Commercial Invoice		
Original Bills of Lading		
Packing List		
Certificate of Origin		
Certificate of Quality		
Certificate of Quantity		
Insurance Policy		

经审核：

（　　）单证相符，我行已向受益人支付，并从你单位帐户中扣划全额货款及我行费用。

（　　）单证相符，你单位帐户余额不足，请即补足。

（　　）单据中含不符点，我行已发出不符点拒付通知。单据留我行听候处理，请在三日内书面通知我行是否接受该不符单据。

你单位务必于三日内在本通知上签章连同处理意见退回我行。

×××银行

注：本通知书一式两联，第一联交申请人；第二联开证行留存。联次应印在“信用证来单通知书”右端。

四、技能训练

（一）初级任务

青岛华瑞贸易公司与日本玛克诺公司（MARCONO CORPORATION）签订了购货合同，并按时开立了信用证。2010 年 12 月 5 日日本 MARCONO CORPORATION 发货，并将结汇单据提交银行。作为青岛华瑞贸易公司的单证员，请依据信用证（见样例 6–30）审核发票（见样例 6–31）、装箱单（见样例 6–32）和提单（见样例 6–33），填写审单记录（见样例 6–34）。

样例 6–30：信用证

ISSUE OF A DOCUMENTARY CREDIT

SEQUENCE OF TOTAL	*27	1 / 1
FORM OF DOC. CREDIT	*40 A	IRREVOCABLE
DOC. CREDIT NUMBER	*20	L/C-320-0254771
DATE OF ISSUE	31 C	100922
DATE/PLACE EXP.	*31 D	DATE 101222 PLACE JAPAN
APPLICANT	*50	QINGDAO (SHANDONG) HUARUI CO., LTD. NO.85 WUYI ROAD, QINGDAO, CHINA
BENEFICIARY	*59	MARCONO CORPORATION RM1001,STAR BLDG,TOKOY,JAPAN
AMOUNT	*32 B	CURRENCY USD AMOUNT 70,000.00
AVAILABLE WITH/BY	*41 D	ANY BANK BY NEGOTIATION
DRAFTS AT ...	42 C	SIGHT FOR FULL INVOICE VALUE
DRAWEE	42 A	BANK OF CHINA,QINGDAO BRANCH
PARTIAL SHIPMTS	43 P	NOT ALLOWED
TRANSSHIPMENT	43 T	NOT ALLOWED
LOADING ON BRD	44 A	TOKOY,JAPAN
FOR TRANSPORT TO	44 B	QINGDAO,CHINA
LATEST SHIPMENT	44 C	101210
GOODS DESCRIPT.	45 A	HALF DRIED PRUNE 2009 CORP GRADE SPEC QTY (CASE) UNIT PRICE (USD/CASE) A L:500CASE M:500CASE 1000 2.00 B L:1200CASE M:1200CASE 2400 20.00 PACKING：IN WOODEN CASE, 12KGS PER CASE TRADE TERMS：CFR QINGDAO
DOCS REQUIRED	46 A	DOCUMENTS REQUIRED: + SIGNED COMMERCIAL INVOICE IN TRIPLICATE INDICATING APPLICANT'S REF NO. SCLI-98-0474. + FULL SET OF CLEAN ON BOARD OCEAN BILL OF LADING MADE OUT TO ORDER OF SHIPPER AND BLANK AND MARKED FREIGHT PREPAID NOTIFY APPLICANT + PACKING LIST IN TRIPLICATES. + SHIPMENT TO BE EFFECTED BY CONTAINER AND BY REGULARE LINE. SHIPMENT COMPANY'S CERTIFICATE TO THIS EFFECT SHOULD ACCOMPANY THE DOCUMENTS.
ADDITIONAL. CONDITIONS	47 A	ADDITIONAL CONDITION: A DISCREPANCY FEE OF USD50.00 WILL BE IMPOSED ON EACH SET OF DOCUMENTS PRESENTED FOR NEGOTIATION UNDER THIS L/C WITH DISCREPANCY. THE FEE WILL BE DEDUCTED FROM THE BILL AMOUNT.
CHARGES	71 B	ALL CHARGES AND COMMISSIONS OUTSIDE CHINA ON BENEFICIARIES' ACCOUNT INCLUDING REIMBURSING, BANK COMMISSION, DISCREPANCY FEE (IF ANY) AND COURIER CHARGES.
PRESENTATION PERIOD	48	DOCUMENTS TO BE PRESENTED WITHIN 15 DAYS OF AFTER THE DATE OF SHIPMENT,BUT WITHIN THE VALIDITY OF THE CREDIT.

样例 6–31：商业发票

ISSUER MARCONO CORPORATION RM1001, STAR BLDG, TOKOY, JAPAN	商 业 发 票 **COMMERCIAL INVOICE**
TO QINGDAO (SHANDONG) HUARUI CO., LTD. NO.85 WUYI ROAD, QINGDAO, CHINA	**NO.** 76-IN-C001 **DATE** 2010.09.08
TRANSPORT DETAILS FROM OSAKA TO QINGDAO	**S/C NO.** HA1101 **L/C NO.** **TERMS OF PAYMENT** L/C

Marks and Numbers	Number and kind of package Description of goods	Quantity (CASE)	Unit Price (USD/CASE)	Amount
MQ TOKOY NO1-3400 MADE IN CHINA	HALF DRIED PRUNE 2009 CORP GRADE A M L B M L REF NO. SCLI-98-0474.	 500 500 1 200 1 200	CIF OSAKA 22.0 22.0 20.0 20.0	 USD1 100 USD1 100 USD2 400 USD2 400
	TOTAL:	3400CASES		USD70 000

TOTAL AMOUNT: SAY U.S. DOLLARS SEVEN THOUSAND ONLY

MARCONO CORPORATION

样例 6–32：装箱单

ISSUER MARCONO CORPORATION RM1001, STAR BLDG, TOKOY, JAPAN	装 箱 单 **PACKING LIST**
TO QINGDAO (SHANDONG) HUARUI CO., LTD. NO.85 WUYI ROAD, QINGDAO, CHINA	**INVOICE NO.** 76IN-C001 **DATE** 2010.09.08

Marks and Numbers	Number and kind of package Description of goods	Quantity	Package	G.W	N.W	Meas.
MQ TOKOY NO1-3400 MADE IN CHINA	HALF DRIED PRUNE 2009 CORP GRADE A M L B M L	500 CASE 500 CASE 1 200 CASE 1 200 CASE	500 CASE 500 CASE 1 200 CASE 1 200 CASE	6 000KGS 6 000 KGS 14 400 KGS 14 400 KGS	7 000KGS 7 000 KGS 16 800 KGS 16 800 KGS	1.000M^3 1.000M^3 2.400M^3 2.400M^3
TOTAL:		3 400CASES	3 400CASES	40 800KGS	47 600KGS	6.800M^3

SAY TOTAL: THIRTY FOUR THOUSAND CASES ONLY

MARCONO CORPORATION

样例 6–33：提单

Shipper MARCONO CORPORATION RM1001, STAR BLDG, TOKOY, JAPAN	B/L NO. NSD220055 **PACIFIC INTERNATION LINES (PTE) LTD** (Incorporated in Singapore) **COMBINED TRANSPORT BILL OF LADING**
Consignee QINGDAO (SHANDONG) HUARUI CO., LTD. NO.85, WUYI ROAD, QINGDAO, CHINA	
Notify Party SAME ABOVE	Received in apparent good order and condition except as otherwise noted the total number of container or other packages or units enumerated below for transportation from the place of receipt to the place of delivery subject to the terms hereof. One of the signed Bills of Lading must be surrendered duly endorsed in exchange for the Goods or delivery order. On presentation of this document (duly) Endorsed to the Carrier by or on behalf of the Holder, the rights and liabilities arising in accordance with the terms hereof shall (without prejudice to any rule of common law or statute rendering them binding on the Merchant) become binding in all respects between the Carrier and the Holder as though the contract evidenced hereby had been made between them. **SEE TERMS ON ORIGINAL B/L**

Vessel and Voyage Number FENGLEI V.66026H	Port of Loading TOKOY	Port of Discharge CHINESE PORT
Place of Receipt	Place of Delivery	Number of Original Bs/L THREE

PARTICULARS AS DECLARED BY SHIPPER – CARRIER NOT RESPONSIBLE

Container Nos/Seal Nos. Marks and/Numbers	No. of Container / Packages / Description of Goods	Gross Weight (Kilos)	Measurement (cu-metres)
N/M TRIU 1764332 SEAL05003 KULU1766888 SEAL05004 2×20' FCL CY/CY	HALF DRIED PRUNE 2009 CORP 2400 CASES	28 800KGS	4.800M^3

FREIGHT & CHARGES FREIGHT COLLECT	Number of Containers/Packages (in words) TWO THOUSAND FOUR HUNDRED WOODED CASES ONLY
	Shipped on Board Date:
	Place and Date of Issue: DEC.15,2010 QINGDAO
	In Witness Whereof this number of Original Bills of Lading stated Above all of the tenor and date one of which being accomplished the others to stand void. for **PACIFIC INTERNATIONAL LINES (PTE) LTD** as Carrier

样例 6–34：审单记录

信用证号	
发票号	
单据存在问题	

（二）中级任务

广东贸易进出口公司从斯里兰卡的“RAIN DREANS”进出口公司进口节能灯，采用信用证结算方式。以下是 RAIN DREANS I/E CORP 按我方所开信用证（见样例 6–35）、出运货物后缮制的发票（见样例 6–36）、装箱单（见样例 6–37）、提单（见样例 6–38）、证明函（见样例 6–39）、汇票（见样例 6–40）等单据。作为单证员，请你结合信用证进行审单，找出问题并予以更正并填写进口来单审单记录（见样例 6–41）。

样例 6–35：信用证

FROM: BANK OF CHINA, GUANGZHOU BRANCH
TO: COMMERCIAL BANK OF CEYLON LIMITED
ADDRESS: COMMERCIAL HOUSE, 21 BRISTOL STREET, P.O.BOXES653 COLOMBO, SRILANKA
IRREVOCABLE DOCUMENTARY CREDIT NO.:CBCL341520
DATE OF ISSUED:NOV.18.2010
EXPIRY DATE AND PLACE: JAN18, 2011 IN COLOMBO
APPLICANT: GUANGDONG TRADE IMPORT&EXPORT CORPORATION
123, TIANHE ROAD, GUANGZHOU, P.R.C
BENEFICIARY: RAIN DREANS I/E CORP.
NO.80, MOSQUE ROAD GORAKANA, MORATUWA, SRILANKA
AMOUNT: USD30 000.00
AVAILABLE WITH ANY BANK BY NEGOTIATION OF BENEFICIARY'S DRAFT (S) AT SIGHT DRAWN ON US
PARTIAL SHIPMENT: PERMITTED
TRANSSHIPMENT: PERMITTED
SHIPMENT FROM COLOMBO PORT
TO: GUANGZHOU PORT, CHINA
NOT LATER THAN: JAN 3, 2011
DESCRIPTION OF GOODS: ENERGY SAVING LAMP
1 000 PCS: FCL-22 ELECTRIC ADAPTORS 22W/B22

USD8.00 PER PC
2 000 PCS FCL-32 ELECTRIC ADAPTORS 32W/B22
USD11.00 PER PC
ACCORDING TO SALES CONTRACT NO.A97-2360
H.S. CODE 8539 CIF GUANGDONG

SHIPPING MARKS: RAIN DREANS/A97-2360/COLOMBO

DOCUMENT REQUIRED:

+ SINGED COMMERCIAL INVOICE IN 3 COPIES. CONTAIN S/C NO. AND L/C NO.

+PACKING LIST IN 3 COPIES SHOWING THE INDIVIDUAL WEIGHT AND MEASUREMENT OF EACH PACKAGE.

+ORIGINAL CERTIFICATE OF ORIGIN IN 3 COPIES ISSUED BY THE CHAMBER OF COMMERCE

+FULL SET OF CLEAN ON BOARD OCEAN BILLS OF LADING SHOWING FREIGHT PREPAID CONSIGNED TO OUR ORDER NOTIFY APPLICANT

+INSURANCE POLICY OR CERTIFICATE FOR 110 PERCENT OF INVOICE VALUE COVERING ALL RISKS AND WAR RISK AS PER AND SUBJECT TO OCEAN MARINE CARGO CLAUSES AND OCEAN MARINE CARGO WAR RISKS CLAUSES OF THE PEOPLE'S INSURANCE COMPANY OF CHINA DATED 1/1/1981

+BENEFICIARY'S CERTIFICATE CERTIFYING THAT EACH COPY OF SHIPPING DOCUMENTS HAS BEEN FAXED TO THE APPLICANT WITHIN 48 HOURS AFTER SHIPMENT.

SPECIAL INSTRUCTIONS:

+ALL BANKING CHARGES OUTSIDE CHINA ARE FOR ACCOUNT OF BENEFICIARY.

+ALL GOODS MUST BE SHIPPED IN ONE 20' CONTAINER CY TO CY AND B/L SHOWING THE SAME.

+ DOCUMENTS MUST BE PRESENTED WITHIN 15 DAYS AFTER SHIPMENT, BUT WITHIN VALIDITY OF THE LETTER OF CREDIT.

+ UPON RECEIPT THE DOCUMENTS COMPLIANCE WITH THE TERMS AND CONDITIONS WITH THE L/C, WE WILL REIMBURSE YOU AS PER YOUR INSTRUCTIONS.

THIS CREDIT IS SUBJECT TO THE UNIFORM CUSTOMS AND PRACTICE FOR DOCUMENTARY CREDITS 2007 REVISION BY THE INTERNATIONAL CHAMBER OF COMMERCE PUBLICATION NO.600.

样例 6–36：发票

RAIN DREANS I/E CORP

NO.80, MOSQUE ROAD GORAKANA, MORATUWA SRILANKA

COMMERCIAL INVOICE

TO: GUANGDONG TRADE IMPORT & EXPORT CORPORATION
123, TIANHE ROAD, GUANGZHOU, PRC

DATE: DEC.10, 2010
INV NO.: GD- 8987
S/C NO.: NO.A97-2360
L/C NO.CBCL341520

FORM COLOMBO PORT **TO** GUANGZHOU PORT **BY** SEA

MARKS NO.S	DESCRIPTION OF GOODS	QUANTITY	UNIT PRICE	AMOUNT
RAIN DREANS	ENERGY SAVING LAMP		CIF GUANGDONG	
AD97-2360	FCL-22 ELECTRIC ADAPTORS			
GUANGDONG	22W/B22	1 000PCS	USD8/PCS	USD8 000.00
1-30	FCL-32 ELECTRIC ADAPTORS 32W/B22	2 000PCS	USD11/PCS	USD16 000.00
TOTAL:		**3 000PCS**		**USD24 000.00**

RAIN DREANS I/E CORP
Smith

样例 6–37：装箱单

RAIN DREANS I/E CORP

NO.80, MOSQUE ROAD GORAKANA, MORATUWA SRILANKA

PACKING LIST

TO: GUANGDONG TRADE IMPORT & EXPORT CORPORATION
123 TIANHE ROAD, GUANGZHOU, PRC

DATE: DEC.10, 2010
INV NO.: GD-8987
S/C NO.: NO.A97-2360
L/C NO.CBCL341520

FORM COLOMBO PORT **TO** GUANGZHOU PORT **BY** SEA

SHIPPING MARKS:

RAIN DREANS
AD97-2360
GUANGDONG
1-30

C/NOS	NOS. AND KIND OF PKGS	DESCRIPTION	QUANTITY	GW	NW	MEAS
		ENERGY SAVING LAMP				
1-10	10CTNS	FCL-22 ELECTRIC ADAPTORS 22W/B22	1 000PCS	380KGS	350KGS	@1.5×1×0.6M
11-30	20CTNS	FCL-32 ELECTRIC ADAPTORS 32W/B22	2 000PCS	760KGS	700KGS	@1.5×1×0.6M
TOTAL:	**30CTNS**		**3 000PCS**	**1 140KGS**	**1 050KGS**	**27.000M^3**

RAIN DREANS I/E CORP

Smith

样例 6–38：提单

<table>
<tr><td colspan="2">Shipper
RAIN DREANS I/E CORP
NO. 80, MOSQUE ROAD GORAKANA, MORATUWA, SRILANKA</td><td rowspan="6">B/L No.

SINOTRANS

SINOTRANS COMPANY
OCEAN BILL OF LADING
SHIPPED on board in apparent good order and condition (unless otherwise indicated) the goods or packages specified herein and to be discharged at the mentioned port of discharge or as near thereto as the vessel may safely get and be always afloat.
The weight, measure, marks and numbers, quality, contents and value, being particulars furnished by the Shipper, are not checked by the Carrier on loading.
The Shipper, Consignee and the Holder of this Bill of Lading hereby expressly accept and agree to all printed, written or stamped provisions, exceptions and conditions of this Bill of Lading, including those on the back hereof.
IN WITNESS whereof the number of original Bills of Lading stated below have been signed, one of which being accomplished the other (s) to be void.</td></tr>
<tr><td colspan="2">Consignee or order

TO ORDER OF SHIPPER</td></tr>
<tr><td colspan="2">Notify address

GUANGDONG TRADE IMPORT&EXPORT CORPORATION
123 TIANHE ROAD, GUANGZHOU, P.R.C</td></tr>
<tr><td>Pre-carriage by</td><td>Port of loading
COLOMBO</td></tr>
<tr><td>Vessel
DONGFENG V.1908K</td><td>Port of transshipment</td></tr>
<tr><td>Port of discharge

GUANGZHOU</td><td>Final destination</td></tr>
</table>

Container. seal No. or marks and Nos.	Number and kind of package	Description of goods	Gross weight (kgs.)	Measurement (m^3)
RAIN DREANS AD97-2360 GUANGDONG 1-30 CONTAINER NO. XULU2997542	30CTNS 1×20'（ONE CONTAINER）	ENERGY SAVING LAMP ON BOARD	1 050KGS	27.000M^3

<table>
<tr><td colspan="3">Freight and charges

FREIGHT PREPAID</td><td>REGARDING TRANSHIPMENT INFORMATION PLEASE CONTACT</td></tr>
<tr><td rowspan="2">Ex. rate</td><td>Prepaid at</td><td>Freight payable at</td><td>Place and date of issue
COLOMBO DEC28, 2010</td></tr>
<tr><td>Total prepaid</td><td>Number of original Bs/L

THREE (3)</td><td>Signed for or on behalf of the Master

As Agent</td></tr>
</table>

样例 6–39：证明函

RAIN DREANS I/E CORP

NO.80, MOSQUE ROAD GORAKANA, MORATUWA, SRILANKA

CERTIFICATE

TO: WHOM IT MAY CONCERN　　　　JAN18, 2011 GUANGZHOU

RE: INVOICE NO. GD-8987 L/C NO:CBCL342520

WE HEREBY CERTIFY THAT EACH COPY OF SHIPPING DOCUMENTS HAS BEEN FAXED TO RAIN DREANS I/E CORP ON DEC29, 2007.

RAIN DREANS I/E CORP

Smith

样例 6–40：汇票

BILL OF EXCHANGE

Drawn Under BANK OF CHINA,GUANGZHOU BRANCH Irrevocable L/C No. CBCL341520

Date NOV 18, 2010　　Payable With interest @ %

No. GD-88987　　Exchange for USD24 000.00 COLOMBO, SRILANKA JAN.31, 2008

at ****** sight of this FIRST of Exchange (Second of Exchange

Being unpaid) Pay to the order of COMMERCIAL BANK OF CEYLON LIMITED

the sum of **U.S. DOLLARS TWENTY FOUR THOUSAND ONLY**

To BANK OF CHINA,GUANGZHOU BRANCH　　RAIN DREANS I/E CORP.

NO.197 DONGFENG ROAD,GUANGZHOU,GUANGDONG　　Smith

样例 6–41：进口来单审单记录

<table>
<tr><td colspan="5">发票号</td><td colspan="5">船名/航班</td><td colspan="4">提/运单号</td></tr>
<tr><td colspan="10">进口商</td><td colspan="4">装运期</td></tr>
<tr><td colspan="5">付款方式</td><td colspan="5">金额</td><td colspan="4">交单期</td></tr>
<tr><td>单据名称</td><td>汇票</td><td>发票</td><td>装箱单</td><td>保险单</td><td>产地证</td><td>检验证</td><td>GSP产地证</td><td>海关发票</td><td>船行证明</td><td>受益人证明</td><td>提单</td><td>提单副本</td><td>其他</td></tr>
<tr><td>单据份数</td><td></td><td></td><td></td><td></td><td></td><td></td><td></td><td></td><td></td><td></td><td></td><td></td><td></td></tr>
<tr><td rowspan="8">存在问题及处理意见</td><td colspan="13"></td></tr>
<tr><td colspan="13"></td></tr>
<tr><td colspan="13"></td></tr>
<tr><td colspan="13"></td></tr>
<tr><td colspan="13"></td></tr>
<tr><td colspan="13"></td></tr>
<tr><td colspan="13"></td></tr>
<tr><td colspan="13"></td></tr>
<tr><td colspan="14">其他应注意事项：</td></tr>
<tr><td colspan="4">单证员</td><td colspan="4">审单员</td><td colspan="3">银行复核</td><td colspan="3">付汇日期</td></tr>
</table>

（三）高级任务

泰佛贸易有限公司从迪拜毯业贸易有限公司进口一批纯手工丝毯，合同规定采用信用证付款，进口商及时通过中国银行天津分行开出信用证（见样例 6–42），迪拜毯业贸易有限公司如期将丝毯发运，随后将信用证项下全套单据通过中国银行迪拜分行快递至中国银行天津分行，进口商收到进口来单通知和商业发票（见样例 6–43）、装箱单（见样例 6–44）、提单（见样例 6–45）、保险单（见样例 6–46）、检验证书（见样例 6–47）、原产地证书（见样例 6–48）、受益人证明函（见样例 6–49）、汇票（见样例 6–50）等全套单据复印件后，你作为单证员，请对单据进行认真审核，如果有单证不符或单单不符等问题，请草拟一封改单函（见样例 6–51）给出口商要求其更改单据。

样例 6–42：信用证

IRREVOCABLE DOCUMENTARY CREDIT

TO: BANK OF CHINA DUBAI BRANCH

DEAR SIR,

IN ACCRDANCE WITH THE TERMS OF UCP 600 WE ADVISE HAVING RECEIVED THE FOLLOWING TELETRANSMISSION FROM BANK OF CHINA TIANJIN BRANCH.

(SWIFT ADDRESS: SPBSCATTMON)

27 SEQ OF TOTAL:
1/1
40A FORM OF DC:
IRREVOCABLE
40E APPLICABLE RULES
UCP LATEST VERSION
20 DC NO:
LCN038
31C DATE OF ISSUE:
NOV. 23, 2010
31D EXPIRY DATE AND PLACE:
DEC.31, 2010 IN BENEFICIARY'S COUNTRY
50 APPLICANT:
TIFERT TRADING COMPANY LTD
NO. 86, ZHUJIANG ROAD, TIANJIN, CHINA
59 BENEFICIARY:
DUBAI SILK BLANKET TRADING CO., LTD
RM 568, DUBAI STREET, U.A.E.
32B DC AMT:
USD50 000,00
41D AVAILABLE WITH /BY:
ANY BANK BY NEGOTIATION
42C DRAFTS AT:

SIGHT FOR FULL INVOICE VALUE

43P PARTIAL SHIPMENTS:
ALLOWED

43T TRANSHIPMENT:
ALLOWED

44C LATEST DATE OF SHIPMENT
DEC.16, 2010

44A LOADING/DISPATCH AT/FORM:
DUBAI

44B FOR TANSPORTION TO:
TIANJIN

45A DESCRIPTION OF GOODS AND/OR SERVICES:
HANDMADE SILK BLANKET
MATERIAL: 100% SILK
SIZE: 140*200CM
QUANTITY: 1 000PCS
PRICE: USD50.00/PC CIF TIANJIN
PACKING: 20PCS/CARTON

46A DOCUMENTS REQUIRED

+ SIGNED COMMERCIAL INVOICE IN 6 COPIES INDICATING INVOICE NO., CONTRACT NO.SCN036
+ FULL SET OF CLEAN ON BOARD OCEAN BILLS OF LADING MADE OUT TO ORDER AND BLANK ENDORSED, MARKED PREPAID FREIGHT AND NOTIFYING THE APPLICANT
+ INSURANCE POLICY/CERTIFICATE IN 3 COPIES FOR 110 % OF THE INVOICE VALUE SHOWING CLAIMS PAYABLE IN SPAIN IN CURRENCY OF THE DRAFT, BLANK ENDORSED, COVERING ALL RISKS AND WAR RISKS
+ PACKING LIST/WEIGHT MEMO IN 3 COPIES CERTIFYING THAT EACH ITEM HAS BEEN MARKED THE LABEL"MADE IN U.A.E."
+ CERTIFICATE OF QUALITY IN 3 COPIES ISSUED BY SGS INDICATING DETAILED AND DEFINITE INSPECTION RESULTS.
+ CERTIFICATE OF ORIGIN IN DUPLICATE ISSUED BY CHAMBER OF COMMERCE SHOWING THE GOODS ARE WHOLLY PRODUCED IN U.A.E.
+ BENEFICIARY'S CERTIFICATE CERTIFYING THAT ONE FULL SET OF NON NEGOTIABLE DOCUMENTS HAVE BEEN SENT TO APPLICANT DIRECTLY WITHIN 48 HOURS AFTER SHIPMENT

47A ADDITIONAL CONDITIONS:

+ ALL BANKING CHARGES OUTSIDE THE OPENING BANK ARE FOR BENEFICIARY'S ACCOUNT.
+ DOCUMENTS MUST BE PRESENTED WITH 21 DAYS AFTER THE DATE OF ISSUANCE OF THE TRANSPORT DOCUMENTS BUT WITHIN THE VALIDITY OF THIS CREDIT.

THIS ADVICE CONSTITUTES A DOCUMENTARY CREDIT ISSUED BY THE ABOVE BANK AND SHOULD BE PRESENTED WITH THE DOCUMENTS/DRAFTS FOR NEGOTIATION /PATMENT /ACCEPTANCE, AS APPLICABLE.

ACCOUNT NO: 88586-89778
BANK OF CHINA DUBAI BRANCH
1 000 MAIN STREET, DUBAI, U.A.E.
TEL: 00996-4-2125001

样例 6–43：发票

Issuer DUBAI SILK BLANKET TRADING CO., LTD RM 568, DUBAI STREET, SAUDI ARABIA	商 业 发 票 **COMMERCIAL INVOICE**			
To TIFERT TRADING CO., LTD. NO.86, ZHUJIANG ROAD, TIANJIN, CHINA	No.: INV NO. 10FZ018	Date: NOV. 28, 2010		
Transport Details FROM TIANJIN TO BARCELONA BY SEA	S/C No. SCN036	L/C No. LCN038		
	Terms of payment L/C AT SIGHT			
Marks and numbers	Number and kind of packages, Description of goods	Quantity (PCS)	Unit price	Amount
TIFERT TIANJIN C/NO.1-50 MADE IN U.A.E.	HANDMADE SILK BLANKET MATERIAL: 100% SILK SIZE: 140*220CM PACKING: 10PCS/CARTON	1 000PCS	USD50.00/PC	CIF TIANJIN USD50 000.00
		TOTAL: 1 000PCS		USD50 000.00
				DUBAI SILK BLANKET TRADING CO., LTD ALI

样例 6–44：装箱单

Issuer DUBAI SILK BLANKET TRADING CO., LTD RM 568, DUBAI STREET, SAUDI ARABIA		装 箱 单 **PACKING LIST/WEIGHT MEMO**		
To TIFERT TRADING CO., LTD. NO. 86, ZHUJIANG ROAD, TIANJIN, CHINA		Invoice No. INV NO. 10FZ018		Date NOV. 28, 2010
Marks and Numbers	Number and kind of package Description of goods	G.W	N.W	Meas.
TIFERT TIANJIN C/NO.1-50 MADE IN U.A.E.	HANDMADE SILK BLANKET MATERIAL: 100% SILK SIZE:140*210CM PACKED IN CARTONS OF 10PCS EACH	1 300.00KGS	1 200.00KGS	15.548CBM

样例 6–45：提单

Shipper DUBAI SILK BLANKET TRADING CO., LTD RM 568, DUBAI STREET, SAUDI ARABIA		B/L No. SINO101216
Consignee or order TO ORDER OF SHIPPER		中国外运天津公司 SINOTRANS TIANJIN COMPANY OCEAN BILL OF LADING
Notify address APPLICANT		
Pre-carriage by	Port of loading TIANJIN	
Vessel SHUNFENG V.0827	Port of transshipment	
Port of discharge DUBAI	Final destination	

SHIPPED on board in apparent good order and condition (unless otherwise indicated) the goods or packages specified herein and to be discharged at the mentioned port of discharge or as near thereto as the vessel may safely get and be always afloat.

The weight, measure, marks and numbers, quality, contents and value, being particulars furnished by the Shipper, are not checked by the Carrier on loading.

The Shipper, Consignee and the Holder of this Bill of Lading hereby expressly accept and agree to all printed, written or stamped provisions, exceptions and conditions of this Bill of Lading, including those on the back hereof.

IN WITNESS whereof the number of original Bills of Lading stated below have been signed, one of which being accomplished the other(s) to be void.

Container. seal No. or marks and Nos.	Number and kind of package	Description of goods	Gross weight (kgs.)	Measurement (m^3)
TIFERT TIANJIN C/NO.1-50 MADE IN U.A.E.	50 CARTONS SAY FIFTY CARTONS ONLY	HANDMADE SILK BLANKET PREPAID COLLECT	1300.00KGS	15.548CBM

Freight and charges			REGARDING TRANSHIPMENT INFORMATION PLEASE CONTACT
Ex. rate	Prepaid at	Freight payable at	Place and date of issue DUBAI, DEC. 8, 2010
	Total prepaid	Number of original Bs/L 3	Signed for or on behalf of the Carrier SINOTRANS DUBAI COMPANY DUBLA As Agent

样例 6–46：保险单

中国人民财产保险股份有限公司

PICC Property Casualty Company Limited

发票号码 INVOICE NO. 10FZ018
Invoice No.

保险单号次 PICC10526
Policy No.

海洋货物运输保险单

MARINE CARGO TRANSPORTATION INSURANCE POLICY

被保险人：
Insured： DUBAI SILK BLANKET TRADING CO., LTD

中保财产保险有限公司（以下简称本公司）根据被保险人的要求，及其所缴付约定的保险费，按照本保险单承保险别和背面所载条款与下列特别条款承保下列货物运输保险，特签发本保险单。

This policy of Insurance witnesses that the People's Insurance (Property) Company of China, Ltd. (hereinafter called "The Company"), at the request of the Insured and in consideration of the agreed premium paid by the Insured, undertakes to insure the undermentioned goods in transportation subject to conditions of the Policy as per the Clauses printed overleaf and other special clauses attached hereon.

唛头（6） Shipping Marks	保险货物项目（7） Descriptions of Goods	数量（8） Quantity	保险金额（9） Amount Insured
AS PER INV. NO. 10FZ018	HANDMADE SILK BLANKET	50CARTONS	USD50 000.00

总保险金额：
Total Amount Insured: SAY U.S.DOLLARS FIFITY THOUSAND ONLY

承保险别
Conditions

COVERING ALL RISKS AND WAR RISK AS PER OCEAN MARINE CARGO TRANSPORTATION CLAUSES OF C.I.C. DATEED 1/1/1981.

保费(12) Premium as arranged　　载运输工具（15） Per conveyance S.S SHUNFENG V.0827　　开航日期（14） Slg. on or abt AS PER B/L

起运港(15) Form DUBAI　　目的港 To TIANJIN

所保货物，如发生本保险单项下可能引起索赔的损失或损坏，应立即通知本公司下述代理人查勘。如有索赔，应向本公司提交保险单正本（本保险单共有 2 份正本）及有关文件。如一份正本已用于索赔，其余正本则自动失效。（16）

In the event of loss or damage which may result in a claim under this Policy, immediate notice must be given to the Company's Agent as mentioned hereunder. Claims, if any, one of the Original Policy which has been issued in 2 original (s) together with the relevant documents shall be surrendered to the Company. If one of the Original Policy has been accomplished, the others to be void.

PICC DUBAI BRANCH
RM101, 10TH FLOOR SUPER BUILDING, DUBAI, SAUDI ARABIA
TEL: 00996-2458 7531

赔款偿付地点
Claim payable at DUBAI IN USD

PICC Property Casualty Company Ltd, Dubai Branch

日期
Date（18）DEC. 9, 2010　　在 At DUBAI

Charles

地址：
Address:

样例 6–47：检验证书

SGS

Test Report No.:10SGS1187 Date: Dec 5, 2010 Page: 1/1

发货人

Consignor DUBAI SILK BLANKET TRADING CO., LTD

收货人

Consignee * * * *

品名 Description of Goods HANDMADE SILK BLANKET	标记及号码（9） Mark & No.
报检数量/重量 Quantity/Weight Declared 1 000PCS	TIFERT
包装种类及数量 Number and Type of Packages 50CARTONS	TIANJIN C/NO.1-50
运输工具 Means of Conveyance BY SEA	MADE IN U.A.E.

检验结果

Result of inspection

SAMPLES WERE DRAWN AT RANDOM FROM THE WHOLE LOT OF GOODS AND INSPECTED STRICTLY ACCORDING TO THE S/C NO. SCN036

THE ABOVE RESULTS OF INSPECTION ARE IN CONFORMITY WITH THE REQUIREMENTS IN THE SAID CONTRACT.

印章： 签证地点 Place of Issue DUBAI 签证日期 Date of Issue DEC 5, 2010

Official Stamp

授权签字人 Authorized Officer TONNY 签名 Signature TONNY

我们已尽所和最大能力实施上述检验，不能因我们签发本证书而免除卖方或其他方面根据合同和法律所承担的产品质量责任和其他责任。

All inspection are carried out conscientiously to the best of our knowledge and ability. This certificate dose not in any respect absolve the seller and other related parties from his contractual and legal obligations especially when product quality is concerned.

样例 6–48：原产地证书

ORIGINAL

1. Exporter DUBAI SILK BLANKET TRADING CO., LTD RM 568, DUBAI STREET, SAUDI ARABIA	Certificate No. 061210 CERTIFICATE OF ORIGIN OF SAUDI ARABIA
2. Consignee TIFERT TRADING CO., LTD. NO. 86, ZHUJIANG ROAD, TIANJIN, CHINA	
3. Means of transport and route SHIPMENT FROM DUBAI TO TIANJIN BY SEA	5. For certifying authority use only
4. Country / region of destination SAUDI ARABIA	

6. Marks and numbers	7. Number and kind of packages; description of goods	8. H.S.Code	9. Quantity	10. Number and date of invoices
TIFERT TIANJIN C/NO.1-50 MADE IN U.A.E.	FIFTY(50）CARTONS OF HANDMADE SILK BLANKET	6203	1 000PCS	INV NO. 10FZ018 NOV. 28, 2010

11. Declaration by the exporter The undersigned hereby declares that the above details and statements are correct, that all the goods were produced in China and that they comply with the Rules of Origin of the People's Republic of China. DUBAI DEC. 7, 2010 ------------------------------ Place and date, signature and stamp of authorized signatory	12. Certification It is hereby certified that the declaration by the exporter is correct. DUBAI DEC. 7, 2010 ------------------------------ Place and date, signature and stamp of certifying authority

样例 6-49：受益人证明

DUBAI SILK BLANKET TRADING CO.，LTD
RM 568, DUBAI STREET, SAUDI ARABIA

CERTIFICATE

DATE: DEC. 8, 2010

INVOICE NO: 10FZ018

TO: WHOM IT MAY CONCERN

WE CERTIFY THAT A SET OF NON-NEGOTIABLE DOCUMENT UNDER L/C NO. LCN038 INCLUDING A COPY OF B/L, A COPY OF INVOICE, A COPY OF PACKING LIST HAVE BEEN MAILED TO TIFERT TRADING CO., LTD WITHIN 48 HOURS AFTER SHIPMENT.

ALI

....

Authorized Signature

样例 6-50：汇票

BILL OF EXCHANGE

No. INV NO. 10FZ018　　Dubai DEC 17, 2010

Exchange for USD50 000.00

At * * * sight of this FIRST of Exchange (Section of exchange being unpaid), pay to the order of BANK OF CHINA DUBAI BRANCH the sum of

U.S. DOLLARS FIVE HUNDRED THOUSAND ONLY

Drawn under BANK OF CHINA TIANJIN BRANCH

L/C No. LCN038

Date NOV.23, 20108

1

To: BANK OF CHINA DUBAI BRANCH　　DUBAI SILK BLANKET TRADING CO., LTD

ALI

样例 6–51：改单函

Tifert Trading Company Ltd

No.86, Zhujiang Road, Tianjin, China

To: Dubai Silk Blanket Trading Co., Ltd Date:

Attn: Ali

Dear Ali,

We have received the full set of shipping documents under L/C No. LCN038 dated Nov23, 2010. However, after checking the documents against the credit, we found the following discrepancies.

1.

2.

3.

Upon receipt of the mail, please amend the relative documents as required so that we may take delivery of the goods at an early date.

Sincerely yours

Wang Fan

附录一　世界主要港口一览表（中英文对照）

港口名称	中译名	所属国家或地区	所属航线
以（A）开头的世界主要港口			
Aalborg	奥尔堡	丹麦	北欧
Aalesund	奥勒松	挪威	北欧
Aarhus	奥尔胡斯	丹麦	北欧
Abadan	阿巴丹	伊朗	波斯湾
Aberdeen	阿伯丁郡	英国	西欧
Abidjan	阿比让	科特迪瓦	西非
Abu Dhabi	阿布扎比	阿联酋	波斯湾
Acajutla	阿卡胡特拉	萨尔瓦多	中南美
Acapulco	阿卡普尔科	墨西哥	中南美
Accra	阿克拉	加纳	西非
Adelaide	阿德莱德	澳大利亚	澳新
Aden	亚丁	也门	红海
Agadir	阿加迪尔	摩洛哥	地中海
Alberni	埃尔波尼	加拿大	北美
Alexandria	亚历山大	埃及	地中海
Algeciras	阿尔赫西拉斯	西班牙	地中海
Algiers	阿尔及尔	阿尔及利亚	地中海
Amsterdam	阿姆斯特丹	荷兰	西欧
Ancona	安科纳	意大利	地中海
Annaba	安纳巴	阿尔及利亚	地中海
Antofagasta	安托法加斯塔	智利	南美
Antwerp	安特卫普	比利时	西欧
Apapa	阿帕帕	尼日利亚	西非
Apia	阿皮亚	西萨磨亚群岛	澳新
Aqaba	亚喀巴	约旦	红海
Arica	阿里卡	智利	中南美
Aseb	阿萨布	埃塞俄比亚	非洲
Ashdod	阿什杜德	以色列	地中海
Assab	阿萨布	埃塞俄比亚	红海

Athens	雅典	希腊	地中海
Atlanta	亚特兰大	美国	北美
Auckland	奥克兰	新西兰	澳新
Avonmouth	阿芬默斯	英国	西欧

以（B）开头的世界主要港口

Bahia Blanca	布兰卡港	阿根廷	中南美
Bahrain	巴林	巴林	波斯湾
Balboa	巴尔博亚	巴拿马	中南美
Baltimore	巴尔的摩	美国	美东
Banana	巴纳纳	扎伊尔	西非
Bandar Abbas	阿巴斯港	伊朗	波斯湾
Bandar Khomeini	霍梅尼港	伊朗	波斯湾
Bangkok	曼谷	泰国	东南亚
Banjarmaisn	马辰	印尼	东南亚
Banjul(banthurst)	班珠尔	冈比亚	西非
Barcelona	巴塞罗那	西班牙	地中海
Barranquilla	巴兰基利亚	哥伦比亚	中南美
Basra	巴士拉	伊拉克	波斯湾
Bassein	勃生	缅甸	孟加拉湾
Bata	巴塔	赤道几内亚	西非
Bayside	贝塞德	加拿大	北美
Beira	贝拉	莫桑比克	东非
Beirut	贝鲁特	黎巴嫩	地中海
Belawan	乌拉湾	印尼	东南亚
Belem	贝伦	巴西	南美
Belfast	贝尔法斯特	英国	西欧
Belize	伯利兹	伯利兹	中南美
Belledune	贝拉顿	加拿大	北美
Belmopan	贝尔莫潘	伯利兹	中南美
Benghazi	班加西	利比亚	地中海
Berbera	伯贝拉	索马里	东非
Bergen	卑尔根	挪威	北欧
Berne	伯尔尼	瑞士	西欧
Bilbao	毕尔巴鄂	西班牙	西欧
Birkenhead	伯肯黑德	英国	西欧
Bissau	比绍	几内亚比绍	西非
Bizerta	比塞大	突尼斯	地中海

Boma	博马	扎伊尔	西非
Bombay	孟买	印度	波斯湾
Bordeaux	波尔多	法国	西欧
Boston	波士顿	美国	北美
Boston	波士顿	英国	西欧
Bourgas	布尔加斯	保加利亚	地中海
Bremen	不莱梅	德国	西欧
Bremenhaven	不来梅哈芬	德国	西欧
Brest	布雷斯特	法国	西欧
Bridgetown	布里奇顿	巴巴多斯	中南美
Brindisi	布林迪西	意大利	地中海
Brisbane	布里斯班	德国	西欧
Bristol	布里斯托尔	英国	西欧
Buenaventura	布埃纳文图拉	哥伦比亚	南美
Buenos Aires	布宜诺斯艾利斯	阿根廷	南美
Burnie	伯尼	澳大利亚	澳新
Busan	釜山	韩国	亚洲
Bushire	布什尔	伊朗	中东
Butterworth	巴特沃斯	马来西亚	东南亚

以（C）开头的世界主要港口

Cabinda	卡宾达	安哥拉	西非
Cadiz	加的斯	西班牙	西欧
Cagliari	卡利亚里	意大利	地中海
Calcutta	加尔各答	印度	波斯湾
Callao	卡亚俄	秘鲁	南美
Cambridge	坎布里奇	美国	美东
Cam Pha	锦普	越南	东南亚
Cape Town	开普顿	南非	西非
Caracas	加拉加斯	委内瑞拉	中南美
Cardiff	加的夫	英国	西欧
Cartagena	卡塔赫纳	哥伦比亚	中南美
Cartagena	卡塔赫纳	西班牙	西欧
Casablanca	卡萨布兰卡	摩洛哥	西非
Cayenne	卡宴	圭亚那	中南美
Cebu	宿务	菲律宾	东南亚
Charleston	查尔斯顿	美国	北美
Charlotte	夏洛特	美国	北美

Chennai	井里文	印尼	东南亚
Chiba	千叶	日本	东亚
Chicago	芝加哥	美国	北美
Chimbote	钦博特	秘鲁	南美
Chittagong	吉大港	孟加拉	波斯湾
Chongjin(Seishin)	清律	朝鲜	亚洲
Christchurch	克赖斯特彻奇	新西兰	澳新
Churchill	彻奇尔	加拿大	北美
Cienfuegos	西恩付戈斯	古巴	中南美
Cleveland	克利夫兰	美国	北美
Coatzacoalcos	夸察夸尔科斯	墨西哥	北美
Cochin	科钦	印度	波斯湾
Colombo	科伦坡	斯里兰卡	波斯湾
Colon	科隆	巴拿马	中南美
Columbus	哥伦布	美国	北美
Copenhagen	哥本哈根	丹麦	北欧
Corinto	科林托	尼加拉瓜	中南美
Cork	科克	爱尔兰	西欧
Cotonou	科托努	贝宁	非洲
Crotone	克努托内	意大利	地中海
Cristobal	克里斯托巴尔	巴拿马	中南美
Cruz Grande	克鲁斯格兰德	智利	中南美
Cumana	库马纳	委内瑞拉	南美

以（D）开头的世界主要港口

Dacca	达卡	孟加拉	波斯湾
Dakar	达喀尔	塞内加尔	非洲
Dalhousie	达尔豪西	加拿大	北美
Dalian	大连	中国	亚洲
Dallas	达拉斯	美国	北美
Damietta	达米埃塔	埃及	地中海
Dammam	达曼	沙特阿拉伯	地中海
Danang	岘港	越南	东南亚
Dar El-Beida	达尔贝达	摩洛哥	非洲
Dar Es Salaam	达累斯萨拉姆	坦桑尼亚	非洲
Darwin	达尔文	澳大利亚	澳新
Detroit	底特律	美国	北美
Djakarta(Jakarta)	雅加达	印尼	东南亚

Djibouti	吉布提	吉布提	红海
Doha	多哈	卡塔尔	地中海
Douala	杜阿拉	喀麦隆	非洲
Dover	多佛尔	英国	西欧
Dubai	迪拜	阿拉伯联合酋长国	地中海
Dublin	都柏林	爱尔兰	西欧
Dunedin	达尼丁	新西兰	澳新
Dunkirk	敦刻尔克	法国	西欧
Durban	德班	南非	非洲
Dusseldorf	杜赛尔多夫	德国	西欧
DutchHarbour	荷兰港	美国	北美

以（E）开头的世界主要港口

East Canada	东加拿大	加拿大	北美
East London	东伦敦	南非	非洲
Ensenada	恩塞纳达	墨西哥	中南美

以（F）开头的世界主要港口

Felixstowe	费力克斯托	英国	西欧
Fort de France	法兰西堡马提	尼克岛	中南美
Fos	福斯	法国	西欧
Frankfurt	法兰克福	德国	西欧
Fredericia	腓特烈西亚	丹麦	北欧
Fredrikstad	腓特烈斯塔	挪威	北欧
Freeport	弗里波特	巴哈马	中南美
Freetown	弗里敦	塞拉利昂	西非
Fremantle	佛里曼特尔	澳大利亚	澳新
Fukuoka	福冈	日本	东亚
Fukuyama	福山	日本	东亚
Funafuti	富纳富提	图瓦卢	澳新
Funchal	丰沙尔	马德拉群岛	西非
Fuzhou	福州	中国	亚洲

以（G）开头的世界主要港口

Gdansk	格但斯克	波兰	东欧
Gdynia	格丁尼亚	波兰	东欧
Geelong	吉朗	澳大利亚	澳新
Gela	杰拉	意大利	地中海

Gemlik	盖姆利克	土耳其	中东
Genoa(Genova)	热那亚	意大利	地中海
Georgetown	乔治敦	圣文森特和格林纳丁斯	中南美
Georgetown	乔治敦	美国	北美
Georgetown	乔治敦	加拿大	北美
Georgetown	乔治敦	圭亚那	中南美
Georgetown	乔治敦	马来西亚	东南亚
Ghent	根特	比利时	西欧
Gibraltar	直布罗陀	直布罗陀	西欧
Gioia Tauro	焦亚陶罗	意大利	地中海
Glasgow	格拉斯哥	英国西	北欧
Godthab	戈特霍布	格陵兰	北美
Gothenburg	哥德堡	瑞典	北欧
Grangemouth	格兰杰默斯	英国	西欧
Guadalajara	瓜达拉哈拉	墨西哥	中南美
Guam	关岛	马利亚纳群岛	澳新
Guangzhou	广州	中国	亚洲
Guayaquil	瓜亚基尔	厄瓜多尔	南美
Guaymas	瓜伊马斯	墨西哥	北美
Gwadur	瓜达尔	巴基斯坦	波斯湾

以（H）开头的世界主要港口

Hai Kou	海口	中国	亚洲
Haifa	海法	以色列	中东
Haiphong	海防	越南	东南亚
Hakodate	涵馆	日本	东亚
Hakata	伯方	日本	东亚
Halmstad	哈尔姆斯塔德	瑞典	北欧
Halifax	哈立法克斯	加拿大	北美
Halmstad	哈尔姆斯塔德	瑞典	北欧
Hamburg	汉堡	德国	西欧
Hamilton	哈密尔顿	百慕大群岛	中南美
Hamilton	哈密尔顿	加拿大	北美
Hanoi	河内	越南	东南亚
Haugesund	豪格松	挪威	北欧
Havana	哈瓦那	古巴	中南美
Helsinborg	赫尔辛堡	瑞典	北欧
Helsingo	赫尔辛格	丹麦	北欧

Helsinki	赫尔辛基	芬兰	北欧
Hiroshima	广岛	日本	东亚
Hobart	霍巴特	澳大利亚	澳新
Ho Chi Ming City	胡志明市	越南	东南亚
Hodeidah	荷台达	也门	中东
Hongay	鸿基	越南	东南亚
Hong Kong	香港	中国	亚洲
Honiara	霍尼亚拉	所罗门群岛	澳新
Honalulu	檀香山	美国	北美
Horta	澳尔	塔亚速尔群岛-葡属	西非
Houston	休斯敦	美国	北美
Hudaydak Al	荷台达	也门	西亚
Hull	赫尔	英国	西欧
Huangpu	黄埔	中国	亚洲
Hungnam	兴南	朝鲜	亚洲

以（I）开头的世界主要港口

Ilo	伊洛	秘鲁	南美
Immingham	伊明赫姆	英国	西欧
Inchon	仁川	韩国	亚洲
Iquique	伊基克	智利	南美
Iskenderun	伊斯肯德伦	土耳其	地中海
Istanbul	伊斯坦布尔	土耳其	地中海
Izmir	伊兹密尔	土耳其	地中海

以（J）开头的世界主要港口

Jacksonvile	捷克逊维尔	美国	北美
Jakarta	雅加达	印尼	东南亚
Jebel Ali	杰贝阿里	阿联酋	中东
Jeddah	吉达	沙特阿拉伯	中东
Jogjakart	日惹	印尼	东南亚
Johannesburg	约翰内斯堡	南非	南非
Johore Bahru	柔佛巴鲁	马来西亚	东南亚

以（K）开头的世界主要港口

Kagoshima	鹿儿岛	日本	东亚
Kakinada	卡基纳达	印度	波斯湾
Kampong saon	磅逊	柬埔寨	东南亚

Kanazawa	金泽	日本	东亚
Kandla	坎德拉	印度	波斯湾
Kansas City	堪萨斯城	美国	北美
Kaoshiung	高雄	中国台湾	亚洲
Karachi	卡拉奇	巴基斯坦	波斯湾
Kavieng	卡维恩	巴布亚新几内亚	澳新
Kawasaki	川崎	日本	东亚
Keelung	基隆	中国台湾	亚洲
Khor Fakkan	豪尔费坎	阿联酋	地中海
Khorramshahr	霍拉姆沙赫尔	伊朗	波斯湾
Kiel	基尔	德国	西欧
Kingston	金斯顿	牙买加	南美
Kismayu	基斯马尤	索马里	东非
Kobe	神户	日本	东亚
Koper	科佩尔斯	洛文尼亚	地中海
Kota Kinabalu	亚庇（哥打基）	马来西亚	东南亚
Kotka	科特卡	芬兰	北欧
Kuala Lumpur	吉隆坡	马来西亚	东南亚
Kuantan	关丹	马来西亚	东南亚
Kuching	光阳	马来西亚	东南亚
Kudat	科威特	马来西亚	东南亚
Kukura	吴港	日本	东亚
Kure	小仓	日本	东亚
Kuwait	库达特	科威特	波斯湾
Kwangyang	古晋	韩国	亚洲

以（L）开头的世界主要港口

Lae	莱城	巴布亚新几内亚	澳新
Laem Chabang	林查班	泰国	东南亚
Lagos	拉各斯	尼日利亚	非洲
La Guaira	拉瓜伊拉	委内瑞拉	中南美
Lancaster	兰凯斯特	英国	西欧
La Paz	拉巴斯	墨西哥	中南美
La Plata	拉普拉塔	阿根廷	中南美
La Spezia	拉斯佩齐亚	意大利	地中海
Lattakia	拉塔基亚	叙利亚	地中海
Launceston	朗塞斯顿	澳大利亚	澳新
Lautoka	劳托卡	斐济群岛	澳新

Lazaro Cardenas	拉萨罗一卡德纳斯	墨西哥	中美
Leghorn(Livormo)	来航	意大利	地中海
Le havre	勒哈弗尔	法国	西欧
Lianyungang	连云港	中国	亚洲
Libreville	利伯维尔	加蓬	非洲
Limassol	利马索尔	塞浦路斯	地中海
Limon	利蒙	哥斯达黎加	中美洲
Lindi	林迪	坦桑尼亚	东非
Lisbon	里斯本	葡萄牙	西欧
Liverpool	利物浦	英国	西欧
Lome	洛美	多哥	非洲
London	伦敦	英国	西欧
Londonderry	伦敦德里	英国	西欧
Long Beach	长滩	美国	北美
Los Angeles	洛杉矶	美国	北美
Lourenco-Marques	洛伦索-马贵斯	莫桑比克	东非
Luanda	罗安达	安哥	拉非洲
Lubeck	卢贝克	德国	西欧
Lyttelton	利特尔顿	新西兰	澳新

以（M）开头的世界主要港口

Macao	澳门	中国	亚洲
Madang	马丹	巴布亚新几内亚	澳新
Madras	马德拉斯	印度	波斯湾
Madrid	马德里	西班牙	西欧
Mahe	马希	印度	波斯湾
Majunga	马任加	马达加斯加	东非
Makasar	望加锡	印尼	东南亚
Malabo(Santa Isabel)	马拉博	赤道几内亚	西非
Malacca	马六甲	马来西亚	东南亚
Malaga	马拉加	西班牙	西欧
Male	马累	马尔代夫	波斯湾
Malindi	马林迪	肯尼亚	东非
Malmo	马尔默	瑞典	北欧
Malta	马耳他	马耳他	地中海
Manaus	马瑙斯	巴西	南美
Manchester	曼彻斯特	英国	西欧
Manila	马尼拉	菲律宾	东南亚

Manta	曼塔	厄瓜多尔	南美
Manzanillo(P)	曼萨尼约角	巴拿马	中美
Manzanillo	曼萨尼约	墨西哥	中美
Maputo	马普托	莫桑比克	非洲
Maracaibo	马拉开波	委内瑞拉	中南美
Mar del Plata	马德普拉塔	阿根廷	中南美
Marseilles	马赛	法国	西欧
Massawa	马萨瓦	埃塞俄比亚	红海
Matadi	马塔迪	扎伊尔	非洲
Matanzas	马但萨斯	古巴	中美
Mazatlan	马萨特兰	墨西哥	南美
Melbourne	墨尔本	澳大利亚	澳新
Menado	万鸦老	印尼	东南亚
Memphis	孟菲斯	美国	北美
Mersin	梅尔辛	土耳其	地中海
Messina	墨西拿	意大利	地中海
Mexico City	墨西哥城	墨西哥	中美
Miami	迈阿密	美国	北美
Middlesbrough	米德尔斯伯勒	英国	西欧
Midland	米德兰	加拿大	北美
Milford	米尔福德港	英国	西欧
Mindelo	明德卢	佛得角	西非
Miri	米里	马来西亚	东南亚
Mobile	莫比尔	美国	北美
Mogadiscio	摩加迪沙	索马里	东非
Moji	门司	日本	东亚
Mokha	穆哈	也门	红海
Mokpo	木浦	朝鲜	亚洲
Momasa	蒙巴萨	肯尼亚	非洲
Monrovia	蒙罗维尔	利比里亚	非洲
Monterrey	蒙特雷	墨西哥	中美
Montevideo	蒙得维的亚	乌拉圭	南美
Montreal	蒙特利尔	加拿大	北美
Mostaganem	穆斯塔加奈	阿尔及利亚	非洲
Moulmein	毛淡棉	缅甸	东南亚
Mozambique	莫桑比克	莫桑比克	东非
Mukalla	木卡拉	也门	红海
Mumbai	孟买	印度	波斯湾

Muscat	马斯喀特	阿曼	地中海
Mutsamudu	木察木杜	科摩罗	东非

以（N）开头的世界主要港口

Nagasaki	长崎	日本	东亚
Nagoya	名古屋	日本	东亚
Naha	那坝	日本	东亚
Nampo	南浦	朝鲜	亚洲
Nanjing	南京	中国	亚洲
Nantes	南特	法国	西欧
Nantong	南通	中国	亚洲
Naoetsu	直江津	日本	东亚
Napier	内皮尔	新西兰	澳新
Naples	那不勒斯	意大利	地中海
Nassau	拿骚	巴哈马联邦	中南美
Nauru	瑙鲁	瑙鲁	澳新
Nelson	内尔逊	新西兰	澳新
New Amsterdam	新阿姆斯特丹	圭亚那	中南美
Newcastle	纽卡斯尔	英国	西欧
New Heaven	纽黑文	美国	北美
New Orleans	新奥尔良	美国	北美
New Plymouth	新普利默斯	新西兰	澳新
Newport	纽波特	英国	西欧
NewYork	纽约	美国	北美
Newark	纽瓦克	美国	北美
Nhava Sheva	哈瓦舍瓦	印度	波斯湾
Nicosia	尼科西亚	塞浦路斯	地中海
Nicosia	新泻	日本	东亚
Niigata	新鸿	日本	东亚
Ningbo	宁波	中国	亚洲
Norfolk	诺福克	美国	北美
Noro	诺劳	所罗门群岛	澳新
Nouakchott	努瓦克肖特	毛利塔尼亚	非洲
Noumea	努美阿	新喀里多尼亚	澳新
Nukualofa	努库阿洛法	汤加	澳新

以（O）开头的世界主要港口

Oakland	奥克兰	美国	北美

Odessa	敖德萨	乌克兰	黑海
Oran	奥兰	阿尔及利亚	非洲
Osaka	大阪	日本	东亚
Oslo	奥斯陆	挪威	北欧
Otaru	小樽	日本	东亚
Oulu	奥卢	芬兰	北欧
Owendo	奥文多	加蓬	西非

以（P）开头的世界主要港口

Padang	巴东	印尼	东南亚
Pago Pago	帕果帕果	萨摩亚群岛	澳新
Paita	派塔	秘鲁	中南美
Palembang	巨港	印尼	东南亚
Panama Canal	巴拿马运河	巴拿马	中南美
Panama City	巴拿马城	巴拿马	中南美
Paranagua	巴拉那瓜	巴西	中南美
Penang	槟城	马来西亚	东南亚
Perth	珀斯	澳大利亚	澳新
Perth	珀斯	英国	西欧
Philadeiphia	费城	美国	北美
Phnom Penh	金边	柬埔寨	东南亚
Phoenix	费尼克斯	美国	北美
Piraeus	比雷艾夫斯	希腊	地中海
Ponce	蓬塞	波多黎各	中南美
Pondicherry	本地治里	印度	波斯湾
Pontianak	坤甸	印尼	东南亚
Port Adelaide	阿德雷德港	澳大利亚	澳新
Port-Au-Prince	太子港	海地	中南美
Port Castries	卡斯特里港	圣卢西亚	中南美
Port Chalmers	查墨斯港	新西兰	澳新
Port Elizabeth	伊丽莎白港	南非	非洲
Port Harcourt	哈科特港	尼日利亚	非洲
Port Klang	巴生港	马来西亚	东南亚
Port Kembla	肯布兰	澳大利亚	澳新
Portland	波特兰	美国	北美
Port Limon	利蒙港	哥斯达黎加	中南美
Port Louis	路易港	毛里求斯岛	非洲
Port Moresby	莫尔兹比港	巴布亚新几内亚	澳新

Port of Spain	西班牙港	特立尼达和多巴哥	中南美
Porto Novo	波多诺伏	贝宁	西非
Port Rashid	拉希德港	阿拉伯酋长联合国	地中海
Port Said	塞德港	埃及	地中海
Portsmouth	朴次茅斯	英国	西欧
Port Sudan	苏丹港	苏丹	地中海
Port Suez	苏伊士港	埃及	地中海
Port Sultan Qaboos	米纳卡布斯	安曼	地中海
Port Victoria	维多利亚港	塞舌尔	东非
Port Vila	维拉港	瓦努阿图	澳新
Priolo	辟利洛	意大利	地中海
Puerto Cabello	卡贝略港	委内瑞拉	中南美
Puerto Caldera	卡尔德拉港	哥斯达黎加	中南美
Puerto Quetzal	圣胡赛	危地马拉	中南美
Punta Arenas	彭塔阿雷纳斯	智利	南美
Puntarenas	彭塔雷纳斯	哥斯达黎加	南美

以（Q）开头的世界主要港口

Qingdao	青岛	中国	亚洲
Quebec	魁北克	加拿大	北美

以（R）开头的世界主要港口

Rabat	拉巴特	摩洛哥	西非
Rabaul	腊包尔港	巴布亚新几内亚	澳新
Rangoon	仰光	缅甸	东南亚
Ravenna	拉佛纳	意大利	地中海
Recife	累西腓	巴西	南美
Reykjavik	雷克雅未克	冰岛	北欧
Rijek	里耶卡	南斯拉夫	地中海
Rio De Janeiro	里约热内卢	巴西	南美
Rio Grande	里奥格兰德	巴西	南美
Rostock	罗斯托克	德国	西欧
Rotterdam	鹿特丹	荷兰	西欧

以（S）开头的世界主要港口

Sabang	沙璜	印尼	东南亚
Saigon	胡志明市	越南	东南亚
Sakaiminato	境港	日本	东亚

Sakata	酒田	日本	东亚
Salalah	塞拉莱	阿曼	地中海
Salvador	萨尔瓦多	巴西	南美
San Antonio	圣安东尼奥	智利	南美
Sandakan	山打根	马来西亚	东南亚
San Diego	圣迭戈	美国	北美
Sandwich	桑德威奇	英国	西欧
San Fernando	圣费尔南多	特立尼达和多巴哥	中南美
San Francisco	三藩市	美国	北美
San Jose	圣胡赛	危地马拉	中美
San Juan	圣胡安	波多黎各	中美
San Juan del Sur	南圣胡安	尼加拉瓜	中南美
San Lorenzo	圣洛伦索	洪都拉斯	中美
Santa Cruz	圣克鲁斯	加那利群岛	西非
Santa Cruz del Sur	南圣克鲁斯	古巴	中南美
Santiago	圣地亚哥	佛得角	西非
Santiago	圣地亚哥	古巴	中南美
Santo	圣吐	瓦努阿图	澳新
Santo Domingo	圣多明各	多明及加共和国	中美
Santos	桑托斯	巴西	南美
San Tome	圣多美	圣多美和普林西比	西非
San Tome	圣多美	巴西	南美
Savannah	萨凡纳	美国	北美
Savona	萨沃纳	意大利	地中海
Seattle	西雅图	美国	北美
Semarang	三宝垄	印尼	东南亚
Shanghai	上海	中国	亚洲
Sharjah	沙迦	阿拉伯酋长联合国	地中海
Shekou	蛇口	中国	亚洲
Shimizu	清水	日本	东亚
Shuidong	水东	中国	亚洲
Sibu	诗巫	马来西亚	东南亚
Sihanoukville	西哈努克城	柬埔寨	东南亚
Singapore	新加坡	新加坡	东南亚
Skikda	斯克基达	阿尔及利亚	非洲
Sofiya	索非亚	保加利亚	地中海
Songkhla	宋卡	马来西亚	东南亚
Southampton	南安普敦	英国	西欧

Split	斯普利特	南斯拉夫	地中海
Stavanger	斯塔万	挪威	北欧
St.Georges	圣乔治	百慕大群岛	中南美
St.George's	圣乔治	格林纳达	中南美
St.John	圣约翰	加拿大	北美
St.John's	圣约翰斯	安提瓜和巴布	中南美
St.Lawrence	圣劳伦斯	加拿大	北美
ST.Louis	圣路易斯	美国	北美
Stockholm	斯德哥尔摩	瑞典	北欧
St. Thomas	圣托马斯	维尔京群岛	中南美
Suez	苏伊士	埃及	红海
Sur	苏尔	黎巴嫩	地中海
Surabaya	泗水	印尼	东南亚
Suva	萨瓦	斐济群岛	澳新
Swansea	斯旺西	英国	西欧
Sydney	悉尼	澳大利亚	澳新

以（T）开头的世界主要港口

Tabaco	塔巴科	菲律宾	东南亚
Tacoma	塔科马	美国	北美
Taibei	台北	中国台湾	亚洲
Tai Chung	台中	中国台湾	亚洲
Takoradi	塔利拉迪	加纳	非洲
Tamatave	塔马塔夫	马达加斯加	非洲
Tampa	坦帕	美国	北美
Tampico	坦皮科	墨西哥	中美
Tandjungpriok	丹绒不碌	印尼	东南亚
Tanga	坦加	坦桑尼亚	非洲
Tangier	丹吉尔	摩洛哥	地中海
Taranto	塔兰托	意大利	地中海
Tarawa	塔拉瓦	基里巴斯	澳新
Tauranga	陶朗阿	新西兰	澳新
Tawau	斗湖	马来西亚	东南亚
Tel Aviv	特拉维夫	以色列	地中海
Tema	特马	加纳	非洲
Thamesport	泰晤士港	英国	西欧
Thessalonikli	塞萨洛尼基	希腊	地中海
Tianjin	天津	中国	亚洲

Tijuana	蒂华纳	墨西哥	中美
Timaru	蒂马鲁	新西兰	澳新
Tjirebon	井里汶	印尼东	南亚
Toamasina	图阿以西纳	马达加斯加	非洲
Tokuyama	德山	日本	东亚
Tokyo	东京	日本	东亚
Tomakomai	占小牧	日本	东亚
Toleary	图莱亚尔	马达加斯加	非洲
Toronto	多伦多	加拿大	北美
Toulor	土伦	法国	地中海
Toyama	富山	日本	东亚
Trazon	特拉布宗	土耳其	地中海
Trieste	德里亚斯特	意大利	地中海
Trincomalee	亭可马里	斯里兰卡	波斯湾
Tripoli	的黎波里	利比亚	非洲
Trujillo	特鲁希略	洪都拉斯	中美
Tsuruga	敦贺	日本	东亚
Tumaco	图马科	哥伦比亚	中南美
Tunis	突尼斯	突尼斯	非洲
Turku	图尔库	芬兰	北欧
Tuticorin	杜蒂戈林	印度	波斯湾

以（U）开头的世界主要港口

Ulsan	蔚山	韩国	亚洲
Umm Said	乌姆赛义德	卡塔尔	波斯湾
Ushuais	乌斯怀亚	阿根廷	南美

以（V）开头的世界主要港口

Vaasa	瓦萨	芬兰	北欧
Valencia	瓦伦西亚	西班牙	地中海
Valletta	瓦莱塔	马耳他	地中海
Valparaiso	瓦尔帕莱索	智利	南美
Vancouver	温哥华	美国	北美
Varna	瓦尔纳	保加利亚	地中海
Vasa	瓦沙	芬兰	北欧
Venice	威尼斯	意大利	地中海
Veracruz	韦腊克鲁斯	墨西哥	北美
Victoria	维多利亚塞舌尔	加拿大	北美

Visby	维斯比	瑞典	北欧
Vila	维拉港	瓦努阿图	澳新

以（W）开头的世界主要港口

Walvis Bay	沃尔维斯湾	纳米比亚	西非
Wellington	惠灵顿	新西兰	澳新
Wenzhou	温州	中国	亚洲
Wewak	威瓦克	巴布亚新几内亚	澳新
Willemstad	威廉斯塔德	安的列斯-荷属	中南美
Wismar	维斯马	德国	西欧

以（X）开头的世界主要港口

Xiamen	厦门	中国	亚洲

以（Y）开头的世界主要港口

Yalta	雅尔塔	俄罗斯	黑海
Yantai	烟台	中国	亚洲
Yokohama	横滨	日本	东亚

以（**Z**）开头的世界主要港口

Zanzibar	桑给巴尔	坦桑尼亚	东非
Zhanjiang	湛江	中国	亚洲
Zhuhai	珠海	中国	亚洲

附录二　国际商务单证常用缩略语一览表（中英文对照）

A

a (@)	at	按
A/B	Aktiebolaget	股份公司（瑞典文）
abt.	about	大约
A/C	for account of	代、代表
acct.	account	帐（账户）
A.D.	Anno Domini (L)	公元（拉丁文）
ADB	Asia Development Bank	亚洲开发银行
add.	address	地址
Avdal	ad valorem	从值（从价）
A/G	Aktiengeselskabet	股份公司（德文）
a.m.	anno meridiem (L.)	上午
A/M	above mentioned	上述
amt.	amount	金额
A/O	account of...	入某人账户（由某人付账）
a.p.l.	as per list	按照表列
A.P.L.	American President Line	美国总统轮船公司
app.	appendix	附表
approx.	approximately	大约
A.R	All Risks	一切险
art.	article	条款、货款
A/S	Aktieselskabet	股份公司（丹麦文)
	AktieseLskapet	股份公司（挪威文)
	Akzijn Sabeedriba	股份公司（芬兰文）
A/S	after sight =at sight	见票后（即付）
asst.	assortment	搭配
Asst	Assistant	助理

A.T.L.	actual total loss	实际全损
Att.	attached	附
Attn.	Attention	请洽
Aug.	August	八月
A.V.	Ad Valorem	从值（从价）
AV	Average	海损
Ave.	Avenue	路、大道
AWB	air way bill	航空运单

B

b/-	bale, bag	包、装
BAF	bunker adjustment factor	燃油附加费
bal.	balance	余额、平衡
B.B. Clause	both to blame collision clause	船舶互撞条款
B/C	bill for collection	托收汇票
B.C.	before Chirst	公元前
bdle.	bundle	把、捆
B/E	bill of exchange	汇票
BENELUX	Belgium, Netherland, Luxemburg	比、荷、卢（三国）
b/f	brought forward	承前页
bg	bag	袋
Bk.	bank	银行
bkt	basket	篮、筐
bl.	bale	包
B/L	bill of lading	提单
bldg	building	大厦
BOC	Bank of China	中国银行
B.O.	branch office	分公司
br	branch	分行、分支机构
brl	barrel	桶
Bros	brothers	兄弟（公司）
b/s	bales, bags	包、装（复数）
btl	bottle	瓶
BTN	Brussels Tariff Nomenclature	布鲁塞尔税则目录
bx (s)	box (es)	箱、盒

C

c/-	case	箱
ca.	circa	大约
C/A	cable address	电挂
CAF	cost assurance freight	成本保险加运费价
CAF	currency adjustment factor	货币调整附加费
CAD	cash against delivery	货到付款
canc.	cancelled, cancellation	取消
Capt.	captain	船长
Caricom	Caribbean Community	加勒比海共同体
Cat.	catalogue	目录
	category	类别
C.C.	carbon copy	复写本
CCCN	Customs Co-operative Council Nomenclature	海关合作理事会税则目录
CCIB	China Commodity Inspection Bureau	中国商品检验局
CCIC	China Commodity Inspection Corporation	中国商品检验公司
CCPIT	China Council for Promotion of International Trade	中国国际贸易促进委员会
C.C.V.O	combined certificate of value and origin	价值、产地联合证明书（海关发票）
c/f	carried forward	续后页
C&F	cost and freight	成本加运费价
C&I	cost and insurance	成本加保险价
CFS	Container Freight Station	集装箱货物集散战
cft.	cubic feet	立方尺
ch.	cheque	支票
chg	charge	费用
Cia	Compania	公司（西班牙）
Cie	Compagnie	公司（法国）
C/I	certificate of inspection	检验证书
	certificate of insurance	保险证明书
CIC	China Insurance Clause	中国保险条款
CIF	cost, insurance, freight	成本、保险加运费价
CIFC	cost, insurance, freight, commission	成本保险运费加佣金价
C.I.O.	cash in order	订货时付款

CIP	freight of carriage & insurance paid to	运费保险费付至……价
CISS	Comprehensive Import Supervision Scheme	进口商品全面监督计划
ck.	check	支票
CL	container load	集装箱装载
CLP	container load plan	集装箱装箱单
cm	centimetre	公分、厘米
C.M.T	cutting, making and trimming	裁剪、缝制、整烫（整理）
C/N	credit note	贷项账单
CNFTTC	China National Foreign Trade Transportation Corp	中国外贸运输公司
CNY	Chinese Yuan	中国元
Co.	Company	公司
C/O	certificate of origin	产地证书
	care of	转交
	cash order	本票
C.O.D	cash on delivery or collection on delivery	货到付款
comm.	commission	佣金
Cont.	contract	合同
contd.	continued	继续、未完
Co-op	co-operative	合作经营，合作社
Corp	Corporation	公司
COSCO	China Ocean Shipping Company	中国远洋运输公司
C/P	charter party	租船方
c.q.d	customary quick dispatch	习惯快速装卸
Cr.	credit	贷方
C/R	cargo receipt	货物承运收据
crt.	crate	板条箱
c/s	cases	箱
CTA	communicate to all address	分送电
C.T.B/L	combined transport bill of lading	联合运输提单
C.T.D	combined transport documents	联合运输单据
C.T.L	constructive total loss	推定全损
ctn.	carton	纸箱
C.T.O	combined transport operator	多式联运经营人
cu.	cubic	立方
c.u.ft.	cubic feet	立方尺

c.u.m	cubic metre	立方公尺
cur.	currency	币制
C.V.C.	Chief value of cotton	主要成分是棉制
C.V.S.	Chief value of synthetic	主要成分是人造纤维
C.W.O.	cash with order	订货时付款
CWT	hundred weight	亨特威（英制 100 镑）
CY	container yard	集装箱堆场
CY to CY	container yard/container yard	集装箱场地至集装箱场地
C.Z.	canal zone	运河地带

D

d.	denarius (L.)=penny or pence	便士
D/A	documents against acceptance	承兑交单
D/C	documentary credit	跟单信用证
DCP	freight or carriage paid to	运费付至...价
D/D	demand draft	即期汇票
dd.	dated	日期
Dec.	December	十二月
Dept.	department	部、处、科
D/F	dead freight	空舱费
DHL	DHL International Ltd	敦豪公司（信使传递）
diam	diameter	直径
disc	discount	折扣、贴现息
D/N.	debit note	借项账单
do.	ditto=the same	同上、同前
doc.	document	单据、单证
D/O, D.O.	delivery order	提货单
Dol.	dollar	元
Doz (Dz.)	dozen	打
D/P	documents against payment	付款交单
D/PT/P	documents against payment with trust receipt	付款交单可凭信托收据借贷
D.P.V.	duty paid value	完税价格
d/s	days	天数
Dr.	debit	借方
dup.	duplicate	副本

E

ea.	each	每
E.C.U	European Currency Unit	欧洲共同体货币单位
E/D	export declaration	出口申报书
E.E.	error excepted	错误当查
EEC	European Economic Community	欧洲经济共同体
e.g.	exempli gratia	例如
E/L	export license	出口许可证
EMP	European Main Ports	欧洲主要口岸
EMS	European Monetary System	欧洲共同市场货币体系
	Express Mail Service	特快专递
encl.	enclosure	附件
E.&.O.E	errors& omissions excepted	错漏当查
EPZ	export processing zone	出口加工区
equiv	equivalent	等于
Est	Establishment	机构、企业、商店
EAT	estimated time of arrival	预计到达时间
etc.	et cetera (and so on)	等等
ETCL	expected time of commencement of loading	预计开始装货时间
ETD	estimated time of departure	预计离港时间
ETFD	expected time of finishing discharging	预计卸完时间
ETFL	expected time of finishing	预计装完时间
ex.	example	举例
exc.	excepted	除外
exch.	exchange	兑换，汇票
Ex.Facie	in accordance with the documents	按照单证
exp.	export	出口
EXQ	ex quay	码头交货价
EXS	ex ship	目的港船上交货价
EXW	ex work	工厂交货价

F

F.A.Q.	fair average quality	大路货
F.A.S.	free alongside ship	船边交货
F.B.	freight bill	运费账单

F.B/L	FIATA combined transport B/L	国际运输商协会联合会联合运输提单
Feb.	February	二月
FC&S	free of capture & seizure clause	战争险不保条款
Fch.	franchise	免赔率
F.C.L.	full container load	整箱货
F.C.L.B/L	FIATA combined transport B/L	国际运输商协会联合会联合运输提单
FEFC	Far East Freight Conference	远东运费公会
FIATA	Federation Internationable des Associations de Transitaires et Assimeles	国际运输商协会联合会
F.I.	free in	船方不负担装货费用
F.I.O.	free in and out	船方不负担装卸费用
F.I.O.S.	free in and out and stowed	船方不负担装卸及积载费用
F.I.O.S.T.	free in and out and stowed and trimmed	船方不负担装卸及积载平舱费用
F.I.O.T.	free in and out and trimmed	船方不负担装卸及平舱费用
F.I.W.	free into wagons	车上交货
F.M.V.	fair market value	公平市场价
F.O.	free out	船方不负担卸货费用
F.O.B	free on board	离岸价
F.O.C	free on charge	免费
F.O.I	free on interest	免息
F.O.P	free on plane	飞机上交货价
F.O.Q.	free on quay	码头交货价
F.O.R.	free on rail	铁路交货价
F.O.T	free on truck	车上交货价
F.O.W.	free on wagon	火车交货价
F.P.A.	free of particular average	平安险
Franco	franco rendu (free delivered)	免费送货到指定地点价
F.R.E.C.	fire risks extension clauses	火险扩展条款
Fri.	Friday	星期五
frt.	freight	运费
FRWD	fresh & Rain Water Damage	淡水雨淋险
F/T	freight ton	运费吨
Ft.	feet	英尺

G

GA	General Average	共同海损
gal.	gallon	加仑
GATT	General Agreement on Tariffs & Trade	关税及贸易总协定
gds.	goods	货物
Gent.	gentleman	先生、绅士
G.m.b.H	Gesellschaft mit beschrankter Haftung	有限公司
G.M.Q.	Good merchantable quality	上好可销品质
G.M.T.	Greenwich mean time	格林威治时间
G.P.O.	General Post Office	邮政总局
gr.	gross	罗
grm.	gram	克
G.R.T	gross registered tonnage	注册总吨
gr. wt.	gross weight	毛重
GSP	generalized system of preferences	普惠制
GSP C/O	generalized system of preferences certificate of origin	普惠制产地证
GSP Form A	generalized system of preferences Form A	普惠制格式 A

H

HAWB	house airway bill	航空分运单
H/H	house to house	集装箱门到门
H.O.	Head Office	总行
h.p.	horse power	马力
H/P	house to pier	从厂、库到码头
hrs.	hours	钟点
HSBC	Hongkong & Shanghai Banking Corporation	汇丰银行
ht.	height	高度
hund.	hundred	百

I

ICC	International Chamber of commerce	国际商会
	Institute Cargo Clause	伦敦保险学会条款

idem	(L.)=the same	同前
I/D	import declaration	进口申请书
i.e.	id est (L.)=that is	即是
I/E	import/export	进口/出口
I/L	import license	进口许可证
In.	inch	英寸
Inc.	Incorporated	有限公司
ind.	indent	委托代购单
incl.	including, inclusive	包括
INCO—TERMS	International Rules for the Interpretation of Trade Terms	国际贸易术语解释通则
Ins.	insurance	保险
inst.	instant	本月
inv.	invoice	本票
I/O	instead of	代替
I/P	import permit	进口许可证
	insurance policy	保险单
I.O.P.	irrespective of percentage	不计免赔率
I.Q.	idem quod (the same as)	同
	import quota	进口配额
I.O.U.	I owe you	借据
ISO	International Standard Organization	国际标准化组织

J

Jan.	January	一月
Jul.	July	七月
Jun.	June	六月
JWOB	jettison &/or washing overboard	抛掷、海水冲击险

K

Kg.	kilogram	公斤
K.Line	Kawasaki Kisem Kaisha Ltd	川崎汽船株式会社
Km.	kilometer	千米、公里

L

LASH	lighter-aboard-ship	载驳船
lb (s)	pound (s)	磅
L/C	letter of credit	信用证
LCL	less (than) container	拼装集装箱货
ldg	loading	装载
L/G	letter of guarantee	保函
LIBOR	London Interbank Offer Rate	伦敦银行同业拆放利率
L/T	long ton	长吨、英吨
Ltd.	Limited (company)	有限公司
ltg.	lighterage	驳船费

M

Mar.	March	三月
MAWB	master airway bill	总航空运单
max.	maximum	最大量、最高额
M.D.	malicious damage	恶意行为损坏
mdse	merchandise	货物、商品
med.	medium	中等
memo	memorandum	备忘录
mfg	manufacturing	制造中，生产
MFN	most favored nation	最惠国
mfr	manufacturer	制造商
min.	minimum	最小量
misc.	miscellaneous	其他
M.L.B.	Mini-Land-Bridge	小陆桥
M/L cls.	more or less clause	宽容条款
mm.	millimeter	毫米
Mon.	Monday	星期一
M.P.H	miles per hour	时速...里
M/R	mate's receipt	船上收货单
M/S	motor ship	内燃机轮
M/T	mail transfer	信汇
	metric ton	公吨
M.V.	motor vessel	内燃机轮

M.T.O.	multi-modal transport operation	多式联运
M/W	measurement/weight	体积或重量

N

N/A	not applicable	不适用
N.B.	nota bene=note below	注意
N.C.V.	no commercial value	无商业价值
N/M	no mark	无唛头
N.N.B/L	non-negotiable, not negotiable B/L	副本提单
No.	number	号码
non.d	not delivery	提货不着
N.O.E.	not otherwise enumerated	除非另有例举
N.O.P.F.	not otherwise provided for	除非另有规定
N.O.S.	not otherwise specified	除非另有指定
Nov.	November	十一月
N.P.	notary public	公证人
N/S	not sufficient	不足
N. Wt.	net weight	净重

O

O/A	on account of	代表
O/B	on behalf of	代表
O/C	open cover	预约承保书
OC	ocean	海洋
OCP	Overland Common Point	内陆运转点
Oct	October	十月
OG (I) L	Open General (Import) License	开放配额
OK	corrected, approved	已获批准
OMCC	Ocean Marine Cargo Clause	海洋运输货物保险条款
O/O	(by) order of	送交
Orig.	original	正本
oz (s)	ounce (s)	英两、盎司
OSS	ourselves	我们自己

P

P.A.	particular average	单独海损
p.a	per annum	按年（计息）

P.& I. Club	Protection & Indemnity Club	保障赔偿协会
payt	payment	付款
p.c.	percent	百分之
P/C	polyester/cotton	涤/棉
pcs	pieces	件、个、只、块、张
pct.	percent	百分之
pd.	paid	付讫
p.d.	per day	按日（计息）
PICC	The People's Insurance Company of China	中国人民保险公司
pkg.	package	件、包
pls.	please	请
p.m.	post meridiem	下午
	per month	按月计息
P.O.	post office	邮局
	purchase order	邮货订单
P.O.B.	Post Office Box	邮政信箱
P.O.D.	payment on delivery	付款交货
p.p.	per procuration	代表
pr (s)	pair (s)	双、付
pro rate	Proportionally	按比例
P.R.C	People's Republic of China	中华人民共和国
prem.	premium	保险费
prox.	proximo	下月
P.S.	postscript	附言
P.T.O	please turnover	请阅背面
pty	prioretary	企业公司
Pte.	private	私人
P/V	polyester/viscose	涤/粘
P.V.C	polyviny chloride	聚氯乙烯

Q

qr.	quarter	四分之一
Q.V.	quod vide (which see)	请查阅
qnty.	quantity	数量
qlty.	quality	品质

R

Re	reference	参考
Ref. No.	reference number	参考号
Reg.	registered	注册
retd.	returned	退回
R.F.W.D	rain &or fresh water damage	淡水雨淋险
Rm.	room	房间
RMB	Renminbi Yuan	人民币
R.S.V.P	repondezs'ill vous plait (Fr.) reply, if you please	请复
Ry.	railway	铁路

T

T.	tare, ton	吨
T/A	transshipment allowed	允许转运
	transshipment additional	转船附加费
	train/air	陆/空
TAT	train-air-truck	陆空陆
T/C	trueran/cotton	涤/棉
tdg.	trading	贸易
TEU	twenty equivalent of unit	相当于 20 呎集装箱
Thur.	Thursday	星期四
Tlx	telex	电传
T.L.O.	total loss only	全损险
TM	telegram multiple	同文电
tonn	tonnage	吨位
T.P.N.D	theft, pilferage & non-delivery	盗窃提货不着险
tr.wt	tare weight	皮重
T/R	trust receipt	信托收据
T.Q.	tale quale or tel quel	现状条件
T/T	telegraphic transfer	电汇
TTL	total	总计
Tue.	Tuesday	星期二

U

U.A.E	United Arab Emirates	阿拉伯联合酋长国
UCP	uniform customs & practice	统一惯例

U.K.Ports	United Kingdom Ports	英国港口
ult	Ultimo	上月
U/T	unlimited transshipment	无限制转船
U/M	under -mentioned	下述

V

V.	vide	参阅
val.	value	价值
viz.	videlicet namely	即是
voy.	voyage	航次
VV.	vice versa	反之亦然

W

W.A.	with average	水渍险
Wed.	Wednesday	星期三
whse	warehouse	仓库
W/M	weight/measurement	按重量或体积
W.O.	washing overboard	冲失
W.P.A	with particular average	水渍险
W.R.	war risks	战争险
Wt.	weight	重量
W/T	with transshipment	转船
wtd.	warranted	保证
wty.	warranty	保证条款
W/W	warehouse to warehouse clause	仓至仓条款

X

XL	Extra large	特大
XP	express paid	快信
xs.	excess	超过

Y

Y.A.R	York-Antwerp Rule	约克——安特卫普规定（国际共同海损规则）

附录三　常用单位换算一览表（中英文对照）

长度

1 千米（km）= 0.621 英里（mile）
1 米（m）= 3.281 英尺（foot）= 1.094 码（yard）
1 厘米（cm）= 0.394 英寸（inch）
1 英里（mile）= 1.609 千米（km）
1 英尺（ft）= 0.304 8 米（m）
1 英寸（in）= 2.54 厘米（cm）
1 海里（sea mile）= 1.852 千米（km）
1 码（yd）= 0.914 4 米（m）
1 英尺（ft）= 12 英寸（in）
1 码（yd）= 3 英尺（ft）
1 英里（mile）= 5 280 英尺（ft）
1 海里（n mile）= 1.151 6 英里（mile）

质量

1 吨（ton）= 1 000 千克（kg）= 2 205 磅（pound/lb.）
=1.102 短吨（short ton）= 0.934 长吨（long ton）
1 千克（kg）= 2.205 磅（lb）
1 短吨（sh.ton）= 0.907 吨（t）= 2 000 磅（1b）
1 长吨（long.ton）= 1.016 吨（t）= 2 240 磅（lb）
1 磅（lb）= 0.454 千克（kg）
1 盎司（oz/ounce）= 28.350 克（g）

密度

1 千克/米 ^{3}（kg/m^3）= 0.001 克/厘米 ^{3}（g/cm^3）= 0.062 4 磅/英尺 ^{3}（lb/ft^3）
1 磅/英尺 ^{3}（lb/ft^3）= 16.02 千克/米 ^{3}（kg/m^3）
1 磅/英寸 ^{3}（lb/in^3）= 27 679.9 千克/米 ^{3}（kg/m^3）
1 磅/美加仑（lb/gal）= 119.826 千克/米 ^{3}（kg/m^3）
1 磅/英加仑（lb/gal）= 99.776 千克/米 ^{3}（kg/m^3）
1 磅/（石油）桶（lb/bbl）= 2.853 千克/米 ^{3}（kg/m^3）

面积

1 平方公里（km^2）= 100 公顷（ha）= 247.1 英亩（acre）
= 0.386 平方英里（$mile^2$）

1 平方米（m^2）= 10.764 平方英尺（ft^2）

1 公亩（acre）= 100 平方米（m^2）

1 公顷（ha）= 10 000 平方米（m^2）= 2.471 英亩（acre）

1 平方英里（$mile^2$）= 2.590 平方公里（km^2）

1 英亩（acre）= 0.404 7 公顷（ha）= $40.47*10^{-3}$ 平方公里（km^2）
=4 047 平方米（m^2）

1 平方英尺（ft^2）= 0.093 平方米（m^2）

1 平方英寸（in^2）= 6.452 平方厘米（cm^2）

1 平方码（yd^2）= 0.836 1 平方米（m^2）

体积

1 立方米（m^3）= 1 000 升（liter）= 35.315 立方英尺（ft^3）= 6.290 桶（bbl）

1 立方英尺（ft^3）= 0.028 3 立方米（m^3）= 28.317 升（1）

1 千立方英尺（mcf）= 28.317 立方米（m^3）

1 百万立方英尺（MMcf）= 2.831 7 万立方米（m^3）

10 亿立方英尺（bcf）= 2 831.7 万立方米（m^3）

1 万亿立方英尺（tcf）= 2 83.17 亿立方米（m^3）

1 立方英寸（in^3）= 16.387 1 立方厘米（cm^3）

1 英亩·英尺=1 234 立方米（m^3）

1 桶（bbl）= 0.159 立方米（m^3）= 42 美加仑（gal）

1 美加仑（gal）= 3.785 升（1）

1 美夸脱（qt）= 0.946 升（1）

1 美品脱（pt）= 0.473 升（1）

1 美吉耳（gi）= 0.118 升（1）

1 英加仑（gal）= 4.546 升（1）

参 考 书 目

1. 国际商会. ICC 跟单信用证统一惯例（UCP600）. 北京：中国民主法制出版社，2006.
2. 杨金玲. 国际商务单证实务. 北京：首都经济贸易大学出版社，2008.
3. 童宏祥. 新编外贸单证实务. 上海：华东理工大学出版社，2007.
4. 张建华. 国际贸易单证实务. 大连：大连理工大学出版社，2009.
5. 章安平. 外贸单证操作. 北京：高等教育出版社，2008.
6. Edward G. Hinkelman. 国际贸易单证——进出口、运输和银行单证. 董俊英，译. 北京：经济科学出版社，2002.
7. 唐春宇. 外贸单证综合实训. 北京：高等教育出版社，2008.
8. 张雪鹏，马祯. 精编外贸单证理论与实务. 天津：天津大学出版社，2010.

工学结合新思维高职高专财经类“十二五”规划教材

（一）基础课程

1. 经济应用数学
2. 大学语文
3. 应用统计基础
4. 经济学基础——宏微观经济的理性选择
5. 大学生职业生涯设计与就业指导
6. 大学生创业实战指导

（二）国际经贸

1. 国际贸易环境分析
2. 外贸单证实务与操作
3. 进出口贸易操作实务
4. 进出口业务流程综合实训
5. 国际贸易理论与实务
6. 保险实务
7. 国际结算实务
8. 国际金融实务
9. 报关实务
10. 新编商务英语函电
11. 商务英语写作
12. 商务英语谈判
13. 外贸英语函电
14. 服务外包实用英语入门

（三）财会金融

1. 会计学原理
2. 会计报表分析
3. 会计信息化教程
4. 外贸会计实务
5. 经济法实务
6. 商业银行综合柜台业务

（四）工商管理

1. 管理咨询实务
2. 人际沟通与礼仪
3. 市场营销实务
4. 商务信息检索
5. 国际市场开发
6. 商务沟通技巧
7. 房地产销售实务
8. 房地产税收实务
9. 现代商务管理实操

（五）物流管理

1. 企业物流管理
2. 物流市场调研与开发
3. 物流服务营销

（六）电子商务

1. 电子商务
2. 网络营销

（七）旅游与酒店管理

1. 旅行社经营与管理
2. 酒店经营与管理
3. 饭店前厅与客房管理实务
4. 酒店实用英语
5. 旅游英语